Romanistische
Arbeitshefte   55

Herausgegeben von
Volker Noll und Georgia Veldre-Gerner

Andreas Michel

Einführung in die italienische Sprachwissenschaft

De Gruyter

ISBN 978-3-11-025254-5
e-ISBN 978-3-11-025440-2
ISSN 0344-676X

Library of Congress Cataloging-in-Publication Data

> Michel, Andreas, 1963-
> Einführung in die italienische Sprachwissenschaft / by Andreas Michel.
>   p. cm. -- (Romanistische Arbeitshefte ; 55)
> Includes bibliographical references.
> ISBN 978-3-11-025254-5 (alk. paper)
> 1. Italian philology--History. 2. Italian language--History. I. Title.
> PC1051.M53 2011
> 450.9--dc22
>
> 2011014710

Bibliografische Information der Deutschen Nationalbibliothek
Die Deutsche Nationalbibliothek verzeichnet diese Publikation in der Deutschen Nationalbibliografie; detaillierte bibliografische Daten sind im Internet über http://dnb.d-nb.de abrufbar.

© 2011 Walter de Gruyter GmbH & Co. KG, Berlin/New York

Gesamtherstellung: Hubert & Co. GmbH & Co. KG, Göttingen
∞ Gedruckt auf säurefreiem Papier

Printed in Germany

www.degruyter.com

Vorwort

„Es gibt unseres Wissens keine Einführung in die italienische Sprachwissenschaft und somit auch keinen Text, den man im akademischen Unterricht einem einführenden Proseminar dieser Thematik zugrunde legen könnte" – schrieben Horst Geckeler und Dieter Kattenbusch im Vorwort zur ersten Auflage ihrer *Einführung in die italienische Sprachwissenschaft*, die 1987 (^{2}1992) in der Reihe *Romanistische Arbeitshefte* (Nr. 28) erschienen ist. Erst 1994 kam mit Eduardo Blasco Ferrers *Handbuch der italienischen Sprachwissenschaft* ein weiteres einführendes Werk auf den Markt. Fünf Jahre später brachte Dieter Kattenbusch seine *Grundlagen der italienischen Sprachwissenschaft* heraus. Martin Haases *Italienische Sprachwissenschaft* (2007) orientiert sich explizit an den im Rahmen des Bologna-Prozesses eingeführten Bachelor-Studiengängen.

Nicht nur die universitäre Lehre hat in den vergangenen Jahren eine tiefgreifende Wandlung erfahren, sondern auch die linguistische Forschung. Das Themenspektrum hat sich kontinuierlich erweitert und somit zu einer gewissen Unübersichtlichkeit in Bezug auf die Relevanz von Themen, Methoden und Fragestellungen geführt, die in Pro- und Hauptseminaren der italienischen Sprachwissenschaft vermittelt werden sollen. Während das Werk von Geckeler und Kattenbusch sich auf die drei Themenblöcke „Realia zur italienischen Sprache", „Synchronie und Diachronie der italienischen Sprache" und „Etappen der italienischen Sprachgeschichte" beschränkt, sind in die vorliegende *Einführung*, die den Klassiker nach mehr als zwei Jahrzehnten nun ablösen soll, zahlreiche weitere Themenkomplexe aufgenommen worden. Die in der italienischen Sprachwissenschaft traditionell stark ausgeprägten Bereiche Sprachgeschichte und Dialektologie werden u.a. ergänzt durch Darstellungen zur Generativistik, Pragmatik, Text-, Sozio- und Varietätenlinguistik. Besonderer Wert wurde – unter besonderer Berücksichtigung der vorwissenschaftlichen Phase – auf ideen- und wissenschaftsgeschichtliche Aspekte gelegt, denn wie in kaum einem anderen europäischen Land wurde in Italien seit Dante mit so großer Intensität über Sprachvariation und Sprachgeschichte nachgedacht. Im Rahmen dieser einführenden Darstellung soll gezeigt werden, dass zahlreiche linguistisch relevante Themenkomplexe nicht erst seit dem 19. oder 20. Jahrhundert reflektiert werden, sondern in Italien bereits viel früher ein fester Bestandteil teils kontroverser Diskussionen gewesen sind. Nicht minder wichtig ist die griechisch-römische Tradition der Grammatikschreibung und Sprachphilosophie sowie deren mittelalterliche Rezeption im Zusammenhang mit der Herausbildung einer eigenen italienischen Tradition im Zeitalter der Renaissance. Auch in Bezug auf die älteren und neueren linguistischen Teildisziplinen und Forschungsrichtungen wird in den Kapiteln stets auf deren Rezeptionsgeschichte in Italien eingegangen.

Aufgrund des erweiterten Themenspektrums ist eine in Geckelers und Kattenbuschs *Einführung* angesprochene Problematik aktueller denn je: „Ein solches einführendes Werk wirft natürlich das schwierige Problem der Auswahl der Themen auf [...]. Eine solche Auswahl wird immer kritisierbar sein, denn sie impliziert das Setzen von

Prioritäten, die Kritiker vielleicht teilweise anders setzen würden". Die Auswahl der Themen ist seit 1987 keineswegs leichter geworden.

Die vorliegende Arbeit soll nicht nur Grundkenntnisse in Bezug auf Themen und Methoden der italienischen und allgemeinen Sprachwissenschaft vermitteln, sondern auch an die umfassende Fachliteratur in italienischer Sprache heranführen. Daher werden elementare linguistische Fachbegriffe in Klammern zusätzlich auf Italienisch angegeben.

Am Ende eines jeden Kapitels befinden sich Angaben zu weiterführender Fachliteratur sowie Aufgaben, die sich entweder auf im Text angesprochene Sachverhalte beziehen oder aber der inhaltlichen Vertiefung in Form von angeleiteten Recherchen in Bibliotheken oder im Internet dienen. Das selbstständige Erarbeiten von fachlichem Wissen, das Erforschen neuer Fakten sowie das kontinuierliche Hinterfragen bestehender Meinungen und Methoden im Sinne eines lebendigen und kritischen Geistes ist im Zeitalter der modularisierten Studiengänge mit ihren immer engmaschigeren inhaltlichen Vorgaben und knapp bemessenen zeitlichen Rahmenbedingungen wichtiger denn je.

Mit dem Ziel einer leichteren Orientierung in der Fülle von Informationen werden die verschiedenen Sachgebiete weiter in thematisch eingegrenzte Unterkapitel untergliedert. Bei Passagen mit aufzählendem Charakter wird zum Zwecke der Übersichtlichkeit jeweils eine geringere Schriftgröße gewählt. In Schaukästen werden entweder zusätzliche Detailinformationen und Beispiele zum Fließtext gegeben oder die wichtigsten Punkte komplexer Sachverhalte zusammengefasst.

Das Literaturverzeichnis am Ende des Buches erhebt keinen Anspruch auf Vollständigkeit. Es stellt lediglich eine Auswahl von Titeln dar, die als wichtig für eine vertiefende Lektüre erachtet worden sind. Daher werden auch nicht alle Werke, die im Zusammenhang mit wissenschaftsgeschichtlichen oder ähnlichen Fragestellungen im Text erwähnt werden, eigens aufgelistet.

Für Hinweise auf eventuelle inhaltliche Unschärfen oder Versehen sowie für allgemeine Verbesserungsvorschläge bin ich mit Blick auf spätere Ausgaben der vorliegenden Einführung jederzeit dankbar.

Köln, im Februar 2011   Andreas Michel

Inhaltsverzeichnis

1. Entwicklungslinien sprachphilosophischer und sprachwissenschaftlicher Reflexion – Ein wissenschaftsgeschichtlicher Überblick 1
   - 1.1. Von der Sprachphilosophie zur Sprachwissenschaft 1
   - 1.2. Etappen metasprachlicher Reflexion von der Antike bis zum 18. Jahrhundert ... 1
     - 1.2.1. Die griechische Antike 1
     - 1.2.2. Die römische Antike 2
     - 1.2.3. Das italienische Mittelalter 2
     - 1.2.4. Das 15. und 16. Jahrhundert 3
       - 1.2.4.1. Humanistische Philologie und Rekonstruktion der klassischen Latinität 4
       - 1.2.4.2. Die Sprachkontakte des Lateinischen und die Genese des *volgare* 4
     - 1.2.5. Das 17. Jahrhundert 6
       - 1.2.5.1. Der Wandel des Lateinischen und die Entstehung des *volgare* 6
       - 1.2.5.2. Etymologische Lexikographie 6
       - 1.2.5.3. Grammatiktheorie und Sprachphilosophie 7
     - 1.2.6. Das 18. Jahrhundert und das frühe 19. Jahrhundert 7
       - 1.2.6.1. Sprachphilosophie 8
       - 1.2.6.2. Sprach- und Literaturgeschichte 8
     - 1.2.7. Das 19. Jahrhundert und das frühe 20. Jahrhundert 11
       - 1.2.7.1. Historische Grammatik und Etymologie 11
       - 1.2.7.2. Diachrone Dialektologie 12
     - 1.2.8. Das 20. Jahrhundert 12
       - 1.2.8.1. Synchrone Beschreibung von Strukturen 12
         - 1.2.8.1.1. Der europäische Strukturalismus. 12
         - 1.2.8.1.2. Der amerikanische Strukturalismus 15
       - 1.2.8.2. Die Spezialisierung der modernen Sprachwissenschaft 15
         - 1.2.8.2.1. Tendenzen seit den 1960er-Jahren 15
         - 1.2.8.2.2. Teildisziplinen im Überblick 16
   - 1.3. Die deutsche Italianistik aus diachroner und synchroner Perspektive 19
     - 1.3.1. Kulturhistorischer Überblick 19
       - 1.3.1.1. Das 14. und 15. Jahrhundert 20
       - 1.3.1.2. Das 16. und 17. Jahrhundert 20
       - 1.3.1.3. Das 17. und 18. Jahrhundert 20
       - 1.3.1.4. Das 18. und 19. Jahrhundert 21
     - 1.3.2. Das Studium der italienischen Sprachwissenschaft 22

    1.3.2.1. Wichtige Fachliteratur der italienischen Sprachwissenschaft
      im thematischen Überblick 22
    1.3.2.2. Die Bedeutung der Linguistik für die Didaktik des
      Italienischen 25
  1.3.3. Italianistische Institutionen 26
    1.3.3.1. Der Deutsche Italianistenverband 26
    1.3.3.2. Italienzentren 26
  1.3.4. Virtuelle Bibliotheken und Textsammlungen 27

2. Historiolinguistik 29
 2.1. Untersuchungsgegenstand der Historiolinguistik 29
 2.2. Wissenschaftsgeschichtlicher Überblick der Historiolinguistik 29
 2.3. Sprachwandel 30
  2.3.1. Umstände und Bedingungen des sprachlichen Wandels 30
    2.3.1.1. Sprachwandel durch Sprachgebrauch 30
    2.3.1.2. Sprachwandel durch die Übertretung sprachlicher Regeln 31
    2.3.1.3. Grammatisch initiierter Wandel 31
  2.3.2. Beschreibung und Benennung sprachhistorischer Prozesse 32
    2.3.2.1. Semantischer Wandel 32
    2.3.2.2. Phonetischer Wandel 33
  2.3.3. Sprachkontakt: Substrat, Superstrat und Adstrat 35
    2.3.3.1. Substrat 35
    2.3.3.2. Superstrat 36
    2.3.3.3. Adstrat 36
  2.3.4. Sprachliche Entlehnung 36
 2.4. Theorie und Praxis des etymologischen Arbeitens 38
  2.4.1. Aufgabenfeld der Etymologie 38
  2.4.2. Etymologie und Volksetymologie 38
  2.4.3. Voraussetzungen des etymologischen Arbeitens 39
  2.4.4. Etymologische Wörterbücher des Italienischen 40
    2.4.4.1. Vorwissenschaftliche Herkunftswörterbücher 40
    2.4.4.2. Wissenschaftliche Herkunftswörterbücher 40
 2.5. Etappen der externen und internen Sprachgeschichte des Italienischen 41
  2.5.1. Vom Lateinischen zum Italienischen 41
    2.5.1.1. Vulgärlatein und klassisches Latein 41
    2.5.1.2. Der Wandel des vulgärlateinischen Sprachsystems
      in antiken Quellen 42
  2.5.2. Die ältesten Zeugnisse des Italoromanischen 44
    2.5.2.1. Das Veroneser Rätsel 44
    2.5.2.2. Die *Placiti campani* 45

2.5.2.3. Die Inschrift der Commodilla-Katakombe 47
2.5.2.4. Die Inschrift von San Clemente 47
2.5.3. Der schriftliche Ausbau der italoromanischen Dialekte im
im 13. und 14. Jahrhundert 48
2.5.3.1. Höfische Dichtung 48
2.5.3.2. Religiöse und moralische Dichtung 49
2.5.3.3. Liebesdichtung 49
2.5.3.4. Sachprosa 49
2.5.4. Das Florentinische des Mittelalters 50
2.5.4.1. Die Sprache Dantes 50
2.5.4.2. Die Sprache Boccaccios 50
2.5.5. Das Florentinische im 15. Jahrhundert 51
2.5.6. Die *Questione della lingua* vom 16. bis zum 18. Jahrhundert 52
2.5.6.1. Das altflorentinische Trecento-Modell 52
2.5.6.2. Die *lingua cortigiana* 53
2.5.6.3. Das moderne Florentinische 53
2.5.6.4. Die *Accademia della Crusca* und die Institutionalisierung
des Trecento-Modells 54
2.5.6.5. Die Krise der *Crusca* im Zeitalter der Aufklärung 54
2.5.6.6. Die italienischen Sprachmodelle im Zeitalter
des *Risorgimento* 55
2.5.7. Sprach- und Bildungspolitik des italienischen Einheitsstaats
bis zum Ende des Zweiten Weltkriegs 56
2.5.7.1. Die Schulpflicht und die Bekämpfung der Dialekte 57
2.5.7.2. Die Einbeziehung der Dialekte in die Grundschuldidaktik
des Italienischen 58
2.5.7.3. Die Bekämpfung von Dialekten und fremdsprachlichen
Einflüssen 58
2.5.8. Die italienische Sprache von 1945 bis heute 59
2.5.8.1. Die Ausbreitung der Nationalsprache zulasten der Dialekte ... 59
2.5.8.2. Die Veränderung der Standardvarietät 60
2.6. Die Periodisierung der italienischen Sprachgeschichte 60
2.6.1. Kriterien der sprachlichen Periodisierung und die Besonderheit des
Italienischen 60
2.6.2. Periodisierungsmodelle des Italienischen 61

3. Phonetik und Phonologie 63

3.1. Phonetik 63
3.1.1. Untersuchungsgegenstand der Phonetik 63
3.1.2. Wissenschaftsgeschichtlicher Überblick der Phonetik 63

3.1.2.1. Vom 16. Jahrhundert bis zum späten 19. Jahrhundert 63
    3.1.2.1.1. Traktate zur Phonetik des Italienischen und anderer
        Sprachen des 16. bis 18. Jahrhunderts 63
    3.1.2.1.2. Die Behandlung der Phonetik in italienischen
        Grammatiken des 19. Jahrhunderts 64
3.1.2.2. Die Etablierung der Phonetik als eigenständige Wissenschaft
    im späten 19. Jahrhundert 64
    3.1.2.2.1. Die *Association Phonétique Internationale* 64
    3.1.2.2.2. Die Begriffe *fonetica* und *fonologia* aus
        wissenschaftsgeschichtlicher Perspektive 65
        3.1.2.2.2.1. Der Ausdruck *fonologia* im Sinne von
            pronuncia 65
        3.1.2.2.2.2. Die Ausdrücke *fonetica* und *fonologia*
            im Sinne von regionaler Aussprache 66
        3.1.2.2.2.3. Der Ausdruck *fonetica* im Sinne von
            artikulatorischer Phonetik 66
3.1.3. Artikulatorische Phonetik 67
    3.1.3.1. Grundbegriffe der artikulatorischen Phonetik 67
        3.1.3.1.1. Artikulationsart und Artikulationsort 67
        3.1.3.1.2. Atmung und Phonation 68
            3.1.3.1.2.1. Atmung 68
            3.1.3.1.2.2. Phonation 68
            3.1.3.1.2.3. Stimmhaftigkeit und Stimmlosigkeit 69
            3.1.3.1.2.4. Stimmeinsatzzeit 69
    3.1.3.2. Das Lautinventar der italienischen Standardsprache 70
        3.1.3.2.1. Der italienische Vokalismus 70
            3.1.3.2.1.1. Halbvokale 71
            3.1.3.2.1.2. Diphthonge, Triphthonge und Hiat 71
        3.1.3.2.2. Der italienische Konsonantismus 71
3.1.4. Akustische Phonetik 74
3.1.5. Auditive Phonetik 74
3.2. Phonologie 75
    3.2.1. Untersuchungsgegenstand der Phonologie 75
    3.2.2. Wissenschaftsgeschichtlicher Überblick der Phonologie 76
        3.2.2.1. Phonologische Gedanken vom 15. bis zum 19. Jahrhundert 76
        3.2.2.2. Von der strukturalistischen Phonologie zur
            generativen Phonologie 77
            3.2.2.2.1. Strukturalistische Phonologie 77
            3.2.2.2.2. Generative Phonologie 78
    3.2.3. Begriffe und Methoden der strukturalistischen Phonologie 78

   3.2.3.1. Phonem 78
   3.2.3.2. Allophon 79
   3.2.3.3. Distinktive Merkmale 79
  3.2.4. Begriffe und Methoden der generativen Phonologie 80
   3.2.4.1. Ermittlung distinktiver Merkmale auf phonetischer Grundlage 80
   3.2.4.2. Das Prinzip der binären Oppositionen 81
   3.2.4.3. Die generative Phonologie am Beispiel des Italienischen 81
  3.2.5. Grundbegriffe der Prosodie 85
   3.2.5.1. Silbe 85
   3.2.5.2. Wortakzent 87
   3.2.5.3. Prosodische Phrasierung 87
  3.2.6. Neuere Methoden der Phonologie: Die Optimalitätstheorie 88

4. Grammatiktheorie und Grammatikographie 91

 4.1. Der linguistische Grammatikbegriff 91
 4.2. Der Grammatikbegriff aus kulturhistorischer Sicht 91
  4.2.1. Die griechische Antike: Grammatik als Philologie 91
  4.2.2. Die römische Antike: Grammatik als Festschreibung der klassischen Sprache 92
  4.2.3. Das lateinische Mittelalter: Von den sieben freien Künsten zur Sprachphilosophie 92
   4.2.3.1. Die Fortsetzung der antiken Tradition 92
   4.2.3.2. Die *Grammatica speculativa* 92
   4.2.3.3. Der Grammatikbegriff Dantes 93
 4.3. Etappen der italienischen Grammatikographie 94
  4.3.1. Leon Battista Albertis synchron und deskriptiv ausgerichtete *Grammatichetta* 94
  4.3.2. Die Suche nach dem geeigneten Sprachmodell im 16. Jahrhundert ... 94
   4.3.2.1. Die Anhänger des Trecento-Modells 94
   4.3.2.2. Die Anhänger anderer Sprachmodelle 96
  4.3.3. Die Festigung des Trecento-Modells im 17. Jahrhundert 96
  4.3.4. Die Grammatiken des 18. Jahrhunderts zwischen sprachlicher Tradition und methodischer Innovation 98
   4.3.4.1. Philologisch und sprachtheoretisch orientierte Grammatiken ... 98
   4.3.4.2. Didaktisch orientierte Lerngrammatiken 98
  4.3.5. Die Grammatiken des 19. Jahrhunderts zwischen sprachlicher Tradition und sprachlicher Innovation 100
   4.3.5.1. Die Nachhaltigkeit des Trecento-Modells in den didaktischen Grammatiken 100

4.3.5.2. Die Annäherung an das gesprochene Florentinische in den didaktischen Grammatiken 101
4.3.5.3. Sprachtheoretisch orientierte Grammatiken 102
4.3.6. Die Grammatiken des 20. Jahrhunderts: Didaktik und Linguistik 103
    4.3.6.1. Schulgrammatiken von 1900 bis 1945 103
    4.3.6.2. Schulgrammatiken nach 1945 104
    4.3.6.3. Wissenschaftliche Grammatiken 105
        4.3.6.3.1. Historische Grammatiken 105
        4.3.6.3.2. Grammatiken der italienischen Gegenwartssprache 105
4.4. Linguistische Grammatiktheorien des 20. Jahrhunderts und ihre Rezeption in Italien 106
4.4.1. Wissenschaftsgeschichtlicher Überblick 106
    4.4.1.1. Dependenz- und Valenzgrammatik 106
        4.4.1.1.1. Theorie und Entwicklung der Dependenz- und Valenzgrammatik 106
        4.4.1.1.2. Die Rezeption der Dependenz- und Valenzgrammatik in Italien 107
    4.4.1.2. Generative Grammatik 108
        4.4.1.2.1. Theorie und Entwicklung der generativen Grammatik 108
        4.4.1.2.2. Die Rezeption der generativen Grammatik in Italien 109
    4.4.1.3. Funktionale Grammatik 109
    4.4.1.4. Kasusgrammatik 110
    4.4.1.5. Textgrammatik 110
4.4.2. Fallstudien zur Dependenzgrammatik und zur generativen Grammatik 110
    4.4.2.1. Die Dependenzgrammatik und ihre Grundbegriffe anhand italienischer Beispiele 110
        4.4.2.1.1. Valenz 110
        4.4.2.1.2. Aktanten 111
        4.4.2.1.3. Zirkumstanten 111
        4.4.2.1.4. Indices 111
        4.4.2.1.5. Semantische Rollen 111
        4.4.2.1.6. Diathese 112
        4.4.2.1.7. Konnexionen und Knoten 112
        4.4.2.1.8. Volle und leere Wörter 114
    4.4.2.2. Die generative Transformationsgrammatik und ihre Grundbegriffe anhand italienischer Beispiele 114
        4.4.2.2.1. Oberflächen- und Tiefenstruktur 114

   4.4.2.2.2. Syntaktische Prozesse 116
   4.4.2.2.3. Argumente und Prädikate 116
   4.4.2.2.4. Die X-Bar-Theorie 117
   4.4.2.2.5. Die Rektions-und-Bindungstheorie 117
   4.4.2.2.6. Das minimalistische Programm 118

5. Morphologie 121

5.1. Untersuchungsgegenstand der Morphologie 121
5.2. Wissenschaftsgeschichtlicher Überblick der Morphologie 121
5.3. Die Morphologie in der modernen Linguistik 121
5.3.1. Grundbegriffe der modernen Morphologie 122
5.3.1.1. Morph 122
5.3.1.2. Morphem 122
5.3.1.3. Allomorph 122
5.3.1.4. Nullmorphem und Nullallomorph 123
5.3.1.5. Portmanteau-Morpheme 123
5.3.2. Was ist ein Wort? 123
5.3.2.1. Verschiedene Arten der Wortdefinition 123
5.3.2.1.1. Phonetische, phonologische, prosodische Wortdefinition 124
5.3.2.1.2. Graphematische Wortdefinition 124
5.3.2.1.3. Semantische Wortdefinition 124
5.3.2.1.4. Morphosyntaktische Wortdefinition 125
5.3.2.2. Einfache, abgeleitete und zusammengesetzte Wörter 125
5.3.2.2.1. Simplex 125
5.3.2.2.2. Derivat 126
5.3.2.2.3. Kompositum 126
5.4. Flexion und Wortbildung 127
5.4.1. Flexion 127
5.4.1.1. Definition der Flexion 127
5.4.1.2. Deklination der Substantive und Adjektive 127
5.4.1.3. Konjugation der Verben 128
5.4.2. Wortbildung 129
5.4.2.1. Derivation 129
5.4.2.1.1. Substantiv → Substantiv 129
5.4.2.1.2. Verb → Substantiv 131
5.4.2.1.3. Adjektiv → Substantiv 131
5.4.2.1.4. Sonstige Derivationsbasen → Substantiv 131
5.4.2.1.5. Verb → Verb 131
5.4.2.1.6. Substantiv → Verb 131

5.4.2.1.7. Adjektiv → Verb 132
5.4.2.1.8. Adjektiv → Adjektiv 132
5.4.2.1.9. Substantiv → Adjektiv 132
5.4.2.1.10. Adjektiv → Adverb 132
5.4.2.2. Komposition 132
5.4.2.3. Wortkürzung 133

6. Syntax (deskriptive Betrachtung) 135
6.1. Untersuchungsgegenstand der Syntax 135
6.2. Wissenschaftsgeschichtlicher Überblick der Syntax 135
6.2.1. Die griechische und lateinische Tradition der Syntax 135
6.2.2. Geschichte der Syntax in Italien 136
6.2.2.1. Die Behandlung der Syntax in den Grammatiken des 16. bis 19. Jahrhunderts 136
6.2.2.2. Die Beschäftigung mit der Syntax seit dem späten 19. Jahrhundert 137
6.3. Syntaktische Kategorien 137
6.4. Der Satz als syntaktische Einheit und die Klassifikation von Sätzen 138
6.4.1. Satzbegriff 138
6.4.2. Einfache und zusammengesetzte Sätze 138
6.4.3. Der Satz als kommunikative Einheit 139
6.4.3.1. Proposition 139
6.4.3.2. Das Prinzip der Grammatikalität und der Akzeptabilität 139
6.4.3.3. Klassifikation von Satzarten 140
6.5. Die Wortstellung im italienischen Aussagesatz 140
6.5.1. Die Position von Subjekt, Objekt und Prädikat 140
6.5.2. Abweichungen von der normalen Wortstellung 141

7. Semantik 143
7.1. Untersuchungsgegenstand der Semantik 143
7.2. Wissenschaftsgeschichtlicher Überblick der Semantik 143
7.2.1. Etappen der Entwicklung der Semantik 143
7.2.1.1. Entstehung des linguistischen Semantikbegriffs 143
7.2.1.2. Strukturelle Semantik 144
7.2.1.3. Generative Semantik 144
7.2.1.4. Prototypensemantik 144
7.2.2. Semantische Forschung in Italien 145

7.3. Die lexikalische Semantik unter besonderer Berücksichtigung der Wortsemantik 145
    7.3.1. Grundbegriffe der lexikalischen Semantik 145
        7.3.1.1. Denotation und Konnotation 145
        7.3.1.2. Intension und Extension 146
        7.3.1.3. Sem und Semem 146
    7.3.2. Semantische Relationen 147
        7.3.2.1. Synonymie 147
            7.3.2.1.1. Echte und partielle Synonymie 147
            7.3.2.1.2. Geosynonyme 148
        7.3.2.2. Antonymie 148
            7.3.2.2.1. Graduelle Antonymie 149
            7.3.2.2.2. Komplementarität 149
            7.3.2.2.3. Inkompatibilität 149
            7.3.2.2.4. Konverse und reverse Relation 150
        7.3.2.3. Homonymie 150
        7.3.2.4. Polysemie 150
        7.3.2.5. Hyponymie, Hyperonymie und Kohyponymie 151
        7.3.2.6. Meronymie 152

8. Pragmatik 153
    8.1. Untersuchungsgegenstand und Grundbegriffe der Pragmatik 153
        8.1.1. Deixis 153
        8.1.2. Präsupposition 154
        8.1.3. Sprechakte 154
            8.1.3.1. Sprechen und Handeln 154
            8.1.3.2. Die Sprechakttheorie: Wissenschaftsgeschichtlicher Überblick 154
            8.1.3.3. Die Rezeption der Sprechakttheorie in Italien 156
        8.1.4. Konversationelle Implikaturen 157
        8.1.5. Konversations- und Gesprächsanalyse 157

9. Textlinguistik 161
    9.1. Untersuchungsgegenstand der Textlinguistik 161
    9.2. Wissenschaftsgeschichtlicher Überblick der Textlinguistik 161
    9.3. Die Rezeption der Textlinguistik in Italien 161
    9.4. Texttheorien 162
        9.4.1. Textbegriffe 162

        9.4.2. Die systemische Texttheorie und ihre Grundbegriffe 163
              9.4.2.1. Der systemische Textbegriff 163
              9.4.2.2. Textverstehen 163
              9.4.2.3. Kontext und Szene 163
        9.4.3. Linguistische texttheoretische Ansätze und ihre Grundbegriffe 164
              9.4.3.1. Thema und Rhema 164
              9.4.3.2. Isotopie 165
              9.4.3.3. Die sieben Kriterien der Textualität 165
              9.4.3.4. Kontext, Ko-Text und Paratext 166
   9.5. Textfunktion 166
   9.6. Textsorten 167

10. Dialektologie 171
   10.1. Untersuchungsgegenstand der Dialektologie 171
   10.2. Wissenschaftsgeschichtlicher Überblick der Dialektologie 171
        10.2.1. Dialektbegriff 171
        10.2.2. Von der historisch-vergleichenden Dialektforschung
              zur soziolinguistischen Dialektologie 171
        10.2.3. Dialekte als Gegenstand metasprachlicher Reflexion
              und Beschreibung in vorwissenschaftlicher Zeit 172
              10.2.3.1. Die dialektale Gliederung Italiens in Dantes
                      De vulgari eloquentia 172
              10.2.3.2. Dialektgrammatiken, Dialektwörterbücher und
                      dialekttheoretische Traktate vom 17. bis zum 19.
                      Jahrhundert 172
        10.2.4. Die italienischen Dialekte als Gegenstand
              metasprachlicher Beschreibung durch deutsche Italienreisende
              des 18. und 19. Jahrhunderts 173
        10.2.5. Die Anfänge der wissenschaftlichen Erforschung italienischer
              Dialekte im 19. Jahrhundert 173
        10.2.6. Die Sprachgeographie des 20. und 21. Jahrhunderts 174
              10.2.6.1. Der *Atlante linguistico italiano* 175
              10.2.6.2. Der *Sprach- und Sachatlas Italiens und der
                      Südschweiz* 175
              10.2.6.3. Moderne Regionalatlanten italienischer Dialekte
                      im Überblick 176
              10.2.6.4. Dialektometrie 178
        10.2.7. Klassifizierung der italienischen Dialekte und ihre markanten
              Merkmale 178
              10.2.7.1. Ascoli und Pellegrini 178

        10.2.7.2. Die norditalienischen Dialekte 179
        10.2.7.3. Die toskanischen Dialekte 180
                10.2.7.3.1. Lautliche Besonderheiten 180
                10.2.7.3.2. Dialektale Gliederung 181
        10.2.7.4. Die Dialekte Mittel- und Süditaliens 182

11. Sozio- und Varietätenlinguistik 185

    11.1. Soziolinguistik 185
        11.1.1. Untersuchungsgegenstand der Soziolinguistik 185
        11.1.2. Wissenschaftsgeschichtlicher Überblick der Soziolinguistik 185
        11.1.3. Die Rezeption der Soziolinguistik in Italien 186
    11.2. Varietätenlinguistik 187
        11.2.1. Untersuchungsgegenstand der Varietätenlinguistik 187
        11.2.2. Wissenschaftsgeschichtlicher Überblick
               der Varietätenlinguistik 187
        11.2.3. Grundbegriffe der Varietätenlinguistik 188
                11.2.3.1. Sprachliche Variation 188
                11.2.3.2. Diglossie und Dilalie 189
                11.2.3.3. Elaborierter und restringierter Code 189
                11.2.3.4. Soziolekt 189
        11.2.4. Varietäten des Italienischen (anhand von Fallstudien) 190
                11.2.4.1. Gesprochenes und geschriebenes Italienisch 190
                11.2.4.2. Das *italiano popolare* 192
                11.2.4.3. Das *italiano neostandard* 193
                11.2.4.4. Jugendsprache 194
        11.2.5. Feministische Linguistik/Genderlinguistik 195
                11.2.5.1. Untersuchungsgegenstand der feministischen
                         Linguistik 195
                11.2.5.2. Genderlinguistische Ansätze und sprachpolitische
                         Initiativen in Italien 196

12. Lexikographie 199

    12.1. Untersuchungsgegenstand der Lexikographie 199
    12.2. Geschichtlicher Überblick: Vom Glossar zum digitalen Wörterbuch 200
        12.2.1. Die Anfänge der italoromanischen Lexikographie:
               Die Glossare des Mittelalters und der frühen Neuzeit 200
        12.2.2. Die ersten gedruckten Wörterbücher 201

12.2.2.1. Das Sprachenpaar Latein – lokales/regionales *volgare* bzw. lokales/regionales *volgare* – Latein 201
12.2.2.2. Das Sprachenpaar Italienisch/Toskanisch – moderne europäische Sprache(n) 201
12.2.2.3. Die einsprachige Lexikographie des Italienischen im Zusammenhang mit der Festigung des Trecento-Modells bis zum *Crusca*-Wörterbuch 202
12.2.2.4. Das *Vocabolario degli Accademici della Crusca* als Vorbild für die ein- und mehrsprachige Lexikographie in Europa (17. und 18. Jahrhundert) 202
12.2.2.5. Die einsprachigen Wörterbücher des 19. Jahrhunderts (Auswahl) 203
12.2.2.6. Die einsprachigen Wörterbücher des 20. und 21. Jahrhunderts (Auswahl) 204

Bibliographie (Auswahl) 207

Abkürzungen

Akk.	=	Akkusativ
alttosk.	=	alttoskanisch
amer.	=	amerikanisch
arab.	=	arabisch
bspw.	=	beispielsweise
bzw.	=	beziehungsweise
ca.	=	circa
d.h.	=	das heißt
ders.	=	derselbe
dial.	=	dialektal
dies.	=	dieselben
dt.	=	deutsch
ebd.	=	ebenda
engl.	=	englisch
entst.	=	entstanden
etc.	=	*et cetera* (und so weiter)
flor.	=	florentinisch
frz.	=	französisch
germ.	=	germanisch
gest.	=	gestorben
Giorn.	=	*Giornata* (in Boccaccios *Decamerone*)
gr.	=	griechisch
Hrsg.	=	Herausgeber
Ind.	=	Indikativ
it.	=	italienisch
Jh.	=	Jahrhundert
kal.	=	kalabresisch
kamp.	=	kampanisch
Kap.	=	Kapitel
klat.	=	klassisches Latein
langob.	=	langobardisch
lat.	=	lateinisch
lett.	=	*letterario*, literarisch
lom.	=	lombardisch
LRL	=	*Lexikon der Romanistischen Linguistik*
mail.	=	mailändisch
mlat.	=	mittellateinisch
n.Chr.	=	nach Christus
neap.	=	neapolitanisch
Pers.	=	Person
Pl.	=	Plural
publ.	=	publiziert
s.o.	=	siehe oben
s.u.	=	siehe unten
Sg.	=	Singular
siz.	=	sizilianisch
sp.	=	spanisch

sth.	=	stimmhaft
stl.	=	stimmlos
tosk.	=	toskanisch
u.	=	und
u.a.	=	unter anderem
v.Chr.	=	vor Christus
vgl.	=	vergleiche
vlat.	=	vulgärlateinisch
vs.	=	versus
westtosk.	=	westtoskanisch
z.B.	=	zum Beispiel
zit.	=	zitiert

Zeichen und Symbole

>	entwickelt sich zu, hat sich entwickelt zu
<	entwickelt sich aus, hat sich entwickelt aus
→	abgeleitet zu
←	abgeleitet aus
≈	fast gleich, ungefähr
∅	leere Menge; sprachliche Form, die sich nicht weiterentwickelt hat
:	Längung von Vokalen und Konsonanten
]	geschlossene Silbe (auf Konsonant endende Silbe)
[	offene Silbe (auf Vokal endende Silbe)
∪	Vereinigung von zwei Mengen
/	Versgrenze
/ /	phonologische Transkription
[ ]	phonetische Transkription; in der Semantik: der begriffliche Inhalt
{ }	Kennzeichnung von Morphemen
*	1) nicht belegte, erschlossene Form eines Etymons
	2) nicht der Norm entsprechende sprachliche Form
	3) bei lebenden Persönlichkeiten Angabe des Geburtsjahrs
→ Kap.	Verweis auf ein späteres Kapitel
← Kap.	Verweis auf ein früheres Kapitel
ă, ĕ, ŏ, ŭ	klat. Kurzvokale
ā, ē, ō, ū	klat. Langvokale
œ	halboffener gerundeter Vokal (in norditalienischen Dialekten)
y	geschlossener gerundeter Vokal (in norditalienischen Dialekten)
ɸ	stimmloser bilabialer Frikativ (in tosk. Dialekten)
θ	stimmloser dentaler Frikativ (in tosk. Dialekten)
ɖ	stimmhafter retroflexer Plosiv (in siz. und kal. Dialekten)

Hinweis

Italienische Personennamen und Fachbegriffe, deren korrekte Betonung bisweilen Schwierigkeiten bereitet, werden durch Unterstreichung des betonten Vokals gekennzeichnet (z.B. Trissino).

1. Entwicklungslinien sprachphilosophischer und sprachwissenschaftlicher Reflexion – Ein wissenschaftsgeschichtlicher Überblick

1.1. Von der Sprachphilosophie zur Sprachwissenschaft

Die Sprachphilosophie (it. *filosofia del linguaggio*) ist eine seit der Antike existierende Teildisziplin der Philosophie, die über den Zusammenhang von Sprache und Realität reflektiert (vgl. Coseriu 2003, 12–18). Sie unterscheidet sich von der Sprachwissenschaft vor allem dadurch, dass sie nicht empirisch, sondern spekulativ vorgeht. Für die positivistisch denkenden Gelehrten des 19. Jahrhunderts war Sprachwissenschaft automatisch historische Sprachwissenschaft (it. *glottologia*), deren Aufgabe vor allem darin bestand, mithilfe des historischen Sprachvergleichs den Ursprung von Sprachen und Verwandtschaftsbeziehungen zwischen einzelnen Sprachen festzustellen und ursprüngliche Sprachzustände zu rekonstruieren (→ Kap. 1.2.7.1). Die weitgehend synchron ausgerichtete Linguistik (it. *linguistica*) des 20. Jahrhunderts hingegen hat viele Impulse aus der sprachphilosophischen Tradition aufgenommen. Man denke in diesem Zusammenhang an Persönlichkeiten wie Ferdinand de Saussure (→ Kap. 1.2.8.1.1) oder Noam Chomsky (→ Kap. 4.4.1.2).

1.2. Etappen metasprachlicher Reflexion von der Antike bis zum 18. Jahrhundert

Die Gedanken zur Sprache von Philosophen und Grammatikern von der Antike bis zur Neuzeit sind aus wissenschaftsgeschichtlicher Sicht interessant. So fußt bspw. die gesamte abendländische Grammatikographie auf der griechischen, die vor der Zeitenwende von den Römern rezipiert worden war. Diese Tradition wurde im Mittelalter beibehalten und beeinflusste letztendlich auch die Grammatikographie des Italienischen von der Renaissance bis zur Gegenwart (→ Kap. 4).

1.2.1. Die griechische Antike

Heraklit (it. *Eraclito*; ca. 520–460 v.Chr.) und Platon (it. *Platone*; 428–348 v.Chr.) befassten sich mit dem Verhältnis von Wort und Gegenstand. Aristoteles (it. *Aristotele*; 384–322 v.Chr.) machte sich Gedanken über den Unterschied zwischen Bedeutung und Bezeichnung. Die Stoiker (it. *gli stoici*)[1] wiederum unterschieden zwischen dem Ur-

---

[1] Eine philosophische Bewegung, die im vierten Jahrhundert v.Chr. in Griechenland entstand, in Rom rezipiert wurde und bis zur Regierungszeit Mark Aurels (121–180 n.Chr.) aktiv war.

sprung und der Funktion der Sprache sowie zwischen logischer und grammatischer Sprachbetrachtung. Außerdem entwickelten sie eine eigene Zeichentheorie. Bis zum ersten vorchristlichen Jahrhundert herrschte in Griechenland eine Kontroverse zwischen Analogisten und Anomalisten. Erstere verstanden die Sprache als vollständig geordnetes System, Letztere als Anhäufung von Unregelmäßigkeiten, die es zu regulieren oder zu beseitigen galt. Ein Ergebnis dieses Streits war ein großes metasprachliches Wissen und letztendlich die Entwicklung der abendländischen Grammatikographie (vgl. Coseriu 2003, 31–120; Jungen/Lohnstein 2007, 32–53).

1.2.2. Die römische Antike

Das wichtigste metasprachliche Werk des klassischen Zeitalters verfasste Marcus Terentius Varro (it. *Marco Terenzio Varrone*) (116–27 v.Chr.). Es trägt den Titel *De lingua Latina*. Es ist die älteste erhaltene Abhandlung über die lateinische Sprache, in welcher sowohl der Unterschied zwischen Griechisch und Lateinisch als auch die diatopische (= räumliche) Variation des Lateinischen behandelt wird. Weit über ihre Zeit hinaus haben die spätantiken Grammatiker Aelius Donatus (it. *Elio Donato*) (4. Jh.) – mit der *Ars grammatica,* welche aus der *Ars minor* und der *Ars maior* besteht – und Priscianus Caesariensis (it. *Prisciano di Cesarea*) (5.–6. Jh.) die europäische Grammatikographie des Mittelalters sowie der frühen Neuzeit beeinflusst. Letzterer verfasste die insgesamt achtzehn Bücher umfassenden *Institutiones grammaticae*, in denen die Bereiche Phonetik, Morphologie und Syntax behandelt werden (vgl. Jungen/Lohnstein 2007, 54–76).

1.2.3. Das italienische Mittelalter

Wissenschaftliches Ausdrucksmittel sowie Gegenstand theoretischer Reflexion war während des Mittelalters ausschließlich das Lateinische. Der Florentiner Dichter und Philosoph Dante Alighieri (1265–1321) sprach den Volkssprachen erstmals die Bedeutung eines autonomen Studienobjekts zu. Die kulturelle Aufwertung der Muttersprache im Bewusstsein dieses Gelehrten war schrittweise verlaufen, denn noch in der *Vita nuova* (1294) wollte er den Gebrauch des *volgare* auf die Liebeslyrik beschränken. Auch im *Convivio* (1304–1307) wurde sein Wert insgesamt noch geringer geschätzt als der des Lateinischen. Erst in seinem in lateinischer Sprache abgefassten Traktat *De vulgari eloquentia* (1303–1304) wird die Volkssprache eindeutig über das Lateinische gestellt. Die Überlegenheit der Muttersprache gegenüber der Fremdsprache Latein begründete er mit ihrer Natürlichkeit. Mit der Entdeckung der Muttersprache erwachte das Interesse an deren Geschichte und Veränderung. Dante bringt den Sprachwandel mit der Unbeständigkeit des menschlichen Wesens in Verbindung. Von historischer Sprachwissenschaft im heutigen Sinne kann man bei Dante sicherlich nicht sprechen, wohl aber von Ansätzen eines sprachhistorischen Bewusstseins (vgl. Wunderli 1994, 81–126; Prill 1999, 92f., 100ff.). Das unvollendet gebliebene Werk befasst sich zunächst mit dem Ursprung der menschlichen Sprache. An erster Stelle sieht Dante – noch ganz in der theologischen Tradition seiner Zeit – das Hebräische, dessen Einheit gemäß der religiösen Vorstellung nach dem Turmbau zu Babel verloren ging. Es entstanden schließlich drei Sprachgruppen: das Griechische, das Germanische sowie eine gemeinsame Sprache Südeuropas, die wir mit dem Romanischen identifizieren können. Diese spaltete sich ihrerseits in drei Hauptzweige auf: 1) das Okzitanische (*lingua oc*), 2) das Französische (*lingua oil*) und 3) das Italienische (*lingua si*). Für Letzteres wiederum konstatiert Dante vierzehn regionale Varietäten, die im Gegensatz zum unveränderlichen Lateinischen (*gramatica* [sic!]) – das von Dante als gelehrte Kunstsprache betrachtet wurde – ebenfalls einem raschen Veränderungsprozess unterworfen sind. Für einige lautliche Eigenheiten der italienischen Volkssprachen (*vulgaria*), z.B. des Lombardischen, macht er die Einflüsse der germanischen Eroberer verantwortlich (vgl. Michel 2005, 3–4).

Der Traktat blieb Dantes Zeitgenossen weitgehend unbekannt (vgl. Prill 1999, 99f.). Der Renaissance-Gelehrte Gian Giorgio Trissino (1478–1550) schließlich entdeckte das Werk im frühen 16. Jahrhundert, übersetzte es ins Italienische und gab eine gedruckte Fassung heraus. Der Autor (ein erklärter Anhänger der *lingua cortigiana* → Kap. 2.5.6.2) versuchte, Dante für seine Position in der *Questione della lingua* zu instrumentalisieren (vgl. Marazzini 1999, 51–55).

1.2.4. Das 15. und 16. Jahrhundert

In Italien war die Erinnerung an den Glanz der römischen Antike nie ganz erloschen. Im Zeitalter der Renaissance begannen die Gelehrten damit, die antike Zivilisation Roms Stück für Stück zu erschließen und zu rekonstruieren. Das Prinzip der *imitatio* war allgegenwärtig. Dies betraf nicht nur Malerei und Architektur, sondern auch die lateinische Sprache. Ein Teil der humanistischen Gelehrten wandte sich im Quattrocento dennoch dem *volgare* zu und setzte sich für dessen Aufwertung ein. Der Architekt, Kunsttheoretiker und Literat Leon Battista Alberti (1404–1472), dem wir auch die erste deskriptive Grammatik des Italienischen verdanken (→ Kap. 4.3.1), organisierte bspw. in Florenz einen *Certame coronario*, einen Dichterwettbewerb, um der volkssprachlichen Dichtung zu neuem Glanz zu verhelfen. Auch das Interesse an der großen Literatur des Trecento nahm stetig zu. Dieses manifestierte sich bspw. in Form von Leonardo Brunis (1369–1444) *Vita di Dante* (1436). Nur wenige Jahre nachdem der Buchdruck in Italien eingeführt worden war (1465), wurden zahlreiche Ausgaben von Dantes *Commedia* publiziert (vgl. Michel 2005, 5–9). Dieser Trend setzte sich im 16. Jahrhundert fort und beförderte durch das Wirken von Grammatikern, Typographen und Dichtern letztendlich die Etablierung einer gesamtitalienischen Sprache auf mittelalterlicher Grundlage, womit allerdings längst nicht alle Sprachtheoretiker einverstanden waren. Es entstand schließlich eine Fülle an metasprachlichen Publikationen, in denen im Rahmen der *Questione della lingua* nicht nur diverse Sprachmodelle diskutiert wurden, sondern darüber hinaus auch historische und theoretische Fragen in Bezug auf das Italienische zur Sprache kamen (→ Kap. 2.5.6).

1.2.4.1. Humanistische Philologie und Rekonstruktion der klassischen Latinität

Das Hauptziel des frühen italienischen Humanismus (it. *umanesimo*) bestand in einer Wiederbelebung der kulturellen Errungenschaften der klassischen Antike. Das philologische Interesse der Humanisten des späten 14. sowie des frühen 15. Jahrhunderts beschränkte sich zunächst auf die Suche nach verschollenen lateinischen Schriften in den europäischen Bibliotheken. Im Mittelpunkt sprachplanerischer Bemühungen stand seinerzeit die Wiederherstellung des klassischen Lateins. In diesem geistigen Klima sind Meisterwerke der klassischen Philologie wie Lorenzo Vallas (ca. 1405–1457) *Elegantiarum Latinae Linguae libri sex* (1435–1444) entstanden, die zur endgültigen Kodifizierung des Lateinischen auf klassischer Basis beigetragen haben. Die meisten humanistischen Philologen ignorierten das Italienische anfänglich zugunsten der klassischen Sprachen (vgl. Marazzini 1999, 27–35; Michel 2005, 5). Die Rekonstruktion des klassischen Lateinischen anhand mustergültiger Autoren und deren Texte (Vergil, Cicero) bot Pietro Bembo (1470–1547) im 16. Jahrhundert das Vorbild für eine Kodifizierung der italienischen Literatursprache auf der Grundlage des Trecento-Florentinischen mithilfe eines Musterkanons (Petrarca, Boccaccio) (→ Kap. 2.5.6.2).

1.2.4.2. Die Sprachkontakte des Lateinischen und die Genese des *volgare*

In sprachgeschichtstheoretischer Hinsicht interessierten sich die italienischen Gelehrten der Renaissance vor allem für die Beschaffenheit und Entwicklung des Lateinischen, während die Geschichte der italoromanischen Volkssprachen allenfalls indirekt im Zusammenhang mit der lateinischen Sprachgeschichte behandelt wurde (vgl. Tavoni 1992, 60–83; Michel 2005, 6–9).

Im März 1435 diskutierten Leonardo Bruni (1369–1444) und Flavio Biondo (1392–1463) im Vorzimmer des Papstes Eugen IV., der sich seinerzeit im Florentiner Exil befand, über die Beschaffenheit der lateinischen Sprache in der Antike und Spätantike. Flavio Biondo richtete seine Streitschrift *De verbis romanae locutionis* an Leonardo Bruni. Ausgangspunkt war die in Brunis Schrift *An vulgus et literati eodem modo per Terentii Tullique tempora Romae locuti sint* vertretene Auffassung, dass bereits in der Antike von den Ungebildeten ein *volgare* gesprochen wurde, das dem des Quattrocento nicht unähnlich war.

Das Bewusstsein, dass die Germaneneinfälle im spätantiken Italien bei der Herausbildung der italienischen Sprache bzw. der italienischen Dialekte eine entscheidende Rolle gespielt haben könnten, ist zuerst von Flavio Biondo zu einer Sprachursprungstheorie entwickelt worden. Er hat sich nicht nur in seinem Traktat *De verbis romanae locutionis* mit der Geschichte des Lateinischen und der Entstehung des *volgare* beschäftigt, sondern auch in seiner Schrift *Italia illustrata* (1448–1453), wobei die Korrumpierung des Lateinischen nicht mehr bei der Eroberung Italiens durch die Goten und Vandalen im 5. Jahrhundert angesetzt wird, sondern erst bei der späteren Langobardenherrschaft (6.–8. Jahrhundert). Die Korruptionsthese wurde in gleicher oder ähnlicher Form von zahlreichen Humanisten übernommen, z.B. von Leon Battista Alberti und Lorenzo Valla. Unterschiede gab es allerdings bei den Schlussfolgerungen. Das *volgare* wurde aufgrund seiner Entstehungsgeschichte entweder als kulturell minderwertig (und somit als literaturunfähig) oder als ausbaufähig betrachtet. Poggio Bracciolini (1380–1459) setzte sich ebenfalls mit dem Einfluss des germanisch-lateinischen Sprachkontakts auf die Herausbildung des Italienischen auseinander. Er verweist – wie auch Francesco Filelfo (1398–1481) – zusätzlich auf Ereignisse wesentlich älteren Datums, nämlich aus der Zeit der römischen Eroberungen (vgl. Tavoni 1984, 105–116, 170–181, 239–259, 281–300). Mit Begriffen der modernen Linguistik kann man von einer Auseinandersetzung zwischen Anhängern der *Substrattheorie* (Etrusker, Kelten etc.) auf der einen Seite (→ Kap. 2.3.3.1) und von Vertretern der *Superstrattheorie* (Goten, Langobarden etc.) auf der anderen (→ Kap. 2.3.3.2) sprechen (vgl. Michel 2005, 8).

Bei der Frage nach dem Ursprung der italienischen Sprache rückte auch im 16. Jahrhundert sporadisch das Etruskische ins Blickfeld diachroner Sprachbetrachtung, so etwa in Pier Francesco Giambullaris *Gello, de l'Origine della lingua fiorentina* (1546). Neben isolierten Positionen wie dieser, wurde vor allem der Frage nach dem Einfluss der Barbaren bei der Genese des Italienischen nachgegangen. Girolamo Muzio (1496–1576) bspw., dessen sprachtheoretische Schriften 1583 posthum unter dem Titel *Battaglie in Difesa dell'italica lingua* erschienen sind, glaubte nicht an den Einfluss des Etruskischen bei der Herausbildung des Toskanischen. Seiner Meinung nach wurde die Sprache der Etrusker vollkommen von der Sprache Roms verdrängt. Für ihn spielten vielmehr die germanischen Eroberer die entscheidende Rolle. Er verband die Frage nach dem sprachlichen Einfluss der Germanen vor allem mit ihrer Siedlungsgeschichte. Auch Claudio Tolomei (1492–1556) führt im *Cesano de la lingua toscana* (1555) das *volgare* auf das Lateinische zurück, verweist aber auch auf Einflüsse aus dem Etruskischen sowie dem Germanischen. Benedetto Varchi (1503–1565) betont im *Ercolano* (entst. 1564/publ. 1570) weniger die durch die Barbaren herbeigeführte sprachliche Korrumpierung des Lateinischen, sondern vielmehr die Geburt einer neuen Sprache. Lodovico Castelvetro (1505–1571) entwickelte in seiner *Correzione d'alcune cose del Dialogo delle lingue di Benedetto Varchi, e una Giunta al primo libro delle Prose di M. Pietro Bembo dove si ragiona della vulgar lingua* (entst. 1563/publ. 1572) eine eigene

Theorie zum Ursprung des *volgare*. Er verwirft die These von der Existenz eines italienischen *volgare* im antiken Rom, die von Leonardo Bruni ins Gespräch gebracht worden war, und verweist *ante litteram* auf die Existenz einer vulgärlateinischen Sprache. Die von Biondo vertretene Korruptionsthese lehnt Castelvetro nicht völlig ab, sondern bezieht sie in seine Sprachursprungstheorie ein, im Rahmen derer insgesamt drei Entwicklungsstufen unterschieden werden: a) die zunehmende Wichtigkeit der vulgärlateinischen Varietät in Rom, b) die Dominanz des Vulgärlateinischen während der Gotenherrschaft und c) der Übergang vom korrumpierten Latein zum *volgare* während der Herrschaft der Langobarden (vgl. Marazzini 1999, 67–75; Michel 2005, 9–11).

1.2.5. Das 17. Jahrhundert

Das 17. Jahrhundert ist in Italien durch die Dominanz des *Vocabolario degli Accademici della Crusca* (Erstausgabe 1612) und die Festschreibung des Trecento-Modells gekennzeichnet, aber auch durch die zunehmende Bedeutung der auf diesem Vorbild basierenden Grammatikographie (insbesondere durch das Vorbild von Benedetto Buommattei). Im benachbarten Frankreich entsteht im Kloster Port-Royal bei Paris die erste Universalgrammatik in einer Volkssprache. Gegen Ende des Jahrhunderts erlebten Frankreich, Italien und Spanien die Anfänge der etymologischen Lexikographie, der allerdings noch ein sicheres wissenschaftliches Fundament fehlte (→ Kap. 2.4).

1.2.5.1. Der Wandel des Lateinischen und die Entstehung des *volgare*

Mit Celso Cittadinis (1553–1627) Schriften *Trattato della vera origine e del processo e nome della nostra lingua* (1601) und *Origini della volgar toscana favella* (1604) setzte eine philologische Wende in der diachronen Sprachforschung auf der Grundlage intensiver antiker und spätantiker Quellenstudien ein. Cittadini setzt den Sprachwandel bereits vor der Barbarenherrschaft beim Vulgärlatein der Antike an. Er geht in Übereinstimmung mit Varchi von einer diglossischen[2] Zweiteilung des Lateinischen aus (vgl. Marazzini 1993, 193–202; ders. 1999, 74f.; Michel 2005, 10–11).

1.2.5.2. Etymologische Lexikographie

Das erste umfangreiche italienische Herkunftswörterbuch, die *Origini della lingua italiana* des Franzosen Gilles Ménage (1613–1692), der bereits 1650 seine *Origines de*

---

[2] Zum Begriff der Diglossie vgl. die Darstellung in Kap. 11.2.3.2.

la langue françoise veröffentlicht hatte, wurde von 1666 bis 1669 zunächst in Paris, dann 1685 in Genf erneut veröffentlicht. Das Erscheinen einer italienischen Fassung seines Wörterbuchs verdankte Ménage im Wesentlichen den engen Kontakten, die er zu Vertretern der Florentiner *Accademia della Crusca* unterhielt, insbesondere zu Carlo Roberto Dati (1619–1676), der die dritte Ausgabe des *Vocabolario degli Accademici della Crusca* leitete. Nur wenige Jahre nach der Publikation von Ménages *Origini della lingua italiana* erschienen 1676 in Padua die in lateinischer Sprache abgefassten *Origines linguae italicae* Ottavio Ferraris (1607–1682) (vgl. Michel 2005, 11f.).

1.2.5.3. Grammatiktheorie und Sprachphilosophie

Im Laufe des 17. Jahrhunderts etablierte sich der Rationalismus als dominante philosophische Strömung. Antoine Arnauld (1612–1694) und Claude Lancelot[3] (1615–1695) verfassten unter diesem Einfluss die *Grammaire générale et raisonnée* (1660), in welcher versucht wird, auf der Grundlage des Griechischen, Lateinischen sowie des Französischen im Sinne einer Universalienforschung allgemeine grammatische Kategorien zu entwickeln, die für alle Sprachen Gültigkeit besitzen. Dieses Werk ist heute vor allem als „Grammatik von Port-Royal" bekannt (vgl. Köller 1988, 24ff.; Coseriu 2003, 332ff.; Jungen/Lohnstein 2007, 132–139). Im italienischen Sprachraum wurde das Werk mehr als ein Jahrhundert später durch den Tessiner Grammatiker und Pädagogen Francesco Soave (1743–1806) rezipiert.

1.2.6. Das 18. Jahrhundert und das frühe 19. Jahrhundert

Das metasprachliche Spektrum war im Italien des 18. Jahrhunderts sehr umfangreich (vgl. Michel 2005, 12–16). Es reicht von der spekulativen Sprachphilosophie (Vico) über das Nachdenken über den Einfluss von Sub- und Superstratsprachen (*ante litteram*) bei der Herausbildung des Italienischen aus dem Lateinischen (Maffei, Guarnacci, Affò) über erste Ansätze einer auf literarischen Epochen basierenden Sprachgeschichtsschreibung (Baretti) bis hin zur Erörterung etymologischer Zusammenhänge (Muratori).

Im Geiste der Romantik des frühen 19. Jahrhunderts gewann der Aspekt der Geschichte im Zusammenhang mit der Betrachtung von Sprache in ganz Europa zunehmend an Bedeutung. Nördlich der Alpen begann sich an den Universitäten die Romanische Philologie (it. *Filologia Romanza*) als historisch orientierte Sprach- und

---

[3] Von Lancelot stammt auch eine (mehrsprachigkeitsdidaktisch orientierte) italienische Grammatik für Lernende mit französischer Muttersprache. Sie trägt den Titel *Nouvelle méthode pour apprendre facilement & en peu de temps la langue italienne* (^{1}1660).

Literaturwissenschaft zu etablieren. Friedrich Christian Diez war erster Inhaber eines romanistischen Lehrstuhls in Bonn.[4]

1.2.6.1. Sprachphilosophie

Die italophone Sprachphilosophie brachte sowohl theoretisch-spekulative Werke als auch praxisorientierte Schriften hervor.

Zur ersten Kategorie gehört der vor allem durch sein Hauptwerk *Scienza Nuova* (^{3}1744) bekannte neapolitanische Philosoph Giambattista Vico (1668–1744). Nach seiner Auffassung kann die Sprache nicht der Erkenntnis gegenübergestellt werden, da sie selbst eine Form der Erkenntnis ist. Ebenso wenig kann Sprache Hilfsmittel oder Erscheinungsform des Denkens sein, da sie selbst Denken ist, genauer gesagt, eine vorlogische Form des Denkens. „Vorlogisch" besagt in diesem Falle, dass die Sprache nicht als Produkt der Vernunft betrachtet wird, sondern vielmehr als Objektivierung der Phantasie und der Intuition. Der neapolitanische Gelehrte betrachtete die Dichtung als Urform der Sprache, wobei alle Dichtung Sprache sei, nicht aber alle Sprache Dichtung. Vico geht ferner von einer allen Völkern gemeinsamen geistigen Sprache aus (vgl. Apel ^{3}1980, 318–380; Matarrese 1993, 231–234; Marazzini 1999, 113–118; Coseriu 2003, 273–316).

Der eher praxisorientierte Francesco Soave veröffentlichte 1771 in Parma seine an der Grammatik von Port-Royal ausgerichtete *Gramatica* [sic!] *ragionata* (→ Kap. 4.3.4.2). Ein Jahr später folgte sein sprachphilosophisches Werk *Ricerche intorno all'istituzione naturale di una società e di una lingua e all'influenza dell'una e dell'altra su le umani cognizioni*. Im Jahre 1774 machte sich Soave in den *Riflessioni intorno all'istituzione di una lingua universale* Gedanken über die Möglichkeit einer alle Menschen verbindenden Universalsprache.

1.2.6.2. Sprach- und Literaturgeschichte

Die Auseinandersetzung mit sprachgeschichtlichen Themen war im 18. Jahrhundert sehr vielfältig (vgl. Michel 2005, 12–19).

Einige der Sprachgelehrten entwickelten ein starkes Interesse für das (nur fragmentarisch überlieferte) Etruskische, das seinerzeit mit dem Hebräischen in Verbindung gebracht wurde, so z.B. von Scipione Maffei (*Degli itali primitivi*, 1727) und Marco Guarnacci (*Origini italiche*, 1767). Ireneo Affò betrachtet im *Ragionamento istorico dell'origine e del progresso della volgar poesia* – welches dem *Dizionario precettivo e critico della poesia volgare* (1777) vorangeht – das *volgare* als Resultat einer

---

[4] Gauger/Oesterreicher/Windisch 1981, 14–96 bieten eine gute Übersicht über die Wissenschaftsgeschichte der Romanistik.

Sprachmischung zwischen Latein und Griechisch. Zur selben Zeit rückte die Rolle der Germanen bei der Genese des Italienischen erneut in den Mittelpunkt sprachhistorischer Diskussionen, was allerdings auf ein geteiltes Echo stieß. Zu erklärten Gegnern der Germanenthese gehörten u.a. Gian Vincenzo Gravina (*Della ragion poetica*, 1708) und Scipione Maffei (*Verona illustrata*, 1732), zu den Befürwortern zählten neben Muratori auch Giusto Fontanini (*Biblioteca dell'Eloquenza volgare*, 1726), Pietro Giannone (*Istoria civile del regno di Napoli*, 1723), Umberto Benvoglienti (*Storia della lingua italiana*, 1771), Ferdinando Galiani (*Del dialetto napoletano*, 1779) und Girolamo Rosasco (*Della lingua toscana,* 1777) (vgl. Marazzini 1999, 118–125).

    Das Interesse an Sprachgeschichte wurde in der frühen Neuzeit nicht zuletzt durch die Beschäftigung mit alten literarischen Texten genährt. Giovanni Maria Barbieri (1519–1574) hatte sich bereits im 16. Jahrhundert mit der provenzalischen und sizilianischen Lyrik des Mittelalters befasst. Seine *Arte del rimare* blieb allerdings unvollendet und unveröffentlicht. Sie wurde erst 1790 von dem Bibliothekar Girolamo Tiraboschi (1731–1794) wiederentdeckt und unter dem Titel *Dell'origine della poesia rimata* herausgegeben.[5] Die intensive Beschäftigung mit antiken und mittelalterlichen Schriftquellen hat einige Bibliothekare dazu veranlasst, über sprachgeschichtliche Zusammenhänge zu reflektieren. Der Leiter der *Biblioteca Estense* in Modena, Ludovico Antonio Muratori (1672–1750), gilt als einer der Pioniere der Geschichtswissenschaft. Zu seinen wichtigsten Arbeiten zählen die 25 Bände umfassenden *Rerum italicarum scriptores* (1723–1751), die *Antiquitates italicae medii aevi* (1743), der *Novus thesaurus veterum inscriptionum* (1738–42), die zwölfbändigen *Annali d'Italia* (1744–49) sowie die *Dissertazioni sopra le antichità italiane* (1751). Er hat sich in seinen Publikationen mit unterschiedlichen sprachhistorischen Themen auseinandergesetzt, so etwa mit der Entstehung des Italienischen aus der diatopischen und diastratischen Variation des Lateinischen, mit dem Einfluss des Germanischen auf den italienischen Wortschatz sowie mit der etymologischen Herkunft einzelner Wörter. Girolamo Tiraboschi, der Nachfolger Muratoris als Direktor der *Biblioteca Estense*, hat eine *Storia della letteratura italiana* (1772–1782) verfasst, die allerdings weit mehr ist als eine italienische Literaturgeschichte, wie der Titel suggeriert. Es handelt sich vielmehr um eine kulturgeschichtliche Beschreibung Italiens von den Etruskern bis zur Neuzeit, im Rahmen derer auch zahlreiche sprachhistorisch relevante Themengebiete diskutiert werden, so z.B. der Wandel vom Lateinischen zum Italienischen oder die Variation der lateinischen Sprache in der Antike. Tiraboschi geht in Übereinstimmung mit Castelvetro (← Kap. 1.2.4.2) von einer gesellschaftlich determinierten Differenzierung und sprachkontaktbedingten Veränderung der lateinischen Alltagssprache bereits vor der Völkerwanderung (it. *invasioni barbariche*) aus.

---

[5] Für die sprachwissenschaftliche Forschung ist dieses Werk von besonderer Bedeutung, da es einige (im Original nicht mehr existierende) Gedichte der *Scuola siciliana* (Kap. → 2.5.3.1) in ihrer sizilianischen Ursprungsform – ohne die sonst übliche Toskanisierung durch toskanische Kopisten – enthält, so z.B. *Pir meu cori allegrari* von Stefano Protonotaro.

Im 18. sowie im frühen 19. Jahrhundert sind zahlreiche Schriften entstanden, in denen literatur- und sprachhistorische Aspekte miteinander verknüpft werden.

Der Aufklärer Giuseppe Baretti (1719–1789) hatte in London eine *History of the Italian Tongue* (1757) verfasst. Es handelt sich allerdings nicht um eine selbstständige Publikation, sondern um die Einleitung zu dem kultur- und literaturwissenschaftlichen Werk *The Italian library containing an account of the lives and works of the most valuable authors of Italy, with a preface, exhibiting the changes of the tuscan language, from the barbarous ages to the present time*, das sich an ein englisches Publikum richtete. Die sprachgeschichtliche Darstellung weist ein inhärentes Gliederungs- und Periodisierungsschema auf. Im Zusammenhang mit dem literarischen Gesamtbezug der sprachhistorischen Darstellung muss auch die Ausrichtung der Sprachgeschichte an den wichtigsten Eckdaten der italienischen Literaturgeschichte gesehen werden.

Saverio Bettinelli (1718–1808) gab 1775 sein kulturgeschichtliches Werk *Del risorgimento d'Italia negli studj, nelle arti e ne' costumi dopo il mille* heraus. Hierin präsentiert er die Theorie von einer *lingua intermedia* zwischen dem Lateinischen und den romanischen Sprachen (vgl. Schreiber 1968, 18f.; Marazzini 1999, 113).

Giambattista Corniani (1742–1813) veröffentlichte zwischen 1804 und 1813 sein Werk *I secoli della letteratura italiana dopo il suo risorgimento*, das einen Zeitraum umfasst, der von ca. 1000 bis 1750 reicht (vgl. Schreiber 1968, 23 f.).

Carlo Denina (1731–1813) verfasste nach dem *Discorso sopra le vicende della letteratura* (1761) und dem *Saggio sopra la letteratura italiana* (1762) eine Reihe sprachgeschichtlicher und sprachtheoretischer Schriften auf Französisch, so z.B. *Sur le caractère des langues et particulièrement des modernes* (1785), *Sur la langue celtique, & celles qu'on prétend en être sorties* (1786), *Observations sur les dialectes, particulièrement sur ceux d'Italie* (1797) und *La clef des langues ou observations sur l'origine et la formation des principales langues qu'on parle* (1804) (vgl. Schreiber 1968, 16–18; Marazzini 1999, 124f.).

Ugo Foscolo (1778–1827), der vor allem als Autor der *Ultime lettere di Jacopo Ortis* (1802) und der *Sepolcri* (1807) bekannt ist, war nicht nur Romanschriftsteller und Dichter, sondern seit 1806 auch Inhaber eines Lehrstuhls für Rhetorik an der Universität zu Pavia. Er hat sich im Rahmen seiner wissenschaftlichen Tätigkeit intensiv mit sprachgeschichtlichen Problemen auseinandergesetzt. Das Thema seiner Antrittsvorlesung lautete *Dell'origine e dell'ufficio della letteratura* (1807). Im Jahre 1809 hielt Foscolo eine Vorlesung zum Thema *Della lingua italiana, considerata storicamente e letterariamente*. Zwischen 1823 und 1826 hat er in England unter dem Titel *Epoche della lingua italiana* eine explizit nach Epochen gegliederte Sprachgeschichte des Italienischen verfasst. Foscolos Periodisierung der italienischen Sprache vom Mittelalter bis ca. 1600 orientiert sich an der Literaturgeschichte (vgl. Michel 2005, 16–18).

1.2.7. Das 19. Jahrhundert und das frühe 20. Jahrhundert

1.2.7.1. Historische Grammatik und Etymologie

Die Anfänge der Romanistik liegen in der intensiven wissenschaftlichen Beschäftigung mit mittelalterlichen Texten. Ihre Etablierung als eigenständige Wissenschaft erfolgte auf der Grundlage historischer Grammatiken (vgl. Jungen/Lohnstein 2007, 171–183) und etymologischer Wörterbücher.

Friedrich Christian Diez (1794–1876), der „Vater der Romanistik", kannte noch keine Trennung von Sprach- und Literaturwissenschaft.[6] Sein Interesse konzentrierte sich zunächst auf die altprovenzalische Minnelyrik. Er veröffentlichte *Die Poesie der Troubadours* (1826) und *Leben und Werke der Troubadours* (1829). In den folgenden Jahren widmete er sich der historisch ausgerichteten *Grammatik der romanischen Sprachen* (1826–1844), indem er die von Franz Bopp (1791–1867) und Jacob Grimm (1785–1863) entwickelte Methode des Sprachvergleichs auf der Basis der lautgesetzlichen Entwicklung auf die romanischen Sprachen anwendete. Auf der Basis des romanischen Sprachvergleichs verfasste er 1853 das *Etymologische Wörterbuch der romanischen Sprachen*, in dem er die etymologische Forschung mithilfe der Betrachtung lautgesetzlicher Entwicklungen auf eine wissenschaftliche Basis stellte. Diez bezeichnete diese Vorgehensweise als „kritische Methode".

Die *Junggrammatiker* (it. *neogrammatici*) der *Leipziger Schule* (it. *Scuola di Lipsia*) schließlich wandten die Lautgesetze zunehmend strenger an und stellten die These von der Ausnahmslosigkeit der Lautgesetze (it. *ineccettibilità delle leggi fonetiche*) auf. Einer der heftigsten Gegner der junggrammatischen Position war seinerzeit der in Graz lehrende Romanist Hugo Schuchardt (1842–1927), der seine Kritik in der Schrift *Über die Lautgesetze. Gegen die Junggrammatiker* (1885) formuliert hat. Auch der romanistische Philologe Karl Vossler (1872–1949) wollte die positivistisch geprägte junggrammatische Betrachtungsweise durch eine andere Methode ersetzen. Er prägte die *idealistische Sprachwissenschaft* (it. *linguistica idealista*), in welcher bei der Beschäftigung mit Sprachgeschichte philosophische, kulturelle und ästhetische Aspekte eine wichtige Rolle spielen sollten. Wichtigster und einflussreichster Vertreter des Idealismus war in Italien der Philosoph Benedetto Croce (1866–1952), der seinerzeit auch auf die Sprach- und Literaturwissenschaft nachhaltigen Einfluss ausübte. Die deutschsprachige Romanistik wurde bis in die Zeit nach dem Zweiten Weltkrieg von junggrammatisch beeinflussten Forscherpersönlichkeiten dominiert. Man denke an den Schweizer Sprachhistoriker Wilhelm Meyer-Lübke (1861–1936), den Verfasser des *Romanischen etymologischen Wörterbuches* (^{3}1935) sowie der *Grammatik der romanischen Sprachen* (1890–1902). Im Jahre 1901 erschien seine *Grammatica storico-comparata della lingua italiana e dei dialetti toscani*, von der es bis in die späten

---

[6] Hirdt 1993 I, 45–140 bietet eine ausführliche Darstellung zum wissenschaftlichen Werdegang von Diez.

1940er-Jahre zahlreiche Neuauflagen gab. Zusammen mit Francesco D'Ovidio (1849–1925) brachte Meyer-Lübke 1906 eine *Grammatica storica della lingua e dei dialetti italiani* heraus, die ebenfalls mehrmals neu aufgelegt wurde. Einer der letzten prominenten Vertreter der junggrammatischen Schule war der deutsche Dialektologe Gerhard Rohlfs (1892–1986) mit seiner monumentalen dreibändigen *Historischen Grammatik der italienischen Sprache und ihrer Mundarten* (1949–1954), die in den 1960er-Jahren in italienischer Übersetzung erschien (*Grammatica storica della lingua italiana e dei suoi dialetti*, 1966–1969).

1.2.7.2. Diachrone Dialektologie

Gegen Mitte des 19. Jahrhunderts begann in Italien die Auseinandersetzung mit den Dialekten auf wissenschaftlicher Ebene (vgl. Michel 2005, 401–407). Bernardino Biondelli (1804–1886) veröffentlichte 1853–1856 seinen *Saggio sui dialetti gallo-italici*. Graziadio Isaia Ascoli (1829–1907), der vor allem auf dem Gebiet der Dialektologie tätig war, aber auch Orientalistik betrieb, setzte neue Maßstäbe in der dialektologischen Forschung. Er wertete die Dialekte gegenüber der Standardsprache auf, klassifizierte sie und prägte den Begriff des *sprachlichen Substrats* (it. *sostrato linguistico*), um bestimmte geographisch verbreitete Phänomene zu erklären (→ Kap. 2.3.3.1). Im Jahre 1873 gründete er die bis heute existierende sprachwissenschaftliche Fachzeitschrift *Archivio Glottologico Italiano*, die im Vorwort der ersten Ausgabe eine programmatische Stellungnahme zur *Questione della lingua* enthielt, die wenige Jahre nach der Erlangung der staatlichen Einheit Italiens noch nicht an Aktualität verloren hatte. Sie muss im Zusammenhang mit den von Alessandro Manzoni (1785–1873) initiierten Bestrebungen gesehen werden, die moderne Varietät von Florenz als gesamtitalienische Norm durchzusetzen (→ Kap. 2.5.6.6).

1.2.8. Das 20. Jahrhundert

Das 20. Jahrhundert hat die bislang facettenreichste metasprachliche Reflexion sowohl im Bereich der Sprachwissenschaft als auch der Sprachphilosophie hervorgebracht.

1.2.8.1. Synchrone Beschreibung von Strukturen

1.2.8.1.1. Der europäische Strukturalismus

Mit der Entwicklung des Strukturalismus entfernte sich das Interesse von der diachronen Sprachbetrachtung und wandte sich der synchronen Beschreibung von Sprache zu (vgl.

Albrecht ²2000; Jungen/Lohnstein 2007, 184–194). In Ferdinand de Saussures (1857–1913) posthum erschienenem *Cours de linguistique générale* (1916), der aus Vorlesungsmitschriften von Charles Bally (1865–1947) und Albert Sechehaye (1870–1946) hervorgegangen war, wird eine allgemeine Theorie der Sprache als ein abstraktes und überindividuelles System von Zeichen dargestellt. Nach de Saussure lassen sich drei wesentliche Aspekte der Sprache unterscheiden: die menschliche Rede (frz. *langage*), deren abstraktes Regelsystem (frz. *langue*) sowie das Sprechen (frz. *parole*). Er unterscheidet ferner zwischen einer diachronen und einer synchronen Sprachwissenschaft. Erstere befasst sich mit der sprachlichen Entwicklung innerhalb eines bestimmten Zeitraums, Letztere mit dem Sprachsystem zu einem bestimmten Zeitpunkt. Der ehemalige Indogermanist de Saussure gibt der synchronen Sprachbetrachtung den Vorzug. Entgegen der philologischen Tradition bevorzugt er die gesprochene Sprache gegenüber der geschriebenen. Das *sprachliche Zeichen* (it. *segno linguistico*), das prinzipiell als arbiträr (it. *arbitrario*) betrachtet wird, besteht aus dem Ausdruck bzw. aus der Vorstellung der Lautkette (it. *immagine acustica*) und dem Inhalt in Form einer Vorstellung der betreffenden Sache (it. *concetto*). Als *Signifikant* (frz. *signifiant* – it. *significante* – dt. auch ‚Bezeichnendes') wird die Ausdrucksseite des sprachlichen Zeichens bezeichnet. Das *Signifikat* (frz. *signifié* – it. *significato* – dt. auch ‚Bezeichnetes') ist der „Inhalt" des Signifikanten, auf den der Signifikant verweist. Das sprachliche Zeichen setzt sich aus Signifikant und Signifikat sowie der Verknüpfung dieser beiden Pole (= Referenz) zusammen, die von de Saussure durch Pfeile markiert werden. Der Signifikant ist dabei in seiner Bedeutung nicht durch sein Signifikat bestimmt, mit Ausnahme einiger weniger lautmalerischer (onomatopoetischer) Wörter (z.B. it. *mucca* < *muh*), sondern durch die Abgrenzung zu anderen Signifikanten. Somit ist das sprachliche Zeichen – wie bereits erwähnt – prinzipiell willkürlich (arbiträr).

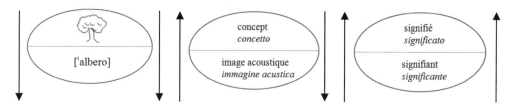

Darüber hinaus unterscheidet de Saussure zwischen einer *syntagmatischen* (it. *asse sintagmatico*) und einer *paradigmatischen Achse* (it. *asse paradigmatico*). Paradigmatische Beziehungen bestehen zwischen sprachlichen Zeichen, die einander ersetzen können, während die syntagmatischen Relationen zwischen Zeichen bestehen, die aufeinander folgen. So kann in dem Satz *Tiberio va a scuola* bspw. das Subjekt *Tiberio* paradigmatisch durch das Personalpronomen *lui* ersetzt werden, während syntagmatisch *va a* nicht durch *a va* ersetzt werden kann.

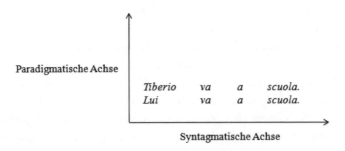

Im Anschluss an die Veröffentlichung des *Cours* entstanden in Europa diverse strukturalistische Schulen, in denen die Theorien de Saussures weiterentwickelt wurden (vgl. Albrecht ²2000, 26–54).

Die Schüler de Saussures (Albert Sechehaye und Charles Bally) gründeten die *Genfer Schule* (it. *scuola di Ginevra*), die sich vornehmlich mit Fragen der Syntax auseinandersetzte (vgl. Albrecht ²2000, 66–70).

Die *Prager Schule* (it. *scuola di Praga*) mit Roman Jakobson (1896–1982) und Nikolai Trubetzkoy (1890–1938) an der Spitze begründete die Phonologie (→ Kap. 3.2) als linguistische Teildisziplin (vgl. Albrecht ²2000, 59–66; Jungen/Lohnstein 2007, 187f.).[7]

Die von Louis Hjelmslev (1899–1965) und Viggo Brøndal (1887–1942) ins Leben gerufene *Kopenhagener Schule* (it. *scuola di Copenaghen*) unterschied im Rahmen der von ihr entwickelten Glossematik (it. *glossematica*) zwischen den formalen Eigenschaften eines Sprachsystems und seiner Substanz (vgl. Albrecht ²2000, 70–77, 143–153; Jungen/Lohnstein 2007, 188ff.).[8]

Die Auseinandersetzung mit dem Werk de Saussures und mit dem Strukturalismus insgesamt begann in Italien in den 1960er-Jahren. Giorgio Derossi publizierte 1965 die Monographie *Segno e struttura linguistici nel pensiero di Ferdinand de Saussure*. Tullio De Mauro besorgte 1967 schließlich die italienische Ausgabe des Werks (*Corso di linguistica generale*).[9] Einige Jahre später erschien in italienischer Übersetzung George Mounins Werk *De Saussure. La vita, il pensiero, i testi esemplari* (1971), gefolgt von D'Arco Silvio Avalles *L'ontologia del segno in Saussure* (1973), das 1986 in einer er-

---

[7] Bisher sind folgende Übersetzungen Roman Jakobsons in italienischer Sprache erschienen: *Saggi di linguistica generale* (1966), *La linguistica e le scienze dell'uomo. Sei lezioni sul suono e sul senso* (1978), *La fonica della lingua* (1984), *Linguaggio infantile e afasia* (2006).

[8] In italienischer Übersetzung sind folgende Werke zugänglich: *I fondamenti della teoria del linguaggio* (1968), *Il linguaggio* (1970), *Saggi di linguistica generale* (1981), *Principi di grammatica generale* (1998), *La categoria die casi. Studio di grammatica generale* (1999), *Résumé. Theoria del linguaggio* (2009). Mit der Theorie der Glossematik haben sich Giorgio Graffi (*Struttura, forma e sostanza in Hjelmslev*, 1974) und Cosimo Caputo (*Il segno di Giano. Studi su Louis Hjelmslev*, 1986; *Su Hjelmslev. La nuvola di Amleto: segno, senso e filosofia del linguaggio*, 1993) auseinandergesetzt.

[9] Auch die französische Fassung greift auf die kritische Ausgabe von De Mauro zurück.

weiterten Fassung herauskam. Vom selben Autor erschien 1995 die Monographie *Ferdinand de Saussure fra strutturalismo e semiologia*. Tullio De Mauro publizierte 2005 die *Scritti inediti di linguistica generale*, während 2007 der von ihm übersetzte und kommentierte *Corso di linguistica generale* in der 20. Auflage erschien.

1.2.8.1.2. Der amerikanische Strukturalismus

Eine von den europäischen Schulen unabhängige Variante des Strukturalismus entwickelte sich nach dem Ersten Weltkrieg in den Vereinigten Staaten von Amerika (vgl. Jungen/Lohnstein 2007, 191–194, 210–244).

Edward Sapir (1884–1939), der sich dem Studium der nordamerikanischen Indianersprachen widmete, war einer der ersten Linguisten, welche die Sprache aus einem anthropologischen und ethnologischen Blickwinkel erforschten. Sein Hauptwerk *Language. An Introduction to the Study of Speech* (1921) erschien erst 1969 unter dem Titel *Il linguaggio. Introduzione alla linguistica* in italienischer Übersetzung.

Benjamin Lee Whorf (1897–1941), der von Hause aus eigentlich Chemiker war und für eine amerikanische Versicherung tätig war, leistete ebenfalls wertvolle Beiträge zur Linguistik. Ausgehend von Sapirs Arbeiten befasste er sich mit der Sprache der Hopi-Indianer. Bekannt wurde er durch das sogenannte sprachliche Relativitätsprinzip (it. *ipotesi della relatività linguistica*), das heute vor allem unter dem Namen *Sapir-Whorf-Hypothese* (it. *ipotesi di Sapir-Whorf*) bekannt ist, welche davon ausgeht, dass das Denken von den Strukturen der jeweiligen Muttersprache determiniert wird.

Leonard Bloomfield (1887–1949), der sich zunächst der historisch-vergleichenden Sprachwissenschaft widmete, verhalf unter dem Einfluss des Behaviorismus[10] mit seinem Werk *Language* (1933), das 1974 unter dem Titel *Linguaggio* in italienischer Übersetzung erschien, dem amerikanischen Strukturalismus endgültig zum Durchbruch.

1.2.8.2. Die Spezialisierung der modernen Sprachwissenschaft

1.2.8.2.1. Tendenzen seit den 1960er-Jahren

Die Entwicklung der Linguistik ist in den vergangenen Jahrzehnten durch eine zunehmende und immer schneller voranschreitende Spezialisierung sowohl der Untersuchungsgegenstände als auch der Methoden und Theorien gekennzeichnet. Während der Strukturalismus über die Analyse des Satzes nicht hinauskam, stellte die transphrastisch ausgerichtete Textlinguistik, deren Anfänge in den 1960er-Jahren liegen und die in den

---

[10] Der *Behaviorismus* (engl.-amer. *behavior* = ,Verhalten') ist eine wissenschaftliche Methode, die davon ausgeht, dass das Verhalten von Menschen und Tieren mit den Methoden der Naturwissenschaft in Form von Reiz-Reaktions-Ketten untersucht werden kann.

1980er-Jahren schließlich ihr theoretisch-methodisches Fundament bekam, zweifelsohne einen Fortschritt dar. Während *Strukturalismus* und *Generativistik* die Sprache auf einer sehr abstrakten Ebene analysierten, machte sich die Soziolinguistik seit den 1960er-Jahren Gedanken über den Zusammenhang zwischen gesellschaftlicher Realität und sprachlicher Kommunikation. In den 1980er- und 1990er-Jahren zogen Fachsprachen- und Varietätenlinguistik zunehmend das Interesse auf sich. Neue linguistische Theorien, insbesondere aus den Vereinigten Staaten von Amerika, wie z.B. die *Optimalitätstheorie* (it. *teoria dell'ottimalità* → Kap. 3.2.6) wurden international rezipiert.

1.2.8.2.2. Teildisziplinen im Überblick

Zu den wichtigsten Teilgebieten der modernen Sprachwissenschaft gehören mittlerweile zahlreiche Disziplinen und Unterdisziplinen, von denen im Rahmen dieser Einführung allerdings nur ein kleiner Teil vorgestellt werden kann:

– *Computerlinguistik* (it. *linguistica computazionale*): Sie stellt eine Kombination aus Sprachwissenschaft und Informatik dar. Ihr Betätigungsfeld ist die algorithmische Verarbeitung natürlicher Sprachen mithilfe des Computers.
– *Dialektologie* (it. *dialettologia*): Sie untersucht Dialekte auf diachroner und synchroner Ebene sowohl im Hinblick auf ihre Phonetik, Grammatik und ihren Wortschatz als auch auf ihre kommunikative Funktion (→ Kap. 10).
– *Diskursanalyse* (it. *analisi del discorso*): Sie analysiert die Zusammenhänge zwischen sprachlichem Handeln, sprachlicher Form sowie den gesellschaftlichen und institutionellen Strukturen, wobei der Diskurs als pragmatisches Phänomen in der Regel vom Text unterschieden wird, der wiederum die sprachliche Struktur des Diskurses repräsentiert.
– *Ethnolinguistik* (it. *etnolinguistica*), auch *Sprachanthropologie* (it. *antropologia del linguaggio*): Sie befasst sich mit Sprachen im völkerkundlich-kulturellem Zusammenhang.
– *Fachsprachenlinguistik* (it. *studio delle lingue speciali*): Sie befasst sich mit der Klassifizierung, Beschreibung und Standardisierung von Fachterminologien und Fachtexten.
– *Feministische Linguistik* (it. *linguistica femminista*) auch *Genderlinguistik*: Sie versteht sich nicht nur als Teilbereich der Linguistik, der das Sprachverhalten von und gegenüber Frauen erforscht, sondern auch als Beitrag zur sozialen und politischen Veränderung der Gesellschaft im Sinne der weiblichen Emanzipation (→ Kap. 11.2.5).
– *Forensische Linguistik* (it. *linguistica forense*): Ihr Betätigungsfeld ist die Identifikation von Sprechern mittels Stimmanalysen (*Forensische Phonetik*) sowie die Zuordnung der Verfasser von juristisch relevanten Texten (z.B. Testamente, Erpresserbriefe, Bekennerschreiben, Abschiedsbriefe etc.).
– *Gesprächsanalyse* (it. *analisi del colloquio*): Sie ist aus der Konversationsanalyse hervorgegangen und beschäftigt sich im Wesentlichen mit der Analyse gesprochener, zumeist dialogischer Texte. Die Gesprächsanalyse steht in enger Verbindung sowohl zur Textlinguistik als auch zur Sprechakttheorie (→ Kap. 8.1.5).

- *Grammatikographie* (it. *grammaticografia*): Sie befasst sich mit der Erstellung und Analyse von Grammatiken (→ Kap. 4.3).
- *Grammatiktheorie* (it. *teoria della grammatica*). Hierzu gehören bspw. die generative Transformationsgrammatik (it. *grammatica generativo-trasformazionale*), die Dependenzgrammatik (it. *grammatica della dipendenza*) oder die Valenzgrammatik (it. *grammatica valenziale*) (→ Kap. 4.2 und 4.4).
- *Graphemik* (it. *grafemica*)/*Graphematik* (it. *grafematica*): Sie untersucht die Schrift als eigenes Sprachsystem. Zu ihren Aufgaben gehören u.a. die Ermittlung des Grapheminventars sowie die Analyse der morphologischen und syntaktischen Funktionen der Grapheme. Außerdem befasst sie sich im Sinne einer *Phonographematik* mit Phonem-Graphem-Korrespondenzen.
- *Graphetik* (it. *grafetica*): Ihr Untersuchungsgegenstand sind verschiedene Typen von Schriftsystemen (Handschrift, Druckschrift, Kurzschrift etc.). Sie befasst sich des Weiteren mit Schreibweisen und Schrifttypen aus historischer Perspektive (lateinische Schrift, karolingische Minuskel, gotische Schrift, Fraktur etc.).
- *Historiolinguistik* (it. *linguistica storica*): Sie analysiert und klassifiziert den zeitlich bedingten Wandel von Sprache im strukturellen, kommunikativen sowie gesellschaftlichen Kontext (→ Kap. 2).
- *Kognitive Linguistik* (it. *linguistica cognitiva*): Sie befasst sich mit den biologischen Zusammenhängen der Sprache und beschreibt diese mithilfe genetisch bestimmter Prinzipien, welche in allen natürlichen Sprachen nachweisbar sind. Untersucht wird außerdem der kommunikative Gebrauch der Sprache als komplexe Fähigkeit, bei der grammatische, interaktive und soziokulturelle Fähigkeiten gleichermaßen zum Einsatz kommen.
- *Kontrastive Linguistik* (it. *linguistica contrastiva*): Ihr Aufgabengebiet umfasst den systemhaften Vergleich von Gemeinsamkeiten und Unterschieden zweier oder mehrerer Sprachsysteme auf synchroner Ebene in Bezug auf Phonetik und Phonologie, Morphosyntax und Lexikon. Ihr Ziel ist eine bessere Effizienz des Fremdsprachenunterrichts.
- *Korpuslinguistik* (it. *linguistica dei corpora*): Sie wird computergestützt praktiziert und versucht, Sprachtheorien auf der Grundlage von statistischen Daten aus Textkorpora aufzustellen oder zu überprüfen. Von einem Teil der Sprachwissenschaftler wird die Korpuslinguistik nicht als linguistische Teildisziplin, sondern als besondere Technik oder Methode des linguistischen Arbeitens betrachtet.
- *Lexikographie* (it. *lessicografia*): Sie befasst sich mit der Erstellung und wissenschaftlichen Analyse von Wörterbüchern (→ Kap. 12).
- *Lexikologie* (it. *lessicologia*): Sie befasst sich mit der Strukturierung des Wortschatzes (Lexikons) einer Sprache.
- *Medienlinguistik* (it. *linguistica dei mass media*): Sie setzt sich mit dem Sprachgebrauch im Rahmen medienbasierter Kommunikation auseinander und stellt ein Bindeglied zwischen Sprach- und Medienwissenschaft dar.
- *Migrationslinguistik* (it. *linguistica migratoria*): Sie ist eine noch junge Teildisziplin der Soziolinguistk, die sich mit der Erforschung und Analyse von Migrationsprozessen sowie der Beschreibung der daraus resultierenden Situationen von Sprachkontakt beschäftigt.

- *Morphologie* (it. *morfologia*) ist die Lehre der Wortbausteine und wandelbaren Wortformen (→ Kap. 5).
- Die *Morphonologie* (it. *morfonologia*) befasst sich mit der Wortbildung auf phonologischer Ebene.
- *Neurolinguistik* (it. *neurolinguistica*): Sie untersucht die sprachliche Verarbeitung im Gehirn unter Bezugnahme auf anatomische und physiologische Aspekte.
- *Patholinguistik* (it. *patolinguistica*) auch *Klinische Linguistik* (it. *linguistica clinica*): Sie untersucht Probleme im Zusammenhang mit Spracherwerb, Sprachperzeption, Sprachverarbeitung und Sprachproduktion. Zu den von der Patholinguistik untersuchten Phänomenen gehören u.a. Aphasie (it. *afasia*) [= Sprachstörung nach neurologischen Erkrankungen], Dysarthrie (it. *disartria*) [Störungen der Sprechmotorik], Legasthenie (it. *legastenia*) [= Lese-Rechtschreib-Schwäche], Rhinolalie (it. *rinolalia*) [= offenes oder geschlossenes Näseln durch gestörte Resonanz] oder Sigmatismus (it. *sigmatismo*) [= Lispeln].
- *Phonetik* (it. *fonetica*): Sie untersucht die Erzeugung, Übermittlung und Rezeption von Sprachlauten (→ Kap. 3.1).
- *Phonologie* (it. *fonologia*): Ihr Untersuchungsgegenstand sind die Phoneme, die kleinsten bedeutungsunterscheidenden sprachlichen Einheiten (→ Kap. 3.2).
- *Pragmatik* (it. *pragmatica*): Sie untersucht Sprachhandlungen im kommunikativen und situativen Kontext (→ Kap. 8).
- *Psycholinguistik* (it. *psicolinguistica*): Die Wissenschaft von der menschlichen Sprachfähigkeit (it. *produzione linguistica*). Sie untergliedert sich in die drei Teilbereiche Sprachwissensforschung, Spracherwerbsforschung und Sprachprozessforschung (s.u.).
- *Quantitative Linguistik* (it. *linguistica quantitativa*): Sie analysiert die Entwicklung von Sprachgesetzen auf der Grundlage statistischer Erhebungen.
- *Semantik* (it. *semantica*): Sie untersucht die Bedeutung sprachlicher Zeichen (→ Kap. 7).
- *Semiotik* (it. *semiotica*): Die Lehre von Zeichen, die sich weiter in die Bereiche Syntax, Semantik und Pragmatik gliedert (s.o.).
- *Soziolinguistik* (it. *sociolinguistica*): Sie beschäftigt sich mit dem Verhältnis von Sprache und Gesellschaft bzw. mit der Sprachverwendung im gesellschaftlichen Kontext (→ Kap. 11.1).
- *Spracheinstellungsforschung* auch *Attitüdenforschung* (it. *studio degli atteggiamenti linguistici*): Sie analysiert Einstellungen und Meinungen von Mitgliedern einer Sprachgemeinschaft zu Sprachen und/oder Dialekten.
- *Spracherwerbsforschung* (it. *acquisizione linguistica*): Sie untersucht die Bedingungen, Strukturen und Prozesse, die beim Erlernen von Sprachen eine Rolle spielen, den Unterschied zwischen „gesteuertem" und „ungesteuertem" Erwerb, zwischen Erst-, Zweit- und Drittsprache, zwischen dem Lernen im Kindes- sowie im Erwachsenenalter etc. Sie fragt ferner nach den didaktischen Konsequenzen, die sich in unterschiedlichen Kontexten ergeben.
- *Sprachprozessforschung* (it. *studio dei processi linguistici*): Sie befasst sich mit den psychischen Prozessen, die dem rezeptiven und produktiven Sprachgebrauch beim Sprechen, Schreiben, Lesen und Hören zugrunde liegen.

- *Sprachwissensforschung* (it. *sapere linguistico*): Sie beschäftigt sich mit der Speicherung des Sprachwissens im Gedächtnis.

- *Standardologie* (it. *standardologia*): Der Untersuchungsgegenstand dieser linguistischen Teildisziplin sind Standardsprachen bzw. Standardvarietäten im Kontext ihrer Entstehungsgeschichte, z.B. die Herausbildung einer gesamtitalienischen Schriftsprache im Zusammenhang mit der *Questione della lingua* (→ Kap. 4.3.2).

- *Syntax* (it. *sintassi*): Die Lehre vom Satzbau. Sie analysiert die Regeln, nach denen Wörter zu größeren funktionalen Einheiten wie Phrasen und Sätzen kombiniert werden (→ Kap. 6).

- *Textlinguistik* (it. *linguistica testuale*). Sie beschäftigt sich mit der Untersuchung der Struktur, Funktion und Wirkung von Texten und ihren Bestandteilen. Der Einzeltext wird ferner im Zusammenspiel mit anderen Texten untersucht (→ Kap. 9).

- *Variationslinguistik* (it. *linguistica variazionale*) bzw. *Varietätenlinguistik* (it. *linguistica delle varietà*): Ihr Untersuchungsgegenstand sind geographische Varietäten (Dialekte und regionale Sonderformen der Nationalsprachen) sowie sozial und situational bedingte Sonderformen natürlicher Sprachen (→ Kap. 11.2).

1.3. Die deutsche Italianistik aus diachroner und synchroner Perspektive

Die Italianistik ist eine Teildisziplin der Romanistik und befasst sich mit der italienischen Sprache (und deren Dialekten) aus linguistischer Perspektive sowie mit deren Literatur. Im Bereich der Landeskunde werden auch grundlegende Kenntnisse über Geschichte, Wirtschaft, Politik, Gesellschaft und Kultur des modernen Italien vermittelt, wobei heute im Rahmen der interkulturellen Kommunikation versucht wird, landeskundliche Themen in einem größeren Kontext zu behandeln.

1.3.1. Kulturhistorischer Überblick

Im deutschsprachigen Raum hat die Beschäftigung mit der italienischen Sprache und Literatur eine lange Tradition, deren vorwissenschaftlicher Höhepunkt im späten 18. Jahrhundert lag.[11] Bald darauf bekam das Italienische als zweitwichtigste Fremdsprache in Deutschland Konkurrenz durch das Englische. Die Erlernung der Sprache Dantes, Boccaccios und Petrarcas war bereits gegen Mitte des 19. Jahrhunderts beim deutschen Bildungsbürgertum keine Selbstverständlichkeit mehr wie noch zu Goethes Zeiten. In der Romanischen Philologie spielte das Italienische jedoch von Anfang an eine wichtige Rolle.

---

[11] Zur Geschichte der Didaktik des Italienischen in Deutschland vgl. die Dissertation von Gorini 1997 sowie Albrecht 1997, 205–221.

1.3.1.1. Das 14. und 15. Jahrhundert

Im 14. und 15. Jahrhundert wurde das Italoromanische (eine für ganz Italien gültige italienische Sprache existierte noch nicht) vor allem von süddeutschen Kaufleuten erlernt (vgl. Michel 2005, 502–505). Beleg für diese Phase der Auseinandersetzung mit dem Italienischen sind handschriftliche und gedruckte Gesprächsbücher (vgl. Pausch 1972). Der Sprachmeister Georg von Nürnberg, der wohl in der Nähe des Fondaco dei Tedeschi in Venedig lebte, verfasste im frühen 15. Jahrhundert ein venezianisch-süddeutsches Gesprächsbuch, das zum Vorbild zahlreicher polyglotter Lehrbücher und Glossare werden sollte. In den späten 60er-Jahren des 15. Jahrhunderts führten deutsche Buchdrucker die neue Handwerksdisziplin in Italien ein. Im Jahre 1477 erschien in Venedig das Gesprächsbuch *Introito e porta de quele che voleno imparare e comprender todesco o italiano* des Adam von Rottweil, der ebenfalls Druckereien in Italien betrieb (vgl. Giustiniani 1987).

1.3.1.2. Das 16. und 17. Jahrhundert

Im ausgehenden 16. sowie im frühen 17. Jahrhundert wurden die Italienisch-Lehrwerke in der Regel noch in lateinischer Sprache verfasst, wie z.B. *Flores italici ac latini sermonis* (1593), *Institutionum linguae italicae libri VI, una cum totidem opusculis ad praeceptorum et linguae exercitationem* (1600) und *Schola italica, in qua praecepta bene loquendi facili methodo proponuntur et exercitationum libri VII illustrantur. Cum dictionarii italico-latini appendice* (1605) aus der Feder des Sprachmeisters Catharinus Dulcis, der als erster Ordinarius für französische und italienische Sprache an die Universität Marburg berufen wurde. Der flämische Glaubensflüchtling Levinus Hulsius (1546–1606) ist Autor des ersten alphabetischen italienisch-deutschen und deutsch-italienischen Wörterbuchs, das 1605 in Frankfurt am Main unter dem Titel *Dictionarium Teutsch-Italiänisch und Italiänisch-Teutsch* erschien. Das Werk wurde bis 1687 in mehreren Auflagen verlegt (vgl. Michel 2005, 515–518).

1.3.1.3. Das 17. und 18. Jahrhundert

Einer der profiliertesten Sprachmeister des 17. sowie des frühen 18. Jahrhunderts war der aus Köln stammende und später in Nürnberg tätige Matthias Kramer, der sich nicht nur mit dem Italienischen, sondern auch mit dem Spanischen, Französischen und Flämischen beschäftigte (vgl. Michel 2005, 525–527). Man könnte ihn als Linguisten und Romanisten *ante litteram* bezeichnen. Kramers Wörterbücher greifen sowohl auf den Wortschatz älterer Werke als auch auf literarische Quellen zurück. Doch er war gleichfalls ein guter Beobachter der lebendigen Sprache und gibt ein ziemlich genaues

Bild der Sprachrealität. Er hat viele neue Wendungen aus der Umgangssprache aufgenommen, die erst nach seinem Tod in die Schriftsprache eingedrungen sind. In einigen Werken Kramers finden sich bereits Ansätze sprachwissenschaftlicher Reflexion. So befinden sich bspw. im Vorwort („Hochnöthiger Vor-Bericht") zum *Herrlich Grossen Teutsch-Italiänischen Dictionarium* (1700) Hinweise zur Etymologie des Italienischen im gesamtromanischen Kontext. Die zeitgenössischen Sprachgelehrten aus der Romania (z.B. die beiden Etymologen Gilles Ménage und Ottavio Ferrari) waren Kramer wohlbekannt.[12]

1.3.1.4. Das 18. und 19. Jahrhundert

Im 18. Jahrhundert rückte Italien zunehmend ins Blickfeld des Bildungsbürgertums. Zahlreiche Italienreisende veröffentlichen ihre Tagebücher (Goethe, Bartels, Münter, Fernow, Gregorovius). Einige von ihnen machten auch mehr oder minder detaillierte Notizen zur vorgefundenen sprachlichen Realität. Deutsche Italienliebhaber gaben gegen Ende des 18. Jahrhunderts gar eine *Gazzetta di Weimar* für ein italophiles deutsches Lesepublikum heraus (vgl. Michel 2005, 507f.). Der Herausgeber war kein geringerer als Christian Joseph Jagemann (1735–1804), Bibliothekar an der berühmten Anna-Amalia-Bibliothek zu Weimar. Er hatte mehrere Jahre in Florenz gelebt und galt als einer der besten Kenner der italienischen Sprache und Kultur seiner Zeit. Er schrieb zahlreiche Bücher zur italienischen Literatur und Kunst. Ferner übersetzte er italienische Dichtung ins Deutsche (darunter das *Inferno* aus Dantes *Divina Commedia*). Darüber hinaus verfasste er wichtige italienische Lehrwerke und Grammatiken (*Italienische Sprachlehre,* 1792, ²1801; *Anfangsgründe von dem Bau und der Bildung der Wörter der italienischen Sprache*, 1801) sowie ein vierbändiges *Dizionario italiano-tedesco e tedesco-italiano* (1803) (vgl. Michel 2005, 533–536). Die Italianistik als Teildisziplin der Romanischen Philologie erhielt zwar erst im 19. Jahrhundert durch die historische Lautlehre ihr wissenschaftliches Fundament, doch sie war nicht aus dem Nichts entstanden, sondern konnte sich auf eine mehr als zweihundertjährige Geschichte metasprachlicher Reflexion über das Italienische stützen. Den Romanisten der ersten Stunde waren aber auch die Schriften der italienischen Sprachtheoretiker des 16. bis 18.

---

[12] Im Jahre 1982 ist ein Nachdruck dieses monumentalen Wörterbuchs erschienen. Zum Studium des Italienischen verfasste Kramer neben seinen umfangreichen Wörterbüchern (*Nomenclatura todesca e toscana, oder Schauplatz, vorstellend die teutsche italiänische Benennung aller Haubt-Dinge der ganzen Welt,* 1672; *Das neue Dictionarium oder Wort-Buch in Italiänisch-Teutscher Sprach reichlich ausgeführt mit allen seinen natürlichen Redensarten,* 1676–78; *Neuausgefertigtes herrlich-grosses und allgemeines Italiänisch-Teutsches Sprach- und Wörter-Buch,* 1693) zahlreiche Sprachlehrwerke, z.B. *Derivatione et compositione vocarum italicarum* (1680), *Parlatorio italiano tedesco, oder teutsche und italiänische Gespräche* (1688), *Vollständige italiänische Grammatica* (1693) oder *Rudimenti toscano-romani, overo Porta-maestra alla Gran Grammatica e al Gran Dittionario* (1695).

Jahrhunderts bestens bekannt, sodass durchaus eine gewisse Kontinuität zwischen wissenschaftlicher und vorwissenschaftlicher Betrachtung des Italienischen existiert.

1.3.2. Das Studium der italienischen Sprachwissenschaft

Über das aktuelle italianistische Lehrangebot der Universitäten in Deutschland, Österreich und der deutschsprachigen Schweiz informiert die Zeitschrift *Italienisch*.

1.3.2.1. Wichtige Fachliteratur der italienischen Sprachwissenschaft im thematischen Überblick

Die folgende Liste bietet eine Auswahl älterer und neuerer sprachwissenschaftlich relevanter Fachliteratur für das vertiefende Selbststudium.

(1) *Allgemeine Einführungen und Nachschlagewerke*

Altieri Biagi, Maria Luisa: *Linguistica essenziale. Storia, struttura e spessore sociale della lingua italiana*. Milano ³1987.
Barberi Squarotti, Giorgio et al. (Hrsg.): *L'italianistica. Introduzione allo studio della letteratura e della lingua italiana*. Torino 1992.
Beccaria, Gian Luigi (dir. da): *Dizionario di linguistica*. Torino 1994.
Blasco Ferrer, Eduardo: *Handbuch der italienischen Sprachwissenschaft*. Berlin 1994.
Cardona, Giorgio Raimondo: *Dizionario di linguistica*. Roma 1988.
Casadei, Federica: *Breve dizionario di linguistica*. Roma 2001.
Dardano, Maurizio: *Nuovo manualetto di linguistica*. Bologna 2005.
Haase, Martin: *Italienische Sprachwissenschaft*. Tübingen 2007.
Kattenbusch, Dieter: *Grundlagen der italienischen Sprachwissenschaft*. Regensburg 1999.
Hall, Robert A.: *La struttura dell'italiano*. Roma 1971.
Lepschy, Anna L./Lepschy, Giulio: *La lingua italiana*. Milano 1994.
Lepschy, Anna L./Lepschy, Giulio: *Die italienische Sprache*. Tübingen 1986.
Muljačić, Žarko: *Introduzione allo studio della lingua*. Torino ²1982.
Muljačić, Žarko: *Scaffale italiano. Avviamento bibliografico allo studio della lingua italiana*. Torino ²1982.
Renzi, Lorenzo: *Nuova introduzione alla filologia italiana*. Bologna 1994.
Simone, Raffaele: *Fondamenti di linguistica*. Roma/Bari ²1999.
Stussi, Alfredo: *Avviamento agli studi di filologia italiana*. Bologna 1985.
Stussi, Alfredo: *Introduzione alla filologia italiana*. Bologna 2000.
Varvaro, Alberto: *Storia, problemi e metodi della linguistica romanza*. Napoli 1968.
Varvaro, Alberto: *Linguistica romanza. Corso introduttivo*. Napoli 2000.

(2) *Sprachgeschichte des Italienischen*

Beccaria, Gian Luigi/Del Popolo, Concetto/Marazzini, Claudio: *L'italiano letterario. Profilo storico*. Torino 1989.

Beccaria, Gian Luigi: *Italiano. Antico e Nuovo*. Milano, Neuauflage 1992.
Bruni, Francesco (Hrsg.): *L'italiano nelle regioni*. 2 Bde. (1. Bd. *Lingua nazionale e identità regionali*, 2. Bd. *Testi e documenti*). Torino 1992–1994.
Bruni, Francesco (Hrsg.): *Storia della lingua italiana*. Bologna 1989ff.
Coletti, Vittorio: *Storia dell'italiano letterario. Dalle origini al Novecento*. Torino 1993.
De Mauro, Tullio: *Storia linguistica dell'Italia unita*. Bari 1963 (zahlreiche Neuauflagen).
Durante, Marcello: *Dal latino all'italiano moderno*. Bologna 1981.
Maiden, Martin: *A Linguistic History of Italian*. London 1995.
Maiden, Martin: *Storia linguistica dell'italiano*. Bologna 1998.
Marazzini, Claudio: *Da Dante alla lingua selvaggia. Sette secoli di dibattiti sull'italiano*. Roma 1999.
Marazzini, Claudio: *La lingua italiana. Profilo storico*. Bologna 1994.
Metzeltin, Michael: „Die romanischen Sprachen: eine Gesamtschau. 8. Das Italienische". In: *LRL VII* (1998), 1055–1058.
Michel, Andreas: *Italienische Sprachgeschichte*. Hamburg 2005.
Migliorini, Bruno: *Storia della lingua italiana*. Firenze ^{1}1960 (zahlreiche Neuauflagen).
Vitale, Maurizio: *La questione della lingua*. Nuova edizione. Palermo 1984.

(3) *Altitalienisch*

Castellani, Arrigo: *I più antichi testi italiani. Edizione e commento*. Bologna ^{2}1976.
Castellani, Arrigo: *Nuovi testi fiorentini del Dugento*. 2 Bde. Firenze 1982.
D'Achille, Paolo: *Breve grammatica storica dell'italiano*. Roma 2001.
Michel, Andreas: *Einführung in das Altitalienische*. Tübingen 1997.
Salvi, Giampaolo/Renzi, Lorenzo (Hrsg.): *Grammatica dell'italiano antico*. Bologna 2010.
Serianni, Luca: *Lezioni di grammatica storica italiana*. Roma ^{2}1998.
Wiese, Berthold: *Altitalienisches Elementarbuch*. Heidelberg ^{2}1928.

(4) *Gegenwartsitalienisch*

Cortelazzo, Michele: *Italiano d'oggi*. Padova 2000.
Holtus, Günter/Radtke, Edgar (Hrsg.): *Sprachprognostik und das 'italiano di domani'. Prospettive per una linguistica 'prognostica'*. Tübingen 1994.
Sobrero, Alberto A. (Hrsg.): *Introduzione all'italiano contemporaneo*. 2 Bde. Bari 1993.
Sobrero Alberto A.: *L'italiano di oggi*. Roma 1992.

(5) *Phonetik und Phonologie*

Albano Leoni, Federico/Maturi, Pietro: *Manuale di fonetica*. Roma 1995.
Canepari, Luciano: *Introduzione alla fonetica*. Torino ^{6}1990.
Canepari, Luciano: *Italiano standard e pronunce regionali*. Bologna 1992.
Canepari, Luciano: *Manuale di pronuncia italiana*. Bologna 1992.
Muljačić, Žarko: *Fonologia della lingua italiana*. Bologna ^{2}1972.
Stammerjohann, Harro: „Phonetik und Phonemik". In: *LRL IV* (1988), 1–13.

(6) *Grammatik*

Cinque, Guglielmo: *Teoria linguistica e sintassi italiana*. Bologna 1991.
Dardano, Maurizio/Trifone, Pietro: *Grammatica italiana con nozioni di linguistica*. Bologna ^{3}1995.

Krenn, Herwig: *Italienische Grammatik*. München 1996.
Renzi, Lorenzo (Hrsg.): *Grande grammatica italiana di consultazione*. 3 Bde. Bologna 2001 (^{1}1988–95).
Schwarze, Christoph: *Grammatik der italienischen Sprache*. Tübingen ^{2}1995.

(7) *Semantik und Wortbildung*

Berruto, Gaetano: *La semantica*. Bologna 1972.
Dardano, Maurizio: „Wortbildungslehre". In: *LRL IV* (1988), 51–63.
Dardano, Maurizio: *La formazione delle parole nell'italiano di oggi*. Roma 1978.
De Mauro, Tullio: *Introduzione alla semantica*. Roma/Bari 1965 (und öfter).

(8) *Gesprochenes Italienisch*

Bazzanella, Carla: *Le facce del parlare. Un approccio pragmatico all'italiano parlato*. Firenze 1994.
De Mauro, Tullio (Hrsg.): *Come parlano gli italiani*. Firenze 1992.
Holtus, Günter/Radtke, Edgar (Hrsg.): *Gesprochenes Italienisch in Geschichte und Gegenwart*. Tübingen 1985.
Koch, Peter/Oesterreicher, Wulf: *Gesprochene Sprache in der Romania: Französisch, Italienisch, Spanisch*. Tübingen 1990.
Koch, Peter: „Gesprochene und geschriebene Sprache". In: *LRL IV* (1988), 189–206.
Sornicola, Rosanna: *Sul parlato*. Bologna 1981.
Voghera, Miriam: *Sintassi e intonazione nell'italiano parlato*. Bologna 1992.

(9) *Varietätenlinguistik*

Berretta, Monica: „Varietätenlinguistik des Italienischen". In: *LRL IV* (1988), 762–774.
Cortelazzo, Manlio: *Avviamento critico allo studio della dialettologia italiana. 3. Lineamenti di italiano popolare*. Pisa 1972.
Holtus, Günter/Radtke, Edgar (Hrsg.): *Varietätenlinguistik des Italienischen*. Tübingen 1983.
Sobrero, Alberto A.: „Regionale Varianten". In: *LRL IV* (1988), 732–748.
Telmon, Tullio: *Guida allo studio degli italiani regionali*. Alessandria 1990.

(10) *Soziolinguistik*

Berruto, Gaetano: *Fondamenti di sociolinguistica*. Roma/Bari 1995.
Berruto, Gaetano: *Sociolinguistica dell'italiano contemporaneo*. Roma 1987.
Sobrero, Alberto A.: *I padroni della lingua*. Napoli 1978.
Varvaro, Alberto: *La lingua e la società. Le ricerche sociolinguistiche*. Napoli 1978.

(11) *Textlinguistik*

Conte, Maria-Elisabeth: „Textlinguistik". In: *LRL IV* (1988), 132–143.
Conte, Maria-Elisabeth (Hrsg.): *La linguistica testuale*. Milano 1989.
Coveri, Lorenzo (Hrsg.): *Linguistica testuale. Atti del XV congresso internazionale di studi*. Roma 1984.
Mortara Garavelli, Bice: „Strutture testuali e retoriche". In: Sobrero, Alberto A.: *Introduzione all'italiano contemporaneo. Le strutture*. Roma 1993, 371–402.

(12) *Dialektologie*

Cortelazzo, Manlio: „Gliederung der Sprachräume". In: *LRL IV* (1988), 445–453.
Cortelazzo, Manlio: *Avviamento critico allo studio della dialettologia italiana*. 1. *Problemi e metodi*. Pisa 1969.
Devoto, Giacomo/Giacomelli, Gabriella: *I dialetti delle regioni d'Italia*. Milano 1994.
Grassi, Corrado/Sobrero, Alberto A./Telmon, Tullio: *Fondamenti di dialettologia italiana*. Roma/Bari 1997.
Pellegrini, Giovan Battista: *Carta dei dialetti d'Italia*. Pisa 1977.
Rohlfs, Gerhard: *Grammatica storica della lingua italiana e dei suoi dialetti*. 3 Bde. Torino 1966–1969.
Rohlfs, Gerhard: *Studi e ricerche su lingua e dialetti d'Italia*. Introduzione di Franco Fanciullo. Firenze ²1990.

(13) *Italianistische Fachzeitschriften*

Italiano & oltre
Italienisch
Italienische Studien
Lingua Nostra
L'Italia dialettale
Rivista italiana di dialettologia
Studi di grammatica italiana
Studi linguistici italiani
Studi di filologia italiana

1.3.2.2. Die Bedeutung der Linguistik für die Didaktik des Italienischen

Die Anforderungen an Fremdsprachenlehrer sind in den vergangenen Jahren stetig gestiegen.[13] Während es früher im Fremdsprachenunterricht hauptsächlich um die Vermittlung von Kenntnissen in Grammatik und Landeskunde sowie um die Lektüre und Interpretation bekannter literarischer Werke ging, stehen heute kommunikative und interkulturelle Kompetenz im Mittelpunkt. Obwohl im schulischen Fremdsprachenunterricht nicht explizit Linguistik betrieben werden soll, hat sich die Linguistik aufgrund neuer Lernziele mittlerweile dennoch stillschweigend zur fundamentalen Bezugswissenschaft der Fremdsprachendidaktik entwickelt.[14] Ziel des modernen Fremdsprachenunterrichts ist die Vermittlung einer möglichst authentischen Sprache. Dies impliziert automatisch varietätenlinguistische Komponenten (*italiano regionale*, Umgangssprache, Jugendsprache etc. → Kap. 11.2). Wichtig für die kommunikative Kompetenz sind auch solide Kenntnisse in Bezug auf den kommunikativen Einsatz gewisser diaphasischer (= situationsabhängiger) Varietäten des Italienischen sowie ein Gespür für den Zusammenhang von Sprechen und Handeln (→ Kap. 8) im interkulturellen Kontext. Eine weitere Inno-

---

[13] Vgl. Becker/Lüdersen 2004.
[14] Vgl. Reimann 2009, 55–125.

vation der aktuellen Didaktik ist der mehrsprachigkeitsdidaktische Ansatz, in dessen Rahmen versucht wird, das Erlernen verwandter Sprachen mithilfe sogenannter Brückensprachen zu erleichtern. Hier gibt es starke Berührungspunkte sowohl mit der kontrastiven Linguistik als auch mit der historisch-vergleichenden Sprachwissenschaft.[15] Beim Erlernen einer möglichst authentischen Aussprache und bei der Wahrnehmung typischer Schwierigkeiten deutschsprachiger Lernender kann die Auseinandersetzung mit Phonetik und Phonologie (→ Kap. 3), die in der Ausbildung künftiger Lehrerinnen und Lehrer bislang eher ein Schattendasein fristet, gute Dienste leisten.[16] Frings (2006, 230) hat in diesem Zusammenhang einige schulische Italienisch-Lehrwerke im Hinblick auf ihre Thematisierung der Linguistik untersucht.

1.3.3. Italianistische Institutionen

1.3.3.1. Der Deutsche Italianistenverband

Der *Deutsche Italianistenverband – Fachverband Italienisch in Wissenschaft und Unterricht e.V.* hat sich in seiner Satzung (vgl. § 2) das Ziel gesetzt, die „italienische Sprache, Literatur und Kultur in Forschung und Lehre zu fördern, zu ihrer Verbreitung im deutschen Sprachraum beizutragen und die institutionellen Interessen der Italianistik wahrzunehmen". Auf der Homepage dieser ca. 500 Mitglieder umfassenden Organisation gibt es u.a. Links zu deutschen, österreichischen und schweizerischen Hochschulen, an denen Italienische Sprach- und Literaturwissenschaft studiert werden kann, sowie zu diversen in- und ausländischen Institutionen und Internetportalen, die sich mit italienischer Sprache und Kultur befassen (www.italianisticaonline.it; www.italianistica.info).

1.3.3.2. Italienzentren

Auch die an vielen größeren Universitäten eingerichteten Italienzentren (*Centri Studi Italia*) haben die Aufgabe übernommen, die Zusammenarbeit in Forschung und Lehre zwischen den deutschsprachigen Universitäten auf der einen Seite und italienischen Universitäten sowie Forschungszentren auf der anderen zu koordinieren und zu intensivieren. Italienzentren gibt es in Deutschland derzeit an den Universitäten in Berlin (FU), Dresden, Stuttgart, Bonn und Heidelberg. In Österreich verfügt bspw. die Universität Innsbruck über eine derartige Institution.

---

[15] Vgl. Michel 2006, 173–207 und ders. 2010, 31–50.
[16] Vgl. Costamagna 2004, 100–125.

Die Homepages der Italienzentren im deutschsprachigen Raum im Überblick:
- FU Berlin: http://www.geisteswissenschaften.fu-berlin.de/italienzentrum/
- TU Dresden: http://tu-dresden.de/die_tu_dresden/fakultaeten/fakultaet _sprach_literatur_und_kulturwissenschaften/iz/
- Uni Stuttgart: http://www.uni-stuttgart.de/italianistik/iz/it/
- Uni Bonn: http://www.deutsch-italienische-studien.de/
- Uni Heidelberg: http://www.italienzentrum.uni-hd.de/
- Uni Innsbruck: http://www.uibk.ac.at/italienzentrum/

1.3.4. Virtuelle Bibliotheken und Textsammlungen

Das Gefühl, ein Originalwerk aus dem 16. oder dem 17. Jahrhundert in den Händen zu halten, ist durch nichts zu ersetzen. Dennoch kann die sprachwissenschaftliche Analyse alter Schriften, welche die Reservatenkammer nur für kurze Zeit verlassen dürfen, sehr zeitaufwendig werden. Unabhängig von den Öffnungszeiten der Seminar- oder Universitätsbibliotheken können sprachhistorisch wichtige Werke mittlerweile auch auf virtuellem Wege konsultiert werden.

- Eine der größten Bibliotheken Italiens ist die *Biblioteca Nazionale Centrale di Firenze* (www.bncf.firenze.sbn.it/), in der alle in Italien publizierten Werke gesammelt werden. Die gleiche Funktion erfüllt auch die *Biblioteca Nazionale Centrale di Roma* (www.bncrm.librari.beniculturali.it/).
- Eine umfassende Sammlung von italienischen Grammatiken und Wörterbüchern des 16. bis 19. Jahrhunderts enthält die *Biblioteca virtuale* der Florentiner *Accademia della Crusca* (www.accademiadellacrusca.it).[17]
- Fündig werden kann man in Bezug auf italienische Bücher vom ausgehenden 15. bis zum 19. Jahrhundert auch in der *Bibliothèque Nationale de France* (http://gallica.bnf.fr).
- Eine Vielzahl älterer und neuerer Originalwerke enthält *Google Bücher – Google Ricerca Libri* (http://books.google.de; http://books.google.it).
- Interessante Sammlungen digitalisierter Texte bietet die *Biblioteca virtuale* der *Università degli Studi di Roma „La Sapienza"* (http://www. bibliotecaitaliana.it).
- Ein virtuelles Wörterbuch des Altitalienischen bietet der *Tesoro della Lingua Italiana delle Origini* (TLIO) mit über 21.540 Einträgen (http://tlio.ovi.cnr.it/TLIO/).
- Eine Sammlung von Texten des 13. und 14. Jahrhunderts enthält *Italian Prose (1243– 1370)* (http://members.fortunecity.com/swight/prosatori3.htm).
- Das von der *Società Dantesca Italiana* betreute Informationsportal *Dante-Online* (http://www.danteonline.it/italiano/home_ita.asp) enthält digitale Fassungen von Dantes Werken in den Originalsprachen (Toskanisch und Latein) mit englischer Übersetzung.

---

[17] Die Konsultation der digitalisierten Bücher erfordert eine einmalige Registrierung (sowie die Eingabe eines persönlichen Passwortes), die kostenlos ist.

Literaturhinweise

Albrecht (1997); Apel (1980); Coseriu (2003); Elwert (1979); Frings (2006); Gabriel/Meisenburg (2007); Gorini (1997); Haase (2007); Hirdt (1993); Linke/Nussbaumer/Portmann (2004); Schreiber (1968); Schwarze (1997); Stammerjohann (1997); Tagliavini (it. ^{6}1972, dt. 1973).

Aufgaben

1) Lesen Sie eine kritische Ausgabe von Dantes Traktat *De vulgari eloquentia* (z.B. von Vittorio Coletti 1991) sowie die Darstellungen zu Dantes „linguistischem" Denken von Wunderli (1994, 81–126) und Prill (1999, 100ff.).

   a) Inwieweit entsprechen Dantes Themen denen der modernen Sprachwissenschaft?

   b) Worin unterscheiden sich Dantes Gedanken zur Sprache von denen eines modernen Linguisten?

2) Was versteht man unter der Korruptionsthese (auch Germanenthese) in Bezug auf die Entstehung des Italienischen? In welcher Epoche ist sie zuerst formuliert worden?

3) Welcher Gelehrte wird als „Vater der Romanistik" bezeichnet und warum?

4) Wenn Sie die Entwicklung von lat. PLUS, PLATEAM, PLENUM zu it. *più*, *piazza* und *pieno* betrachten, stellen Sie gewisse lautliche Regelmäßigkeiten bzw. Gesetzmäßigkeiten fest.

   a) Formulieren Sie das betreffende Lautgesetz.

   b) Welchen Namen gab man der Gruppe von Sprachwissenschaftlern, die im 19. Jahrhundert eine Ausnahmslosigkeit der Lautgesetze postulierte?

5) Sie ersetzen in dem Satz *Francesca studia letteratura italiana* das Substantiv *letteratura* durch das Substantiv *linguistica*.

   a) Welche Achse ist von dem Wechsel betroffen, die syntagmatische oder die paradigmatische?

   b) Wie lautet der Name des Wissenschaftlers, der die Dichotomie syntagmatisch – paradigmatisch in die Linguistik eingeführt hat?

6) Welche sprachwissenschaftlichen Teildisziplinen haben besondere Relevanz für die Didaktik des Italienischen als Fremdsprache?

2. Historiolinguistik

2.1. Untersuchungsgegenstand der Historiolinguistik

Die moderne Historiolinguistik beschäftigt sich als Teilbereich der Sprachwissenschaft mit allen Fragen der Veränderung von Sprache. Dabei stehen jedoch nicht nur die weit zurückliegenden antiken oder mittelalterlichen Vorstufen unserer heutigen Sprachen im Blickpunkt, sondern auch der Sprachwandel der jüngeren und jüngsten Zeit, sogar der der Gegenwart. Sie untersucht dabei nicht nur den Wandel von Lauten, Formen, Strukturen und Bedeutungen, sondern auch die vergangene Wirklichkeit des Sprachgebrauchs und befasst sich mit folgenden Fragestellungen: Mit welcher Geschwindigkeit und innerhalb welcher Grenzen wandeln sich Sprachen? Wie beschreibt man Sprachwandel? Warum wandeln sich Sprachen? Wie wird Sprachwandel von den Sprechern wahrgenommen? Was wandelt sich in einer Sprache? (vgl. Linke/Nussbaumer/Portmann [5]2004, 419–459). Auf der historiolinguistischen Darstellungsebene kann zwischen einer internen und einer externen Sprachgeschichte unterschieden werden. Zur ersten Kategorie gehören Laut- und Formenwandel. Hierbei kommt häufig das Ökonomieprinzip zum Tragen, bei dem es häufig um Vereinfachung und Regularisierung des Sprachsystems geht. Zu den Faktoren der sogenannten externen Sprachgeschichte gehören bspw. der Sprachkontakt oder auch gesellschaftliche und kulturelle Einflüsse (wie z.B. die Sprachnormierung). Im sprachhistorischen Geschehen wirken innere und äußere Faktoren grundsätzlich zusammen.

2.2. Wissenschaftsgeschichtlicher Überblick der Historiolinguistik

Obwohl in Italien seit dem 15. Jahrhundert auf teilweise sehr hohem Niveau über historische Fakten und Zusammenhänge diskutiert wurde (← Kap. 1.2.4.2 und 1.2.6.2), hatte sich während der Blütezeit der historischen Sprachwissenschaft im ausgehenden 19. Jahrhundert seltsamerweise keine nationale Sprachgeschichtsschreibung etablieren können.[1] Diese entwickelte sich erst nach dem Zweiten Weltkrieg. Im Jahre 1937 wurde in Florenz immerhin der erste Lehrstuhl für italienische Sprachgeschichte eingerichtet. Erster Inhaber desselben war Bruno Migliorini (1896–1975). Die erste kohärente Sprachgeschichte des Italienischen veröffentlichte Giacomo Devoto (1897–1974) unter dem Titel *Profilo di storia linguistica italiana* (1953). Im Jahre 1960 – wohl nicht ganz zufällig zum tausendjährigen Jubiläum der *Placiti campani* (960) (→ Kap. 2.5.2.2) – erschien Bruno Migliorinis *Storia della lingua italiana*, die bis in die 1980er-Jahre

---

[1] Außerhalb Italiens veröffentlichte der deutsche Romanist Carl von Reinhardstoettner bereits 1869 eine Monographie zur italienischen Sprachgeschichte. Sie trägt den Titel *Die Italienische Sprache. Ihre Entstehung aus dem Lateinischen, ihr Verhältnis zu den übrigen Romanischen Sprachen und ihre Dialekte nebst einem Blick auf die italienische Literatur.*

hinein praktisch eine Monopolstellung in Bezug auf die italienische Sprachgeschichtsschreibung hatte. Eine soziolinguistisch bedeutsame *Storia linguistica dell'Italia unita* veröffentlichte Tullio De Mauro 1963, die seitdem immer wieder neu aufgelegt wird. Nach einer gewissen Vernachlässigung der diachronen Sprachwissenschaft in den 1970er-Jahren erlebte die italienische Sprachgeschichtsschreibung in den 1980er- und 1990er-Jahren eine wahre Blüte. Es erschienen zahlreiche ein- und mehrbändige Sprachgeschichten des Italienischen, z.B. Marcello Durantes *Dal latino all'italiano moderno* (1981) oder Francesco Brunis *L'italiano. Elementi della lingua e della cultura* (1984). Im Jahre 1989 begann die Publikation der von Bruni herausgegebenen Reihe *Storia della lingua italiana*, in der verschiedene Autoren Bände zu einzelnen Epochen oder Jahrhunderten verfassten. Zwischen 1993 und 1994 kam ferner die von Serianni und Trifone herausgegebene dreibändige *Storia della lingua italiana* auf den Markt. Zum selben Zeitpunkt erschien Claudio Marazzinis Monographie *La lingua italiana. Profilo storico*. Im Gegensatz zur Sprachgeschichtsschreibung der 1950er- und 1960er-Jahre wurde das reiche dialektale Erbe Italiens in den Publikationen der 1980er- und 1990er-Jahre nun angemessen berücksichtigt (vgl. Michel 2005, 19–27).

2.3. Sprachwandel

Alle lebendigen Sprachen, mit denen Menschen kommunizieren, unterliegen einem natürlichen Wandel, der sich manchmal relativ schnell oder auch langsam vollzieht. Den Sprechern selbst ist der Wandel in der Regel nicht bewusst. Das Phänomen des Sprachwandels ist von Sprachphilosophen und Sprachhistorikern immer wieder aufgegriffen worden (vgl. Michel 2005, 83–97).

2.3.1. Umstände und Bedingungen des sprachlichen Wandels

2.3.1.1. Sprachwandel durch Sprachgebrauch

Hermann Paul (^{1}1880, ^{9}1975) betrachtet als die eigentliche Ursache für die Veränderung den Usus, d.h. die gewöhnliche Sprechtätigkeit der Menschen im Alltag, wobei jede absichtliche Einwirkung auf den Usus ausgeschlossen ist. Es wirkt keine andere Absicht auf die Sprache als die auf das augenblickliche Bedürfnis gerichtete Absicht, seine Wünsche und Gedanken anderen verständlich zu machen. Ein weiterer Faktor des Wandels ist die Weitergabe der Sprache von einer Generation an die nächste, wobei als veraltet empfundene Elemente nicht mehr in die Kommunikation eingebracht werden. So sind italienische Wörter wie *poscia* oder *favellare* ab einem bestimmten Zeitpunkt außer Gebrauch gekommen.

2.3.1.2. Sprachwandel durch die Übertretung sprachlicher Regeln

Rudi Keller (^{3}2003) betrachtet den Sprachwandel als Ergebnis des Wirkens einer sogenannten „unsichtbaren Hand" (it. *la teoria della mano invisibile*). Die Struktur einer Sprache (zu einem gegebenen Zeitpunkt) ist das Ergebnis eines Sprachwandels, der von den Sprechern allerdings nicht willentlich herbeigeführt wird und nicht geplant wurde. Keller bezeichnet die Entwicklung als „Phänomen der dritten Art" und unterscheidet zwischen einer Mikroebene des individuellen Handelns sowie einer Makroebene der durch dieses Handeln erzeugten Strukturen. Wichtig dabei ist, dass die handelnden Akteure die Makroebene nicht im Auge haben und sie auch nicht reflektieren. Die alltäglichen, zufälligen Regelverletzungen hinterlassen für gewöhnlich keine Spuren in der Sprache, denn nur die systematischen Regelverletzungen können sich letztendlich zu den neuen Regeln der Zukunft entwickeln. Antriebskraft ist dabei stets das Mitteilungsbedürfnis der Menschen. Sie haben bei all ihren kommunikativen Unternehmungen in erster Linie den Erfolg ihrer Bemühungen im Auge, d.h. sie wollen verstanden werden, freundlich wirken, überzeugen, Aufmerksamkeit erzeugen, Gruppenzugehörigkeit oder Distanz signalisieren und vieles mehr. Sprachzustände sind keine Endzustände von Prozessen, sondern transitorische Episoden in einem potentiell unendlichen Prozess kultureller Evolution. Von den Zeitgenossen wird Sprachwandel normalerweise nicht als neutrale Veränderung, sondern vielmehr als Sprachverfall wahrgenommen, denn die menschliche Sprache stellt ein komplexes System konventioneller Regeln dar. Wenn bspw. ein spätantiker Grammatiker in der *Appendix Probi* (→ Kap. 2.5.1.2) die in der latinophonen Sprachgemeinschaft offenbar weit verbreitete oder bereits übliche Form VECLUS kritisiert („*vetulus* non *veclus*"), wir aber im Italienischen heute *vecchio* vorfinden, während die korrekte klassische Form VETULUS weder im Italienischen noch in den übrigen romanischen Sprachen irgendwelche Spuren hinterlassen hat, so ist das symptomatisch. In der ersten gedruckten Grammatik des Italienischen (*Regole grammaticali della volgar lingua*) aus dem Jahre 1516 von Giovan Francesco Fortunio (→ Kap. 4.3.2.1) finden wir bspw. folgenden Hinweis: „*chieggio, ueggio, seggio,* si dice, & non *chiedo, uedo, siedo*, come che si dica poi, *tu chiedi, quel chiede, tu uedi...*" (21). Interessanterweise haben sich auch im Italienischen am Ende wiederum die vom Grammatiker getadelten Formen durchgesetzt.

2.3.1.3. Grammatisch initiierter Wandel

Wolfgang Ullrich Wurzel (1994) hat die Theorie vom grammatisch initiierten Wandel aufgestellt, der im System angelegt ist, im Abbau von sogenannten markierten Formen besteht und eine Vereinfachung der grammatischen Struktur zur Folge hat. Dies hängt mit dem allgemeinen Streben nach einer Reduzierung der Belastung der menschlichen Sprachkapazität zusammen. Das Prinzip des grammatisch initiierten Wandels lässt sich beim Abbau mit anschließender Aufgabe der Kasusendungen unter Ausweitung der Funktion von Präpositionen im Lateinischen erkennen. In Petronius' *Cena Trimalchionis* tritt bspw. der neureiche Echion auf, der in fehlerhaftem Latein über die Erziehung seines Sohnes spricht: „Emi ego nunc puero aliquot libra rubicata, quia volo illum ad domusionem aliqud de jure" (dt. „Ich habe jetzt für den Jungen ein paar Rechtsbücher gekauft, denn ich möchte, dass er zu Hause ein bisschen Recht kosten kann"; zit. nach Janson 2006, 69). Abgesehen von dem Hyperkorrektismus *LIBRA (Akk. Pl. von *LIBRUM) statt LIBROS (Akk. Pl. von LIBER) fällt vor allem die Konstruktion ALIQUID DE JURE (vgl. it. *un po' di giurisprudenza*) auf, die korrekterweise ALIQUID JURIS lauten müsste. Eine Vereinfachung des grammatischen Systems beobachten wir auch im sogenannten *italiano neostandard* (→ Kap. 11.2.4.3), wenn bspw. die Funktionen der Pronomina *gli*, *le* und *loro* allein durch *gli* abgedeckt werden (*ho visto Mario, gli ho detto che …; ho incontrato Lucia, gli ho raccontato che…; ho visto Mario e Lucia, gli ho restituito i soldi …*) oder wenn Futur und Konjunktiv Präsens nunmehr durch Indikativ Präsens ausgedrückt werden (*domani vengo, penso che viene*).

2.3.2. Beschreibung und Benennung sprachhistorischer Prozesse

Die sprachlichen Veränderungen, die sich in mehreren Generationen vollziehen und für den Sprachbenutzer kaum oder meistens überhaupt nicht wahrnehmbar sind, müssen vom Sprachhistoriker erkannt und beschrieben werden können. Am vielfältigsten sind die Lautveränderungen, die nicht selten morphosyntaktische oder semantische Konsequenzen nach sich ziehen. Bei der Entwicklung vom Lateinischen zum Italienischen sind neue Laute entstanden, wie bspw. die stimmhaften und stimmlosen Affrikaten.

2.3.2.1. Semantischer Wandel

Semantische Veränderungen (it. *cambiamenti semantici*) können sowohl durch Lautwandel (z.B. Homophonie) oder aber auch durch kulturellen und gesellschaftlichen Wandel initiiert werden. Aber auch der Abbau von Polysemie und damit von Missverständnissen kann eine Rolle spielen. Wir stoßen im Zusammenhang mit dem semantischen Wandel auf folgende Veränderungen (vgl. Michel 2005, 85):

- Bedeutungserweiterung (it. *estensione semantica, allargamento di significato*; z.B. lat. BRACCHIUM ‚Unterarm' > it. *braccio* ‚Arm').

- Bedeutungsverengung (it. *restrizione semantica, restringimento di significato*; z.B. lat. ALTUS, -A, -UM ‚hoch', ‚tief' > it. *alto, -a* ‚hoch').

- Bedeutungsverschiebung (it. *spostamento semantico*; z.B. lat. COXAM ‚Hüfte' > it. *coscia* ‚Schenkel').

- Bedeutungsverbesserung (it. *miglioramento semantico, nobilitazione di significato*; z.B. lat. CABALLUM ‚Klepper' > it. *cavallo* ‚Pferd' oder CASAM ‚Hütte' > it. *casa* ‚Haus').

- Bedeutungsverschlechterung (it. *peggioramento semantico, peggioramento di significato*; z.B. arab. *faqīh* ‚Zollschreiber' > it. *facchino* ‚Kofferträger').

- Bedeutungsübertragung (it. *metafora*; z.B. it. *spiegare* < lat. EXPLICARE ‚auseinanderfalten' > ‚erklären').

2.3.2.2. Phonetischer Wandel

Phonetische Prozesse lassen sich in vier Haupttypen untergliedern: (1) die Veränderung von Segmenten in ihren Merkmalen, (2) die Tilgung von Segmenten, (3) die Hinzufügung von Segmenten sowie (4) die Umstellung von Segmenten (vgl. Michel 2005, 87–94):

(1) *Die Veränderung von Segmenten*

- Affrizierung (it. *affricazione*): die Bildung von Affrikaten ([j] > [dʒ]), z.B. lat. IAM > it. *già*.

- Assibilierung (it. *assibilazione*): die Erzeugung von Zischlauten ([t] > [ts]), z.B. lat. PLATEAM > it. *piazza*.

- Assimilierung (it. *assimilazione*): die Anpassung eines Lautes an einen anderen, z.B. lat. FACTUM > it. *fatto*.

- Betazismus (it. *betacismo*): der Zusammenfall von [v] und [b] zu [b], z.B. lat. SERVARE > it. *serbare* (im Italienischen ein eher sporadisches Phänomen).

- Degeminierung (it. *degeminazione*): die Reduzierung von Doppelkonsonanten, z.B. lat. COMMUNEM > it. *comune*.

- Diphthongierung (it. *dittongamento*): die Aufspaltung eines Einzelvokals in einen Vokal und einen Halbvokal, z.B. lat. PEDEM > it. *piede* oder lat. FOCUM > it. *fuoco*.

- Desonorisierung (it. *desonorizzazione*): die Umwandlung eines stimmhaften Lautes in einen stimmlosen, z.B. im Lomb. bei der Auslautverhärtung: lat. NOVUM > *nov* > mail. *noeuf*.

- Dissimilierung (it. *dissimilazione*): die Differenzierung identischer oder ähnlicher Laute, z.B. lat. VENENUM > it. *veleno, di raro > di rado*.

- Geminierung (it. *geminazione*): die Bildung von Doppelkonsonanten aus Einzelkonsonanten, z.B. lat. FEMINAM > it. *femmina*.

- Monophthongierung (it. *monottongamento*): die Reduzierung von Diphthongen zu Monophthongen ([au] > [ɔ]), z.B. lat. AURU(M) > it. *oro*.

- Nasalierung (it. *nasalizzazione*): die Bildung von nasalen Lauten ([l] > [n]), z.B. lat. MULGERE > it. *mungere*.

- Palatalisierung (it. *palatlizzazione*): die Entstehung von palatalen Lauten, z.B. lat. ['kentum] > it. ['tʃento]; lat. ['gentem] > it. ['dʒente].

- Sonorisierung (it. *sonorizzazione*): die Umwandlung von stimmlosen Lauten in stimmhafte, z.B. lat. PACARE > it. *pagare*, lat. ACUM > it. *ago*.

- Spirantisierung (it. *spirantizzazione*): die Umwandlung von Verschlusslauten in Reibelaute ([b] > [v]), z.B. lat. HABERE > it. *avere*.

- Triphthongierung: die Entstehung von drei vokalischen Elementen aus einem Vokal ([o] > [wɔi]), z.B. lat. BOVES > it. *buoi*.

- Velarisierung (it. *velarizzazione*): die Erzeugung von velaren Konsonanten oder Vokalen ([e] > [o]), z.B. lat. DEBERE > it. *dovere*.

(2) *Die Tilgung von Segmenten*

- Aphärese (it. *aferesi*): die Tilgung eines Lautes oder einer Lautgruppe am Wortanfang, z.B. lat. ECCLESIAM > it. *chiesa*.

- Apokope (it. *apocope*): die Tilgung eines Lautes am Wortende, z.B. lat. FELICITATEM > alttosk. *felicitade* > it. *felicità*.

- Synkope (it. *sincope*): der Ausfall von Lauten im Wortinneren, z.B. lat. FRIGIDU(M) > *FRIGDU(M).

(3) *Die Hinzufügung von Segmenten*

- Anaptyxe (it. *anaptissi* oder *epentesi vocalica*): der Einschub eines Vokals in eine Konsonantengruppe (z.B. frz. *flèche* > siz. *filiccia*).

- Epenthese (it. *epentesi*): der Einschub eines Konsonanten zwischen zwei Vokale, z.B. lat. RUINAM > it. *rovina*.

- Epithese (it. *epitesi*): die Anhängung eines Vokals an das Wortende, z.B. lat. SUM > it. *sono*.

- Pro(s)these (it. *prostesi*): die Voranstellung eines etymologisch nicht begründbaren Vokals, z.B. it. *per scherzo* > tosk. *per ischerzo*.

(4) *Die Umstellung von Segmenten*

- Metathese (it. *metatesi*): eine Lautumstellung ([-er] > [-re]), z.B. lat. SEMPER > it. *sempre*; lat. CASTRATUM > siz. *crastatu*.

Der Lautwandel hat unterschiedliche Gründe. Neben der allmählichen Reduzierung des Lautkörpers aus sprachökonomischen Gründen, etwa zum Zwecke der Erleichterung der Aussprache (z.B. klat. FRĪGIDUM > vlat. FRĪGDU > it. *freddo*), können auch verschiedene Formen des Sprachkontakts (→ Kap. 2.3.3) eine Rolle spielen, d.h. Kontakte zwischen Völkern verschiedener Sprachgemeinschaften (Latein – Oskisch-Umbrisch; AU > O im ländlichen Latein: CAUDAM > CODAM > it. *coda*) oder auch zwischen unterschiedlichen sozialen Schichten ein- und derselben Sprachgemeinschaft (römische Patrizier – Plebejer und Sklaven). Er kann morphosyntaktischen und lexikalischen Wandel zur Folge haben. So sind im Lateinischen durch die generelle Aphärese von [h] sowie durch die Spirantisierung von intervokalischem [b] zu [v] die beiden klat. Substantive

HABENA ‚Riemen' (> it. ∅) und AVENA ‚Hafer' (> it. *avena*) zu einer einzigen Form zusammengefallen. Die Homophonie von ₁[ăvēnă] ‚Hafer' und ₂[ăvēnă] ‚Riemen' wurde schließlich dadurch beseitigt, dass die auf klat. HABENA zurückgehende Form aufgegeben und durch andere Bezeichnungen ersetzt wurde (it. *redine* < lat. RETINAM ← RETINERE ‚festhalten').

2.3.3. Sprachkontakt: Substrat, Superstrat und Adstrat

Sprachkontakt (it. *contatto linguistico*) ist eine der wichtigsten Antriebskräfte des Sprachwandels. Er kann – wie bereits erwähnt – sowohl *diastratisch* (zwischen verschiedenen Schichten einer Sprachgemeinschaft) als auch *interlingual* (zwischen Angehörigen verschiedener Sprachgemeinschaften) stattfinden. Sprachkontakt findet bereits statt, wenn eine Person zwei oder mehr Sprachen abwechselnd verwendet. Dies ist häufig durch geographische Nähe zu einer anderen Sprache bedingt. Deshalb ist ein wichtiger Aspekt von Sprachkontakt der *Bilinguismus* (it. *bilinguismo*). Zu allen Zeiten und in allen geographischen Räumen fand und findet Sprachkontakt statt. Wenn dabei eine der beteiligten Sprachen ein höheres Prestige hat als die andere, kann Sprachkontakt zum Sprachwechsel führen. Der Sprachwechsel tritt besonders dann auf, wenn eine der Sprachgruppen politisch oder wirtschaftlich dominant ist. Die dominante Sprache wird dann meist auch von den Sprechern der nicht dominanten Sprachgruppe als Verwaltungs- oder Wirtschaftssprache benutzt und dringt später immer weiter in den alltäglichen Sprachgebrauch vor. In diesem Falle wird die ursprüngliche Sprache zugunsten der zweiten aufgegeben. Diesen Fall konnten wir beobachten, als das Keltische, Oskische, Etruskische etc. aufgegeben wurde. Im 20. Jahrhundert wurden vielerorts die Dialekte zugunsten der italienischen Nationalsprache aufgegeben. Eine häufige Folge von Mehrsprachigkeit und Sprachkontakt ist die spontane Beeinflussung der Sprachen in Form der Interferenz (it. *interferenza*) (vgl. Tagliavini 1973, 70–105, 208–273; Weinreich 1977; Bechert/Wildgen 1991).

2.3.3.1. Substrat

Unter einem Substrat (it. *substrato* oder *sostrato*) (aus lat. *sub* ‚unter' und *stratum* ‚Schicht') versteht man eine besondere Form des historischen Sprachkontakts. Dieser besteht darin, dass in einer bestimmten Gegend die eingesessene Bevölkerung die Sprache eines Eroberervolks (oder – in jüngerer Zeit – die Standardvarietät der nationalen Bildungselite) annimmt und nach einer Epoche der Zweisprachigkeit die eigene Sprache oder den eigenen Dialekt schließlich aufgibt. Im Munde der einheimischen Sprecher wirkt sich die alte Sprache (das Substrat) nun so aus, dass sie Sprechgewohnheiten in die neue Sprache übernehmen und diese langfristig verändern. Dem Oskischen wird bspw.

die Assimilation von lat. [nd] zu [nn] zugeschrieben, die auf dialektaler Ebene in weiten Teilen Süditaliens zu beobachten ist (z.B. lat. QUANDO > dial. *quanno*). Etruskischen Ursprungs sind bspw. die lateinischen Wörter CAEREMONIA ‚Zeremonie' (> it. *ceremonia*), FENESTRA ‚Fenster' (> it. *finestra*), SERVUS ‚Sklave' (> it. *servo*), APRILIS ‚April' (> it. *aprile*), AUTUMNUS ‚Herbst' (> it. *autunno*), PERSONA ‚Person' (> it. *persona*).

2.3.3.2. Superstrat

Als Superstrat (it. *superstrato*) (aus lat. *super* ‚über' und *stratum* ‚Schicht') bezeichnet man eine Sprache oder Varietät, die sich anfänglich aus machtpolitischen Gründen (noch) über eine eroberte Sprache legt, später jedoch von den Eroberern aufgegeben wird. Die Eroberer gehen ethnisch und sprachlich in den Einheimischen auf, hinterlassen aber dennoch gewisse Spuren in der überlebenden Sprache. Diese Einflüsse sind meist lexikalischer Natur, nur selten phonetischer und morphosyntaktischer. Der ostgotische Einfluss im Italienischen ist geringer als der langobardische, wobei beide Spendersprachen nicht immer klar unterschieden werden können, z.B. *balcone* (vgl. dt. *Balken*), *gruccia* (vgl. dt. *Krücke*), *panca* (vgl. dt. *Bank*), *stamberga* (vgl. dt. **Steinberge*), *stecca* (vgl. dt. *Stecken*), *guancia* (vgl. dt. *Wange*), *stinco* (vgl. dt. *Schinken*).

2.3.3.3. Adstrat

Der Begriff Adstrat (it. *adstrato*) (aus lat. *ad* ‚neben' und *stratum* ‚Schicht') bezeichnet Sprachen, die in engem Kontakt miteinander stehen, sodass sie sich durch Interferenzen oder Entlehnungen gegenseitig beeinflussen. Adstrate sind bspw. die Sprachen benachbarter Völker, die miteinander Handel treiben oder gegeneinander Krieg führen (z.B. Römer und Kelten oder Italiener und Franzosen). Adstratsprachen können auch am selben Ort existieren, etwa durch Eroberung. Im Mittelalter war bspw. das Lateinische ein wichtiges Kulturadstrat des Italienischen. In der Renaissance entwickelten sich das Neulateinische sowie das Griechische zu wichtigen Adstraten des Italienischen. Mittlerweile hat diese Rolle das Englische übernommen. Adstrate zueinander sind in Italien – je nach Region – auch Dialekte oder ethnische Minderheitensprachen (it. *lingue minoritarie*) (z.B. Friaulisch, Sardisch, Neapolitanisch, Deutsch, Frankoprovenzalisch, Albanisch) und die italienische Standardsprache.

2.3.4. Sprachliche Entlehnung

Die sprachliche Entlehnung (it. *prestito linguistico*), die auf lexikalischer, semantischer und syntaktischer Ebene auftritt, stellt neben der Wortbildung und dem Bedeutungswandel eines der wichtigsten Verfahren zur Erweiterung des Wortschatzes dar. Sie kann sich zu einem bedeutenden Faktor im Rahmen von Sprachwandelprozessen entwickeln (vgl. Tagliavini 1973, 208–217).

Bei der *semantischen Entlehnung* (auch Lehnprägung – it. *calco* genannt) wird nur die Bedeutung auf ein vorhandenes Wort der Nehmersprache als neue oder zusätzliche Bedeutung übertragen, oder es wird zur Wiedergabe dieser Bedeutung ein neues Wort mit den sprachlichen Mitteln der Empfängersprache gebildet. So hat z.B. it. *realizzare* ‚verwirklichen' unter dem Einfluss von engl. *to realize* ‚wahrnehmen' zusätzlich die fremde Bedeutung angenommen.

Eine *syntaktische Entlehnung* liegt dann vor, wenn eine Sprache unter dem Einfluss einer Kontaktsprache bestimmte bereits gegebene syntaktische Möglichkeiten häufiger nutzt oder auch neue syntaktische Möglichkeiten entwickelt. So hat sich bspw. unter dem Einfluss der englischen Verlaufsform durch die Übersetzung von amerikanischen Romanen und Comics sowie durch synchronisierte Filme im Italienischen der Gebrauch des Gerundiums stark ausgedehnt (z.B. engl. *What are you doing?* – it. *Che cosa stai facendo?* statt *Che cosa fai?*).

In *morphologischer* Sicht sind viele Entlehnungen, wenn sie auf Konsonant enden, oft nicht flektierbar (*il bar – i bar, il computer – i computer* etc.). Andererseits hat sich in der Umgangssprache bisweilen das Plural-*s* englischer Entlehnungen als Singular- und Pluralform durchgesetzt. So finden wir neben dem Singular *il fan* auch die Alternative *il fans*. Die geläufige Pluralform lautet *i fans*. Im Falle von *computer* gibt es im Plural Schwankungen zwischen *i computer* und *i computers*.

Am auffälligsten ist die *lexikalische Entlehnung*, d.h. die Übernahme von fremdem Wortgut. In der deutschsprachigen Tradition unterscheidet man zwischen Fremd- und Lehnwörtern (it. *prestiti, parole straniere*). Letztere sind aus einer fremden Sprache aufgenommene, in Phonetik, Morphologie und Orthographie der aufnehmenden Sprache angepasste lexikalische Elemente. Fremdwörter hingegen sind in Bezug auf Phonetik, Flexion oder Schreibung gar nicht oder nur oberflächlich angepasst. Formal unangepasst sind bspw. die Anglizismen *bar, club, computer, fan, side-car* etc. oder die Gallizismen *abat-jour, biberon, garage, wagon-lit*, während z.B. *bistecca* (< engl. *beafsteak*), *bovindo* (< engl. *bow window*), *cuccetta* (< frz. *couchette*), *vagone letto* (< frz. *wagon-lit* < engl. *sleeping car*) an die orthographischen und phonetischen Strukturen des Italienischen angeglichen worden sind. Auch bei orthographisch unangepassten Entlehnungen zeigen sich gewisse Angleichungen an die zielsprachlichen Aussprachegewohnheiten, z.B. *bar* (engl. [bɑː] vs. it. [bar]), *computer* (engl. [kəmˈpjutə] vs. it. [komˈpjuter]), *side-car* (engl. [ˈsaɪdkɑː] vs. it. [ˈsajdekar]), *biberon* (frz. [biˈbʁɔ̃] vs. it. [bibeˈrɔn]).

2.4. Theorie und Praxis des etymologischen Arbeitens

2.4.1. Aufgabenfeld der Etymologie

Die Etymologie (aus gr. ἐτυμολογία < ἔτυμος ‚wahrhaftig', ‚wirklich', ‚echt' + gr. λόγος ‚die Lehre') ist eine Teildisziplin der historischen Sprachwissenschaft. Zu den Aufgaben der Etymologie gehören die Bestimmung von Erbwörtern, Ableitungen und Entlehnungen einer gegebenen Sprache, der Vergleich der Erbwörter mit den Wörtern verwandter Sprachen und Dialekte, die Zurückverfolgung der formalen und inhaltlichen Entwicklung bis in die Ausgangssprache, die Identifizierung von Ableitungen hinsichtlich ihrer Bestandteile, die Erkennung und Beurteilung von Lehnwörtern nach phonetischen und chronologischen Gesichtspunkten sowie die Beurteilung soziokultureller Hintergründe von Entlehnungen und die Bestimmung des Alters von Lehnwörtern. Kurzum, sie ergründet die Herkunft und Geschichte der Wörter sowie ihre semantische und morphologische Entwicklung unter Berücksichtigung soziokultureller Faktoren (vgl. Zamboni 1976; Pfister 1980). Sowohl it. *vizio* ‚Laster' als auch it. *vezzo* ‚Angewohnheit' gehen auf lat. VĪTIU(M) zurück. Das Gleiche gilt bspw. für it. *fuga* ‚Flucht' und *foga* ‚Eifer', die jeweils von lat. FŬGA(M) hergeleitet werden können. Der Unterschied zwischen solchen Wörtern, die in der Linguistik als *Dubletten* (it. *doppioni* oder *allotropi*) bezeichnet werden, liegt darin, dass die vom lat. Etymon semantisch und formal entfernteren Wortformen als Erbwörter (it. *fondo ereditario latino*) identifiziert werden können, während die stärker abweichenden Formen als gelehrte Entlehnungen oder Buchwörter (it. *coltismi*) bezeichnet werden, da sie aus überlieferten lateinischen Texten ins Italienische entlehnt wurden. Daher haben sie die lautgesetzliche Entwicklung (→ Kap. 2.5.1.2) nicht mitgemacht (z.B. [ī] > [e], [ŭ] > [o] vs. [ī] > [i], [ŭ] > [u]). Ihre Angleichung an die Strukturen des Italienischen ist daher oberflächlich. Aufgrund des grundsätzlich konservativen Charakters des Italienischen lassen sich Entlehnungen aus dem Lateinischen wesentlich schwieriger auf Anhieb erkennen als etwa im Französischen.

2.4.2. Etymologie und Volksetymologie

Friedrich Christian Diez (1794–1876) unterscheidet im Vorwort seines *Etymologischen Wörterbuchs der romanischen Sprachen* (1853) zwischen einer kritischen und einer unkritischen Etymologie: „Im gegensatze zur unkritischen methode unterwirft sich die kritische schlechthin den von der lautlehre aufgefundenen principien und regeln, ohne einen fußbreit davon abzugehen, sofern nicht klare thatsächliche ausnahmen dazu nöthigen" (vii). Die kritische Methode basiert auf der Beachtung gewisser lautlicher Gesetzmäßigkeiten, wobei nur wenige Ausnahmen zulässig sind. Unkritische Methoden hingegen nehmen etymologische Deutungen allein aufgrund von formaler Ähnlichkeit vor oder sie erzwingen Zusammenhänge bei geringer Ähnlichkeit von Wörtern oder sogar beim Fehlen von Ähnlichkeit. Die sogenannte unkritische Methode, die allein auf formaler Ähnlichkeit von Wörtern basiert, ist auch eine feste Größe im Bereich der Erforschung des Sprachwandels, da nicht nur linguistisch interessierte Gelehrte den ursprünglichen Sinn von Wörtern erfassen wollen, sondern auch die Sprecher selbst. Der Germanist Ernst Wilhelm Förstemann (1822–1906) prägte hierzu im Jahre 1852 den Begriff *Volksetymologie* (it. *etimologia popolare*), der allerdings etwas irreführend und daher umstritten ist. Bisweilen wird auch von *Par(a)etymologie* (it. *paretimologia*) oder *sekundärer Motivation* gesprochen. So hat bspw. das frz. Substantiv *malheur* (> it. *malora*) nichts mit *heure* (< lat. ORAM) ‚Stunde' zu tun, sondern stammt von lat. AUGURIUM (MALUM AUGURIUM ‚schlechtes Vorzeichen') ab. Nachdem der Bezug zum lat. Etymon verblasst war, wurde das Morphem *eur* mit *heure* in Verbindung gebracht und bekam ein etymologisierendes *h*. Auch der italienische Sprecher ist geneigt, den Ausdruck *malora* mit ‚schlechte Stunde' zu identifizieren.

2.4.3. Voraussetzungen des etymologischen Arbeitens

Zu den Bedingungen des etymologischen Forschens gehört zunächst eine umfangreiche Materialsammlung, die im Idealfall alle erreichbaren Belege umfasst. Hierzu gehören alle historisch fassbaren Dokumente der Schriftsprachen und der Dialekte, denn nur auf einer breiten Materialbasis ist in Zeit und Raum die Vitalität eines Wortes feststellbar. Wichtig ist in diesem Zusammenhang auch eine genaue Kenntnis der lautlichen Entwicklungen in den Schriftsprachen wie auch in den Dialekten, die es ermöglicht, Wortstamm und Wortbildungselemente zu erkennen und zu interpretieren und Erbwörter von Lehnwörtern zu trennen. Neben profunden Sprachkenntnissen benötigt der Etymologe Sachkenntnis und Vorstellungskraft, die es erlauben, von der Wortdefinition aus die Verbindung mit der außersprachlichen Realität herzustellen. Dabei sind vor allem bei Bezeichnungen von Geräten, Techniken, Tieren und Pflanzen Fachkenntnisse erforderlich, auch um eventuell vorkommende Metaphern oder Übertragungen interpretieren zu können. Verschiedentlich hilft erst eine vertiefte Kenntnis der untersuchten Sprache oder des betroffenen Dialekts dabei, ein Lexem in seinen soziokulturellen Kontext einzuordnen und soziolinguistische Komponenten oder konnotative Elemente zu erfassen. Nicht selten ist die Feststellung bestimmter Etymologien vom Zufall abhängig.[1]

---

[1] Leo Spitzer hat diesen Umstand 1925 wie folgt beschrieben (zit. nach Pfister 1980, 32): „Finde Etymologien, suche sie nicht! […]. Und wie das Kunstwerk, so trägt jede etymologische Arbeit ihre Eigengesetzlichkeit in sich – es gibt kein Schema, das sich in allen Fällen treffsicher anwenden läßt. Aus dem Grundsatz ‚jedes Wort hat seine eigene Geschichte' folgt der andere: ‚jede wortgeschichtliche Untersuchung ist auf eigene Art zu führen.' Die etymologische Untersuchung muß sich elastisch ihrem Gegenstand anpassen. Jeder Rigorismus ist von Übel."

2.4.4. Etymologische Wörterbücher des Italienischen

2.4.4.1. Vorwissenschaftliche Herkunftswörterbücher

Das erste umfangreiche italienische Herkunftswörterbuch, die *Origini della lingua italiana* des Franzosen Gilles Ménage (it. Egidio Menagio) (1613–1692), der bereits 1650 seine *Origines de la langue françoise* veröffentlicht hatte, wurde von 1666 bis 1669 zunächst in Paris, dann 1685 in Genf erneut publiziert. Der Italiener Ottavio Ferrari (1607–1682) verfasste 1676 in lateinischer Sprache seine *Origines Linguae Italicae*. Im 18. Jahrhundert kamen auch etymologische Wörterbücher von Dialekten auf den Markt, insbesondere zum Sizilianischen (Giuseppe Vinci, Michele Pasqualino). Diese basierten allerdings auf dem Ähnlichkeitsprinzip, wobei die etymologische Trefferquote dennoch erstaunlich hoch war. Im frühen 19. Jahrhundert sind zwei etymologische Fachwörterbücher entstanden, und zwar Aquilino Bonavillas *Dizionario etimologico di tutti i vocaboli usati nelle scienze, arti e mestieri che traggono origine dal greco* (1819–1821) sowie Marco Aurelio Marchis *Dizionario teorico-etimologico-filologico* (1828–1829).

2.4.4.2. Wissenschaftliche Herkunftswörterbücher

Im Jahre 1907 kam Ottorino Pianigianis *Dizionario etimologico della lingua italiana* heraus, von dem 1988 eine Reprintausgabe erschienen ist. Seit den 50er-Jahren des 20. Jahrhunderts ist dann eine Vielzahl ein- oder mehrbändiger etymologischer Wörterbücher publiziert worden (vgl. die Darstellung bei Pfister 1980, 149–176).[2] Carlo Battistis und Giovanni Alessios *Dizionario Etimologico Italiano* (1950–1957) in fünf Bänden enthält neben dem Wortschatz der italienischen Gemeinsprache auch dialektale und fachsprachliche Stichwörter. Die Einträge sind mit Datierungen versehen. In Angelico Pratis einbändigem *Vocabolario etimologico italiano* (1951) sind ebenfalls Hinweise auf die Erstbelegung der Wörter sowie knappe bibliographische Verweise enthalten. Dante Olivieris *Dizionario etimologico italiano, concordato coi dialetti, le lingue straniere e la topo-onomastica* (^{1}1961, ^{2}1965) befasst sich nicht nur mit dem Wortschatz der italienischen Gemeinsprache, sondern auch mit dialektalen Einflüssen sowie mit Ableitungen von Eigennamen. In Bruno Migliorinis und Aldo Duros *Prontuario etimologico italiano* (1964) sind die Einträge sehr knapp gehalten. Auf Datierungen und bibliographische Hinweise zur etymologischen Diskussion wird ver-

---

[2] Neben Herkunftswörterbüchern des Italienischen sind einige etymologische Dialektwörterbücher erschienen: Giambattista Marzano, *Dizionario etimologico del dialetto calabrese* (1928); Alberto Varvaro, *Vocabolario etimologico siciliano* I (1986); Marcello Bondardo, *Dizionario etimologico del dialetto veronese* (1986); Manlio Cortelazzo, *Dizionario etimologico dei dialetti italiani* (1992), Gianfranco Taglietti/Adriana Taglietti, *Dizionario etimologico del dialetto cremonese* (1994).

zichtet. Auch Giacomo Devotos *Avviamento alla etimologia italiana – Dizionario Etimologico* (¹1966, ²1968) enthält weder Datierungen noch Hinweise auf die etymologische Diskussion. Manlio Cortelazzos und Paolo Zollis *Dizionario etimologico della lingua italiana* (¹1979–1988, ²2000) stellt bislang das ausführlichste und zuverlässigste etymologische Wörterbuch des Italienischen dar. Die Erstausgabe war fünfbändig, die zweite Ausgabe erschien in einem einzigen Band. 2004 brachte Cortelazzo eine Kurzfassung (it. *edizione minore*) des Standardwerks heraus. Tristano Bolellis *Dizionario etimologico della lingua italiana* (1989) und Barbara Colonnas, *Dizionario etimologico della lingua italiana* (1997) sind Taschenbücher für ein nicht wissenschaftliches Publikum.

Ein noch laufendes etymologisches Großprojekt stellt das *Lessico etimologico italiano* (LEI) dar. Es wurde 1968 begonnen und soll bis 2032 abgeschlossen sein. Initiator ist der Schweizer Linguist Max Pfister (*1932), ein Schüler Walther von Wartburgs (1888–1971), der das monumentale *Französische Etymologische Wörterbuch* (FEW) verfasst hat. Von den ca. dreißig vorgesehenen Bänden des LEI sind zwischen 1979 und 2005 bislang zehn Bände erschienen. Auf der Homepage der Akademie der Wissenschaften der Universität Mainz wird das Aufgabenfeld des Wörterbuchs wie folgt beschrieben: „Das LEI stellt sich zur Aufgabe, den Wortschatz der Italoromania in einen gesamtromanischen Zusammenhang zu stellen. Ausgehend vom Etymon, wird die Sprachgeschichte jedes einzelnen Wortes unter Berücksichtigung sprachgeographischer und soziokultureller Zusammenhänge erforscht." Die Handschrift von Pfisters Lehrer ist unverkennbar: „Die zugrundeliegende Konzeption entspricht derjenigen von Walther von Wartburg, wie sie im *Französischen Etymologischen Wörterbuch* (FEW) für die Galloromania (Schriftsprache und Dialekte) vorgelegt worden ist."[3]

2.5. Etappen der externen und internen Sprachgeschichte des Italienischen

2.5.1. Vom Lateinischen zum Italienischen

2.5.1.1. Vulgärlatein und klassisches Latein

Die ersten Hinweise auf den allmählichen Systemwandel des Lateinischen finden wir bereits in der klassischen Periode. Der kulturelle Druck der einmal erreichten sprachlichen Kodifizierung war so hoch und die Bevölkerung des Imperiums durch Expansion und Immigration mittlerweile ethnisch so heterogen, dass die Findung einer neuen schriftlichen Norm auf der Basis der gesprochenen Sprache (Vulgärlatein – it. *latino volgare*) wohl nicht zu schaffen war. Der Terminus *Vulgärlatein* ist in der Forschung

---

[3] Vgl. http://lei.phil.uni-sb.de/index.php?option=com_content&task=view&id=12&Itemid=26.

allerdings nicht unumstritten, mangels Alternativen hat er sich aber durchgesetzt. Er dient in der Regel zur Abgrenzung vom klassischen Latein. Diese Varietät darf dennoch nicht einfach mit der Sprache eines ungebildeten Pöbels gleichgesetzt werden, denn auch die Gebildeten bedienten sich verschiedener Stilebenen. Wenn bspw. Cicero von *sermo plebeius* oder *sermo vulgaris* spricht, so bezeichnet er damit keineswegs die Sprache des Pöbels, sondern eine lockere und lebendige Ausdrucksweise nach Art des Volks (vgl. Tagliavini 1973, 158–207; Kiesler 2006).

2.5.1.2. Der Wandel des vulgärlateinischen Sprachsystems in antiken Quellen

Quasi unbemerkt von der lateinischen Sprachgemeinschaft vollzog sich innerhalb weniger Jahrhunderte der Wandel zum romanischen System (vgl. Michel 2005, 183ff.).

Die wichtigsten Veränderungen im Überblick

- Der Übergang von einem Quantitätensystem zu einem Qualitätensystem, in dem nicht mehr die Vokallänge distinktiven Charakter hat, sondern der Öffnungsgrad (= Quantitätenkollaps).

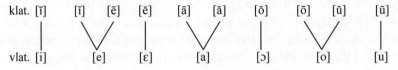

- Die allmähliche Aufgabe des lateinischen Kasussystems wiederum geschah mithilfe von Präpositionen, deren Funktionen zunehmend ausgeweitet wurden (z.B. ALIQUID DE JURE statt ALIQUID JURIS).

- Der bestimmte Artikel, den das Lateinische nicht kannte, entstand aus Formen des Demonstrativartikels ILLA(M) (> *la*), ILLU(M) (> it. *il*, *lo*). Diese fundamentale Neuerung ist in klassischen Quellen allerdings überhaupt nicht dokumentiert, in spätantiken nur sehr sporadisch.

- Die Bildung neuer analytischer Tempora (zusammengesetztes Perfekt und Futur) und Modi (Konditional), z.B. AMABO ‚ich werde lieben' (= synthetisches Futur) wird ersetzt durch AMARE HABEO ‚ich werde lieben' (= analytisches Futur).

Die älteste Dokumentierung des analytischen Futurs finden wir bei Cicero, und zwar in der Schrift *Pro Sexto Roscio Amerino*:

> *Habeo* etiam *dicere* quem contra morem maiorum minorem annis LX de ponte in Tiberim deiecerit. Quae, si prodierit atque a eo cum prodierit scio enim proditurum esse audiet.

Weitere Belege finden sich bei Lucrez (*De rerum natura. Liber sextus*, 6.710):

> […] verum aliquid genere esse ex hoc quod contigit ei scimus, item in multis hoc rebus *dicere habemus*.

Einige geläufige Fehler in Bezug auf die klassische Norm hat Petronius in seinem *Satyricon* (*Cena Trimalchionis*) verwendet. Die Formen *LACTEM und *CALDUM als

Fehler in Bezug auf die klassische Norm (Akk. LAC und CALIDA, -A, -UM), die einem ungebildeten Sprecher in den Mund gelegt werden, antizipieren die italienischen Ausdrücke *latte* und *caldo*:

> [LXXI] Diffusus hac contentione Trimalchio: „Amici, inquit, et servi homines sunt et aeque unum *lactem* biberunt, etiam si illos malus fatus oppresserit. Tamen me salvo cito aquam liberam gustabunt […]."

> [LXVI] Sequens ferculum fuit sciribilita frigida et supra mel *caldum* infusum excellente Hispanum.

In nachklassischer Zeit öffnete sich die Schere zwischen dem klassischen und dem sich selbstständig weiterentwickelnden Vulgärlatein immer weiter, bis am Ende der Antike literarisches und im Alltag gesprochenes Latein gleichsam zu verschiedenen Sprachen auseinanderfielen. Eine diglossische Zweiteilung innerhalb des Lateinischen hatte sich bereits im ersten vorchristlichen Jahrhundert mit der Etablierung der klassischen Schriftsprache abgezeichnet.

Eine wichtige Dokumentation des sprachlichen Wandels ist die bereits erwähnte *Appendix Probi*, ein Verzeichnis von 227 falschen Formen mit ihrer korrekten Entsprechung, welches ein unbekannter Autor den *Institutiones grammaticae* eines gewissen Probus (3.–4. Jh. n.Chr.) hinzugefügt hat (z.B. *masculus* non *masclus*; *vetulus* non *veclus*; *columna* non *colomna*; *pecten* non *pectinis*; *calida* non *calda*; *frigida* non *fricda*; *vinea* non *vinia*; *tristis* non *tristus*; *cavea* non *cavia*; *cochleare* non *cocliarium*; *lancea* non *lancia*; *oculus* non *oclus*; *aqua* non *acqua*; *viridis* non *virdis*).

Die in der *Appendix* angezeigten Fehler in Bezug auf die klassische Norm entpuppen sich als phonetische und morphologische Vorstufen der heutigen italienischen Formen:

– Die Synkope[4] unbetonter Vokale: *OCLUS > it. *occhio*; *SPECLUM > it. *specchio*; *MASCLUS > it. *maschio*, *VECLUS > it. *vecchio*; *CALDA > it. *calda*; *FRICDA > it. *fredda*, *OCLUS > it. *occhio*, *VIRDIS > it. *verde*.

– Die Entwicklung von kurzem Ĕ zum Halbvokal [j]: *VINIA > it. *vigna*, *CAVIA > it. *gabbia*, *LANCIA > it. *lancia*.

– Das Phänomen des Metaplasmus[5] (it. *metaplasmo*): *TRISTUS > it. *tristo*[6], *COCLIARIUM > it. *cucchiaio*, *PECTINIS > it. *pettine*.

– Der italienische Vokalismus zeigt sich z.B. bei der monierten Form *COLOMNA > it. *colonna*, wobei sich kurzes betontes Ŭ zu geschlossenem *o* entwickelt hat.

– Auch die kritisierte Schreibung *ACQUA > it. *acqua* entspricht heute exakt der italienischen Norm.

---

[4] Der Ausfall (← Kap. 2.3.2.2).
[5] Ein Wechsel der grammatischen Formenbildung.
[6] Das Italienische kennt sowohl *triste* ‚traurig' (< lat. TRISTEM) als auch *tristo* ‚böse' (< vlat. *TRISTUM).

Es sollte einige Jahrhunderte dauern, bis die aus dem gesprochenen Latein hervorgegangenen romanischen Sprachen erste schriftliche Zeugnisse hervorbrachten.

2.5.2. Die ältesten Zeugnisse des Italoromanischen

Die normale Schriftsprache des frühen und hohen Mittelalters war in Italien das Lateinische, genauer gesagt, das Mittellateinische, das für alle Schreiber eine Fremdsprache darstellte, die sie in der Regel in einer Klosterschule mühsam erlernt hatten. Die romanischen Texte wiederum standen anfangs in einem symbiotischen Verhältnis zu mittellateinischen Rahmentexten (vgl. Michel 2005, 298–308).

2.5.2.1. Das Veroneser Rätsel

Der älteste erhaltene italoromanische bzw. partiell italoromanische Kurztext, das Veroneser Rätsel (it. *Indovinello veronese*), wurde gegen Ende des Langobardenreichs (774) oder zu Beginn der karolingischen Herrschaft verfasst. Er wurde an den oberen Rand eines mozarabischen *Orationale* gekritzelt, steht aber in keinerlei Zusammenhang zu diesem (vgl. Marazzini 1994, 151–154; Michel 2005, 290–293). Der 1924 von Luigi Schiaparelli (1871–1934) entdeckte und publizierte Text lautet in diplomatischer Transkription:

+ *separebabouesalbaprataliaarabaetalboversoriotenebaetnegrosemenseminaba*

+ *gratiastibiagimusomnip(otens)sempiterned(eu)s.*

Probleme bei der Interpretation bereitet vor allem der Anfang des kurzen Textes. Da im Original die Wörter bzw. Buchstaben ohne Satzzeichen und Leerstellen aneinandergefügt worden sind, ergeben sich verschiedene Interpretationen und damit auch unterschiedliche Übersetzungen:

Separeba boves, alba pratalia araba, versorio teneba et negro semen seminaba.

oder

Se pareba boves, alba pratalia araba, versorio teneba et negro semen seminaba.

Die morphosyntaktische Romanität zeigt sich teilweise bei *albo versorio teneba* und *negro semen seminaba*. Andererseits fehlt der für das Romanische obligatorische Artikel, was wiederum für die strukturelle Latinität des Rätsels spricht.

- Bereits die erste Konstituente *se* hat verschiedene Interpretationen hervorgebracht, von denen jede ein wenig, keine aber ganz überzeugt. Einige Interpreten gehen von einem hypothetischen Satzgefüge im Sinne von ‚Wenn sie Ochsen (zu sein) schienen [...].' aus.[7] Baggio (1992) leitet *se* von lat. SIC ab, das wiederaufnehmende oder einleitende Funktion hatte. Durante (1981, 94) wiederum führt das Wörtchen auf die lat. Kardinalzahl SEX zurück.

- Beim Verb *pareba* ist nicht klar, ob es auf lat. PARARE oder PARERE zurückgeführt werden soll. De Angelis (2003) interpretiert *se* und *pareba* nicht als zwei Wörter, sondern – in Anlehnung an frühere Deutungsversuche – als Einheit, d.h. *separeba* im Sinne von *Separava i buoi, un bianco prato arava, (e) un bianco aratro teneva, (e) un nero seme seminava* (die Lösung des Rätsels: der Schreiber).

- Das Substantiv *boves* ist offensichtlich ein Latinismus, wobei einige Philologen das auslautende *s* als altvenetisch-volkssprachlich ansahen. Dieser Meinung schließt sich bspw. Castellani ([2]1976, 27) an. Sanga (1992) hingegen interpretiert *boves* als Singular und geht von folgender Bedeutung aus: ‚Da erschien der Ochse, der das weiße Feld pflügte [...].'

- Das Farbadjektiv ALBUS, -A, -UM hat sich im Gebiet der Italoromania nicht gehalten und scheint ein lexikalischer Latinismus zu sein. Castellani ([2]1976, 27) hingegen geht von der Vitalität des Wortes um 800 aus.

- Das Substantiv *pratalia*, das auf eine Ableitung von PRATUM + Kollektivsuffix -ALIA zurückgeht, hat sich in den Dialekten des Veneto nicht erhalten, lebt aber in einigen Ortsnamen weiter, z.B. in *Praglia* (in der Provinz Padua) und *Pradaia* (in der Provinz Trient).

- Die vokalische Endung von *araba*, *teneba* und *seminaba* können wir als volkssprachlich einstufen, die Schreibung <b> statt <v> hingegen als latinisierend.

- Das Substantiv *versorio* ‚Pflug', eine Fortsetzung von vlat. *VERSORIUM, hat sich bis in die jüngste Zeit in den Mundarten des Veneto als *versor* gehalten.

- Das Farbadjektiv *negro* ist die volkstümliche Weiterentwicklung von NIGER, -A, -UM.

- Das Substantiv *semen* ist der Schreibung nach lateinisch, denn die volkssprachliche Form wäre *seme* gewesen.

- Lat. SEMINARE bedeutet im Gegensatz zu dem gleichlautenden italienischen Verb nicht nur ‚säen', sondern auch ‚entstehen'.

2.5.2.2. Die *Placiti campani*

Die ältesten italoromanischen Texte Süditaliens sind die kampanischen Schwurformeln (*Placiti campani*, auch *Placiti cassinesi*) von Gerichtsprozessen aus Capua (960) (vgl. Marazzini 1994, 159–163; Meneghetti 1997, 201–204; Michel 2005, 293–298). Der Gegenstand dieses Textes ist die Bekundung, dass bestimmte Ländereien dreißig Jahre lang im Besitz des mächtigen Klosters Sankt Benedikt zu Montecassino gewesen seien. Der Richter Arechisi verkündete in Capua das Urteil zugunsten der Benediktiner. Kläger im Rechtsstreit war ein gewisser Rodelgrimus aus Aquino, der die Besitzrechte des

---

[7] Vgl. die Erklärungsversuche der 1920er- bis 1950er-Jahre in Tagliavini 1973, 409.

Klosters angefochten hatte. Dem Beklagten, Abt Aligernus aus Montecassino, gelang es jedoch, drei Zeugen beizubringen, welche die folgenden Eidesformeln zugunsten des Klosters sprachen. In der Volkssprache sind lediglich die Schwurformeln dokumentiert.[8] Die Protokolle selbst sind in mittellateinischer Sprache abgefasst, wie der folgende Ausschnitt verdeutlicht:

> [...] Ille aute(m), tenens in manum predicta abbrebiatura, que memorato Rodelgrimo hostenserat, et cum alia manu tetigit eam, et testificando dixit: *Sao ko kelle terre, per kelle fini que ki contene, trenta anni le possette parte sancti Benedicti.* [...]

Ähnliche juristische Dokumente mit volkssprachlichen Schwurformeln sind auch aus Sessa Aurunca (960) und Teano (963) überliefert:

> *Sao cco kelle terre, per kelle fini que tebe monstrai, Pergoaldi foro, que ki contene, et trenta anni le possette.*

> *Kella terra, per kelle fini que bobe mostrai, sancte Marie è, et trenta anni la posset parte sancte Marie.*

Linguistisch lassen sich die volkssprachlichen Kurztexte wie folgt interpretieren:

– Bei der lautgeschichtlichen Interpretation der Form *sao*, die so in keinem (heutigen) kampanischen Dialekt belegt ist, hat die dialektologische Forschung bislang noch keine befriedigende Lösung gefunden.

– Zu den markanten Eigenheiten, die in der Graphie wiedergegeben werden, gehören die phonosyntaktische Verdoppelung (*Sao cco* ...) sowie der Betazismus (*bobe* < lat. VOBIS).

– Der Text aus Sessa Aurunca zeigt beim Verb *monstrai* (< lat. MONSTRAVI) eine latinisierende Schreibweise im Gegensatz zu *mostrai* in der Formel aus Teano.

– Die Konjunktionen *ko* und *cco*, das Demonstrativpronomen *kelle* etc. entsprechen den dialektalen Formen, während *que* (klat. QUAE) und *parte sancti Benedicti* (ohne Artikel) eindeutig lateinische Elemente darstellen.

– Demgegenüber ist die Wiederaufnahme von *kelle terre* durch *le* (Capua, Sessa Aurunca) bzw. von *kella terra* durch *la* (Teano) eine typisch italoromanische Konstruktion.

– Das Prädikat *contene* ‚(er, sie, es) enthält' (< lat. CONTENIT) verweist auf ein Objekt, in dem etwas (*terre, fini*) enthalten ist. Coseriu (1968, 335) identifiziert das Verb (mit der ursprünglichen Bedeutung ‚enthalten') als fachsprachlichen Latinismus, dessen Bedeutungsumfang im Mittelalter auf ‚lauten', ‚geschrieben stehen' ausgedehnt wurde, z.B. in den langobardischen *Leges Liutprandi*: „sicut in anteriore edicto *contenit*" (‚wie es im vorhergehenden Edikt *lautet*', ‚wie es im vorhergehenden Edikt *geschrieben steht*'). In dieser erweiterten Bedeutung handelt es sich offensichtlich um eine Lehnprägung nach griechischem Vorbild, da hier das Verb περιέχειν sowohl ‚umfassen', ‚einschließen' als auch ‚enthalten sein', 'geschrieben stehen' bedeutet.

---

[8] Es gibt auch Beispiele für derartige Zitate in lateinischer Sprache (*Scio quia illae terrae per illas fines et mensuras quas vobis monstravimus, per triginta annos possedit pars Sancti Vincentii*).

2.5.2.3. Die Inschrift der Commodilla-Katakombe

Der an den Rand eines Freskos geritzte Kurztext, der 1904 in der Commodilla-Katakombe in Rom entdeckt wurde (vgl. Sabatini 1987, 5–34; Marazzini 1994, 154ff.; Michel 2005, 303f.), lautet *non dicere ille secrita a bboce* (it. *Non dire i segreti a voce [alta]*).

– Die Verbform *dicere* (< lat. DICERE) ist charakteristisch für die süditalienischen Dialekte gegenüber tosk. *dire*.

– Der verneinende Imperativ *non* + Infinitiv, den das klassische Latein nicht benutzte, ist charakteristisch sowohl für das Italienische als auch für sämtliche italienischen Dialekte.

– In dem Syntagma *ille secrita* fungiert *ille* als bestimmter Artikel.

– Der Plural ehemaliger lateinischer Neutra auf *-a* (vgl. Sg. SECRETUM – Pl. SECRETA) war in den Dialekten des Mittelalters weit verbreitet und ist bei einigen Wörtern selbst im modernen Italienischen noch anzutreffen (z.B. *i fondamenti* vs. *le fondamenta* < lat. Pl. FUNDAMENTA).

– Beim Syntagma *a bboce* stoßen wir auf zwei Besonderheiten des gesprochenen Dialekts von Rom, die auch anderen südlichen Mundarten nicht fremd sind. Zum einen wird die phonosyntaktische Verdoppelung in der Graphie wiedergegeben zum anderen der Betazismus (lat. AD VOCEM > *a bboce*).

2.5.2.4. Die Inschrift von San Clemente

Ebenfalls aus Rom stammt die volkssprachliche Inschrift von San Clemente (*Fili dele pute, traite ..., Falite dereto co lo palo ...*), die zusammen mit lateinischen Textelementen (*duritiam cordis vestris; saxa traere meruistis*) Bestandteil eines zwischen 1084 und ca. 1100 entstandenen Freskos ist, das eine Episode aus dem Leben des Heiligen Clemens wiedergibt. Die Inschrift wird in der italienischen Fachliteratur häufig als *fumetto in volgare* (‚volkssprachlicher Comic') bezeichnet, wobei die Zuordnung der Redetexte zu den einzelnen Figuren immer wieder diskutiert worden ist. Es handelt sich bei der Inschrift um ein Zeugnis konzeptioneller Mündlichkeit im Italoromanischen des Hochmittelalters. Wir schließen uns folgender Interpretation an (vgl. Marazzini 1994, 156–159; Meneghetti 1997, 214; Michel 2005, 304–306):

[Sisinius]: *Fili dele pute, traite.*
Gosmari, Albertel traite.
Falite dereto co lo palo,
Carvoncelle

[Clemens]: *Duritiam cordis vestri ...*
saxa traere meruistis

In neuitalienischer Übersetzung liest sich der Text wie folgt: „Figli di puttana, tirate! / Gosmario e Albertello, tirate! / Fagli da dietro col palo, / Carboncello! Per la durezza del vostro cuore ... / avete meritato di trascinare sassi."

- In der Graphie dominiert die lateinische Schreibtradition. Volkssprachliches [ʎ] (vgl. it. *figlio*) wird durch einfaches *li* wiedergegeben (*fili*).

- Das Substantiv *puta* ‚Hure' zeigt gegenüber der volkstümlichen Aussprache lediglich einfaches *t* (vgl. it. *puttana*).

- Der Imperativ *falite* setzt sich aus *fa* (< FAC) + *li* (< ILLI) + *te* zusammen.

- Die Präposition *dereto* geht auf lat. DE + RETRO unter Ausfall des zweiten [-r-] zurück.

- Die Form *traite* kann wohl auf vlat. *TRAGĪTE (TRAGERE statt klat. TRAHERE) zurückgeführt werden. Vor palatalen Vokalen hat sich lat. [g] zu [j] entwickelt.

2.5.3. Der schriftliche Ausbau der italoromanischen Dialekte im 13. und 14. Jahrhundert

2.5.3.1. Höfische Dichtung

Zur Zeit Friedrichs II. (1194–1250) von Hohenstaufen entstand in Süditalien eine reiche höfische Dichtung (it. *Scuola siciliana*) in einer Kunstsprache, deren Grundlage das Sizilianische, Apulische und andere süditalienische Dialekte waren, die aber auch von der provenzalischen Minnelyrik beeinflusst wurde (vgl. Casapullo 1999, 219–227). Viele der Dichter waren hohe Würdenträger des Königreichs und königliche Beamte, z.B. Iacopo Mostacci, Rinaldo d'Aquino, Giacomino Pugliese, Iacopo d'Aquino, Iacopo da Lentini, Pier della Vigna, Stefano Protonotaro, Cielo d'Alcamo sowie Odo und Guido delle Colonne. Auch der König selbst hat auf Sizilianisch gedichtet. In den Kanzleien Friedrichs II. fand das *volgare* allerdings noch keine Verwendung. Hier dominierte das Lateinische. Verwendung fanden aber auch das Griechische und Arabische.

Die meisten dieser Gedichte sind nur durch toskanische Kopisten überliefert, welche die Originalsprache toskanisiert haben:

Stefano Protonotaro, *Pir meu cori allegrari* (Überlieferung in der Originalsprache)	Stefano Protonotaro, *Assai mi placeria* (in toskanisierter Version überliefert)
Pir meu cori allegrari, chi multu longiamenti senza alligranza e joi d'amuri è statu, mi ritornu in cantari, [...]	Assai mi placeria se zo fosse ch'Amore avesse in sè sentore di 'ntendere e d'audire: [...]

2.5.3.2. Religiöse und moralische Dichtung

In Mittelitalien bildete sich eine religiöse Dichtung heraus. Den Anfang machte Francesco d'Assisi (dt. Franz von Assisi) um 1260 mit seinem *Cantico delle creature*. Auch in der Lombardei entstand im späten 13. Jahrhundert eine umfassende moralisch-didaktische Dichtung durch Autoren wie Giacomino da Verona, Uguccione da Lodi, Girardo Patecchio, Pietro da Bescapé und Bonvesin da la Riva (vgl. Casapullo 1999, 270–275). Aus Piemont stammt die älteste erhaltene Predigtsammlung in der Volkssprache, die *Sermoni subalpini* (vgl. Casapullo 1999, 261–270).

2.5.3.3. Liebesdichtung

In Bologna und Florenz entstand in der zweiten Hälfte des 13. Jahrhunderts der *dolce stil nuovo*, eine volkssprachliche Liebeslyrik. Zu ihren herausragenden Vertretern zählen Guido Guinizelli, Guido Cavalcanti, Lapo Gianni, Gianni Alfani, Dino Frescobaldi, Cino da Pistoia sowie der junge Dante bis zur *Vita nuova* (1294).

2.5.3.4. Sachprosa

Die Florentiner Kaufleute lösten sich relativ früh vom Monopol der lateinischen Schriftsprache. Zwischen der zweiten Hälfte des 11. und der ersten Hälfte des 12. Jahrhunderts (ca. 1080–1130) ist das *Conto navale pisano* entstanden. Aus dem Jahre 1211 stammen die *Frammenti di un libro di conti di banchieri fiorentini*, das älteste erhaltene Schriftstück auf Florentinisch. Viele Texte zeigen bereits die Merkmale ausgebauter Schreibdialekte (*Scriptae*), die sich weitgehend vom lateinischen Modell emanzipiert haben. Im ausgehenden 13. Jahrhundert wurden auch erste wissenschaftliche Traktate in der toskanischen Volkssprache verfasst, wie z.B. Ristoro d'Arezzos *Della composizione del mondo con le sue cascioni* (1282), die aber eher die Ausnahme bildeten (vgl. Casapullo 1999, 329–335). Von der Ausdehnung des *volgare* in der Schriftlichkeit waren im 14. Jahrhundert nahezu alle mittelalterlichen Textsorten betroffen, d.h. Urkunden, Verordnungen, Buchführung, Korrespondenz, religiöses Schrifttum, Dichtung, wissenschaftliche Traktate etc. Daneben wurden auch zahlreiche volkssprachliche Übersetzungen (it. *volgarizzamenti*) aus dem Lateinischen angefertigt oder frei nach lateinischer Vorlage verfasst, z.B. Bono Giambonis (ca. 1235–ca. 1295) Traktat *Della miseria dell'uomo*, der auf Lotario Diaconos *De miseria humane conditionis* zurückgeht. Zahlreiche volkssprachliche Schriften aus Rom stellen Übersetzungen oder Adaptionen lateinischer Quellen dar, z.B. die *Storie de Troia e de Roma* und *Le miracole de Roma*.

2.5.4. Das Florentinische des Mittelalters

Da die italienische Sprache aus der Florentiner Literatursprache des ausgehenden Mittelalters hervorgegangen ist, soll diese Varietät an dieser Stelle etwas näher betrachtet werden (vgl. hierzu auch die umfassende Darstellung in Michel 2005, 329–345).

2.5.4.1. Die Sprache Dantes

Dante Alighieri (1265–1321) bediente sich in seinen Schriften sowohl des Lateinischen als auch seiner Florentiner Muttersprache. In letzterer verfasste er die *Vita nuova* (1294), das *Convivio* (1304–1307) sowie sein Hauptwerk, die *Divina Commedia* (1306–1321). Viele Wörter, die in Dantes Texten auftreten, sind der modernen Sprache unbekannt, z.B. *fiate* (= it. *volte*): „Nove *fiate* già appresso lo mio nascimento era tornato lo cielo de la luce quasi a uno medesimo punto" (*Vita nuova*, II,2); *impinta* (= it. *spinta*): „da providenza di prima natura *impinta*" (*Convivio*, I,1); *onde* (< lat. UNDE) (= it. *per cui*): „è inclinabile alla sua propia perfezione; *onde*, acciò che la scienza è ultima perfezione della nostra anima" (*Convivio*, I,1). Unterschiede zum modernen Italienischen gibt es auch beim Gebrauch des männlichen Artikels: *lo cielo* (= it. *il cielo*), *lo Filosofo* (= it. *il filosofo*), *a li miei occhi* (= it. *ai miei occhi*): „quando a *li miei occhi* apparve prima la gloriosa donna de la mia mente" (*Vita nuova*, II,2); *li uomini* (= it. *gli uomini*): „tutti *li uomini* naturalmente desiderano di sapere ..."(*Convivio*, I,1). Ein Teil der Wörter weist morphologische oder leichte phonetische Unterschiede zur heutigen Sprache auf: *sapeano* (= it. *sapevano*): „li quali non *sapeano* che si chiamare" (*Vita nuova*, II, 2), *puote* (< lat. POTEST) (= it. *può*): „La ragione di che *puote* essere" (*Convivio*, I,1); *subietti* (= it. *soggetti*), *fecicitade* (< lat. FELICITATEM) (= it. *felicità*): „la nostra ultima *felicitade*" (*Convivio*, I,1). Einige Verbformen sind der modernen Sprache völlig fremd: *semo* (< lat. *SIMUS) (= it. *siamo*) „al suo desiderio *semo* subietti" (*Convivio*, I,1), *avemo* (< lat. HABEMUS) (= it. *abbiamo*) „quanto *avemo* ad andar" (*Divina Commedia*, Purgatorio, IV, 86); *enno* (= it. *sono*) (< è + verbaler Pluralmarker *-no* mit phonosyntaktischer Verdoppelung): „*enno* dannati i peccator carnali" (*Divina Commedia*, Inferno, V, 38).

2.5.4.2. Die Sprache Boccaccios

Giovanni Boccaccio (1313–1375) war Verfasser zahlreicher Schriften sowohl in der Volkssprache als auch im Lateinischen, doch der literarische Ruhm über Jahrhunderte hinweg basiert ausschließlich auf dem *Decameron* (1349–1353), der auch das Fundament der italienischen Prosa bildet. Auch wenn Boccaccios Sprache uns insgesamt weniger fremd erscheint als die Sprache Dantes, so enthält sie dennoch eine Reihe von

Merkmalen, die in der modernen italienischen Sprache nicht mehr möglich sind. Als Partizip Perfekt von *essere* existiert bspw. die regelmäßige Analogiebildung *suto* (< *essuto*): „Quello che tu offeri di voler fare sempre il disiderai, e se io avessi creduto che conceduto mi dovesse esser *suto*" (Giorn. II, Nov. 6, 55). Das Personalpronomen *egli* konnte sowohl im Singular als auch im Plural eingesetzt werden: „e parmi intendere che *egli abbiano* provato alla corte che uno che ha nome Aldobrandino Palermini" (Giorn. III, Nov. 7, 11). Im Plural war auch die Variante *eglino* möglich. Ein moderner Zug ist die Form *siamo* des Indikativ Präsens gegenüber dem älteren *semo*, das von Dante noch als alleinige Form verwendet wurde: „se non che di tanto *siamo* differenti da loro, che eglino mai non la rendono e noi la rendiamo, come adoperata l'abbiamo" (Giorn. VIII, Nov. 9, 29). Im Konditional konkurriert *saria* mit *sarebbe*: „Forse che non gli saria spiacenza se el sapesse quanta pena i' sento, s'a me dato ardimento avesse in fargli mio stato sapere" (Giorn. X, Nov. 7, 21).

2.5.5. Das Florentinische im 15. Jahrhundert

Die intellektuelle Elite kümmerte sich im Zeitalter des Humanismus vorwiegend um die Pflege des Lateinischen und vernachlässigte den literarischen Ausbau der Volkssprache (← Kap. 1.2.4.1), während im Alltagsleben der schriftliche Ausbau der Gebrauchsprosa weiter vorangetrieben wurde. Die Literatur des Quattrocento nahm zahlreiche Innovationen aus der gesprochenen Umgangssprache von Florenz sowie anderer toskanischer Dialekte auf und entfernte sich somit zunehmend von der Sprache Dantes und Boccaccios. Neben der umgangssprachlichen Morphosyntax zeigen die Schriften des 15. Jahrhunderts auch syntaktische und lexikalische Einflüsse des Lateinischen (vgl. Migliorini/Baldelli 1964, 132; Tavoni 1992, 182; Alberti/Patota 1996, 7). Beim bestimmten männlichen Artikel überwiegen *el* (Singular) und *e* (Plural) gegenüber *il* bzw. *i*, *li* und *gli*. Der Gebrauch von *lui* und *lei* im Nominativ zulasten von *egli* und *ella* breitet sich aus. Die innovative Endung *-iamo* (aus dem Konjunktiv Präsens) der ersten Person Plural hat das ältere *-emo* noch nicht völlig verdrängt: *avemo* [Leon Battista Alberti] (= it. *abbiamo*), *cognoscemo* [Piovano Arlotto[9]] (= it. *conosciamo*) etc. Im Imperfekt setzt sich in der ersten Person Singular *-o* (in Analogie zum Präsens Indikativ) auf Kosten von *-a* (< lat. -AM) durch. Beim *Passato remoto* schwankt die dritte Person Plural zwischen *-aro*, *-arono*, *-orono* und *-orno* (*andaro, andarono, andorono, andorno*) sowie zwischen *-ero*, *-erono*, *-ono* und *-eno* (*dissero, disserono, dissono, disseno*). Reflexive Konstruktionen können noch mit dem Hilfsverb *avere* gebildet werden: *coperto m'ho* [Lorenzo de' Medici], *io mi ho allevato costui* [Piovano Arlotto] etc. *Quale* wird bei Relativsätzen häufig anstelle von *che* verwendet; daneben kommt es auch zu elliptischen Konstruktionen ohne *che*: „chi stimasse mai sia stato" [Leon

---

[9] Piovano Arlotto (1396–1484) stammte aus Florenz und war ein für seine spöttischen Sprichwörter bekannter Priester.

Battista Alberti]. Latinisierende Infinitivkonstruktionen anstelle von mit *che* eingeleiteten Nebensätzen weiten sich aus: „*affermano* in que' tempi e prima sempre in Italia *essere* stata questa una qual oggi adoperiamo lingua commune" [Leon Battista Alberti, im Vorwort zum dritten Buch *Della Famiglia*]. Die Nachstellung des unbetonten Pronomens am Satzanfang und nach bestimmten Konjunktionen (Tobler-Mussafia-Gesetz – it. *legge Tobler-Mussafia*) wird seltener: „*Vi* priego che" [Landino[10]], „*Ci* fu qui nuove" [Pietro de' Medici, 1467]. In Anlehnung an lateinische Vorbilder ist das Hyberbaton in den Schriften humanistischer Schriftsteller weit verbreitet: „la nostra oggi toscana"; „questa una qual oggi adoperiamo lingua commune" etc. [Leon Battista Alberti]. Die meisten dieser Innovationen wurden durch die Kodifizierung des Italienischen auf der Grundlage mittelalterlicher Texte seit dem 16. Jahrhundert aus der Schriftsprache verdrängt. Daher steht uns die literarische Sprache Boccaccios heute in vielerlei Hinsicht näher als die der Texte des Quattrocento (vgl. Michel 2005, 346–348).

2.5.6. Die *Questione della lingua* vom 16. bis zum 18. Jahrhundert

Im politisch zersplitterten Italien begann zu Beginn des 16. Jahrhunderts eine intensive Auseinandersetzung mit der sprachlichen Situation, in Form einer Diskussion über die Schaffung einer gesamtitalienischen Literatursprache, die unter dem Namen *Questione della lingua* in die Geschichte eingegangen ist (vgl. Marazzini 1999). Am Anfang standen sich vier Favoriten gegenüber, und zwar: Lateinisch (unter Ausschluss des Italienischen), archaisierendes Toskanisch (Orientierung an Dante, Boccaccio, Petrarca), die Höfische Koiné (Kombination der edelsten Dialekte der Fürstenhöfe) sowie modernes Toskanisch (vgl. Michel 2005, 358–401).

2.5.6.1. Das altflorentinische Trecento-Modell

Der aus Venedig stammende Kardinal Pietro Bembo (1470-1547) war der prominenteste Befürworter des Trecento-Florentinischen auf der Grundlage eines Musterkanons. Bembo war jedoch nicht nur Anhänger des *volgare*, sondern auch ein Experte für klassische Philologie, der das ciceronianische Latein gegenüber eklektischen Varietäten verteidigte. Zwischen 1492 und 1494 erlernte er außerdem die griechische Sprache bei Lascaris in Messina. Sein erstes Werk, *De Aetna* (1496), verfasste er in lateinischer Sprache, ebenso seinen Traktat *De imitatione* (1513). Pietro Bembo propagiert in seinen *Prose della volgar lingua* (1525) explizit Petrarcas Sprache als Norm für die Lyrik, und Boccaccios Sprache als Modell für die Prosa. Die *Prose* haben die *Questione della lingua* über das gesamte 16. Jahrhundert hindurch nachhaltig geprägt und der archa-

---

[10] Cristoforo Landino (1424–1498) war ein Florentiner Humanist, der u.a. einen wichtigen Dante-Kommentar verfasst hat.

ischen Literatursprache letztendlich zum Durchbruch verholfen. Das Werk untergliedert sich in drei Bücher mit unterschiedlicher thematischer Schwerpunktsetzung, wobei die Diskussion über Grammatik- und Wortschatzprobleme den meisten Raum einnimmt. Jeder Teilnehmer der Gesprächsrunde übernimmt dabei eine bestimmte Position innerhalb der frühen *Questione della lingua*. Bereits in seinem Werk *Asolani* (1505) hatte Bembo seine Sprachtheorie in die Praxis umgesetzt, nämlich durch die genaue Imitation der sprachlichen Formen der Werke Boccaccios. Zum ersten Mal in der italienischen Sprachgeschichte wurde somit der programmatische Versuch unternommen, die Sprache der großen Dichter des Trecento nicht nur in Traktaten zu diskutieren, sondern in einem literarischen Werk wieder zum Leben zu erwecken (vgl. Apel ^{3}1980, 205–213; Marazzini 1999, 37–45).

2.5.6.2. Die *lingua cortigiana*

Zu den frühen Repräsentanten dieser Gruppe gehörte Vincenzo Colli (ca. 1460–1508), genannt Calmeta. Sein Traktat *Della volgar lingua* ist zwar verschollen, doch sind seine Gedanken indirekt bei Bembo und Castelvetro belegt. Weitere prominente Anhänger der Höfischen Koiné waren Mario Equicola (1470–1525) und Angelo Colocci (1467–1549). Der bekannteste Vertreter der *lingua cortigiana* war zweifelsohne Baldassare Castiglione (1478–1529). Seine Ideen zur Sprache hat er auf wenigen Seiten in seinem Werk *Il Cortegiano* (1528) dargelegt. Auch Gian Giorgio Trissino (1478–1550) propagiert in seinem Dialog *Il castellano* (1529) eine höfische Mischsprache. Zuvor hatte er in seiner *Epistola intorno alle lettere nuovamente aggiunte* (1524) eine Orthographiereform unter Zuhilfenahme griechischer Buchstaben vorgeschlagen, die von verschiedenen Philologen heftig kritisiert wurde. Im Jahre 1529 publizierte er anonym Dantes *De vulgari eloquentia* in italienischer Übersetzung (vgl. Marazzini 1999, 47–55), da er das Werk als Manifest der *lingua cortigiana* interpretierte.

2.5.6.3. Das moderne Florentinische

Niccolò Machiavelli (1469–1527), ein Verfechter des modernen Florentinischen, kritisiert die Bezeichnungen *lingua toscana* und *lingua italiana* in seinem um 1515 entstandenen *Discorso intorno alla nostra lingua*. In diesem Werk führt Machiavelli einen fiktiven Dialog mit Dante, in dem gezeigt werden soll, dass Dante in seiner *Divina Commedia* keine höfische Sprache verwendete, sondern lediglich seinen zeitgenössischen Florentiner Heimatdialekt. Machiavelli betrachtete Dante als Repräsentanten seiner eigenen Position. Ein weiterer wichtiger Vertreter des modernen Florentinischen war Pier Francesco Giambullari (1495–1555). An der *Questione della lingua* beteiligte er sich indirekt mit seiner Grammatik *De la lingua che si parla e scrive in Firenze* (1552).

Abgesehen von Leon Battista Albertis[11] unveröffentlichter *Grammatichetta* aus der ersten Hälfte des 15. Jahrhunderts handelt es sich bei dieser Arbeit um die erste Grammatik aus der Feder eines toskanischen Autors. Trotz der Programmatik des Titels ist das Werk nicht frei von Einflüssen der mittelalterlichen Literatur. Genau genommen versucht es, eine Symbiose aus literarischer Tradition (Giambullari war ein ausgezeichneter Dante-Kenner) und zeitgenössischem Florentinisch herzustellen.

2.5.6.4. Die *Accademia della Crusca* und die Institutionalisierung des Trecento-Modells

Die *Accademia della Crusca* wurde 1583 in Florenz gegründet. Sie war die älteste europäische Sprachgesellschaft und Vorbild der deutschen *Fruchtbringenden Gesellschaft* (1618), der *Académie française* (1634) sowie der *Real Academia Española* (1713). Sie war aus einem privaten Florentiner Literaturzirkel hervorgegangen. Der wichtigste Vertreter der Akademie in ihrer Gründungsphase war Leonardo Salviati (1540–1589). Er unterstützte das Sprachmodell Bembos. Ihre über Jahrhunderte andauernde dominante Stellung verdankte die *Crusca* dem 1612 erstmals publizierten *Vocabolario degli Accademici della Crusca*.[12] Es steht außer Frage, dass das *Crusca*-Wörterbuch die italienische und später auch die europäische Lexikographie nachhaltig beeinflusst hat, dennoch haben sich unmittelbar nach dem Erscheinen der Erstausgabe erste kritische bis polemische Stimmen zu Wort gemeldet. Bereits im Erscheinungsjahr der ersten Ausgabe veröffentlichte Paolo Beni (1551/52–1625) sein Werk *Anticrusca overo Il paragone dell'Italiana lingua*, in dem der Ausschluss großer Autoren des 16. Jahrhunderts ebenso kritisiert wird, wie die sklavische Festlegung auf das Altflorentinische (vgl. Marazzini 1999, 88–98).

2.5.6.5. Die Krise der *Crusca* im Zeitalter der Aufklärung

Im 18. Jahrhundert gab es zunehmende Kritik am Modell der *Crusca* vonseiten der Aufklärung, insbesondere durch Pietro Verri (1728–1797) und Alessandro Verri (1741–1816). Sie waren Mitbegründer der aufklärerischen Zeitschrift *Il Caffè*, die zwischen 1764 und 1766 in Mailand erschien.[13] In dieser veröffentlichte Alessandro Verri die teils polemischen Artikel gegen die *Crusca* („Rinunzia alla Crusca", „Promemoria al

---

[11] Alberti wurde zwar in Genua geboren, seine Eltern stammten jedoch aus der Toskana.
[12] Weitere Ausgaben des *Vocabolario degli Accademici della Crusca* kamen 1612 (Venedig; 1 Bd.), 1623 (Venedig; 1 Bd.), 1691 (Florenz; 3 Bde.) und 1729–1738 (Florenz; 5 Bde.) heraus. Die fünfte Ausgabe (1862–1929) wurde nicht vollendet und beim Buchstaben *O* abgebrochen.
[13] Ein Sammelband mit dem Titel *Il Caffè o sia brevi e varj discorsi già distribuiti in fogli periodici* ist 1766 in Venedig erschienen. Die Originalausgabe ist in *Google Bücher* einsehbar.

Vocabolario della Crusca"). Verri hielt ferner ein Plädoyer für das Prinzip der Panitalianität, d.h. nützliche Wörter sollten aus allen Regionen Italiens ohne Rücksicht auf puristisches Denken aufgenommen werden. Die *Accademia della Crusca* wurde schließlich 1783 mit der *Accademia fiorentina* und der *Accademia degli Apatisti* zwangsvereinigt.

2.5.6.6. Die italienischen Sprachmodelle im Zeitalter des *Risorgimento*

Während und vor allem nach der Erlangung der politischen Einheit (it. *Risorgimento*) wandelte sich die Sprachenfrage grundlegend (vgl. Michel 2005, 401–408). Die seit dem 16. Jahrhundert in ganz Italien verwendete Literatursprache musste durch eine lebendige Sprache des gesamten Staatsvolks ersetzt werden, das in seiner überwiegenden Mehrheit weder lesen noch schreiben konnte und darüber hinaus im mündlichen Gebrauch nur die jeweilige lokale oder regionale Mundart beherrschte.

Das Trecento-Modell hatte trotz der seit dem Zeitalter der Aufklärung immer lauter gewordenen Kritik noch viele Anhänger unter Lexikographen und Grammatikern. Unter der Herrschaft Napoleons über Nord- und Mittelitalien wurde 1811 die Autonomie der 1783 zwangsvereinigten *Accademia della Crusca* wiederhergestellt. Zu ihren Aufgaben gehörte die Herausgabe einer neuen Ausgabe des Wörterbuchs, die Reinhaltung der Sprache sowie ein Literaturwettbewerb. Auch die Sprachdiskussion wurde erneut von konservativem Gedankengut bestimmt. Einer der wichtigsten Sprachtheoretiker des frühen 19. Jahrhunderts war der Veroneser Schriftsteller Antonio Cesari (1760–1828). Er brachte erneut das puristische Trecento-Modell der *Accademia della Crusca* auf die Tagesordnung. Seine Thesen vertrat er in seiner zwischen 1808 und 1809 erschienenen *Dissertazione sullo stato presente della lingua italiana*. Im gleichen Zeitraum brachte er eine Bearbeitung des *Vocabolario della Crusca* (1806–1811) heraus, die auch als *Crusca veronese* bekannt ist. Zwischen 1824 und 1826 veröffentlichte er die *Bellezze della Commedia di Dante Alighieri*. Der Schriftsteller Vincenzo Monti (1754–1828) publizierte zwischen 1817 und 1828 eine *Proposta di alcune correzioni ed aggiunte al Vocabolario della Crusca,* an der auch Amedeo Peyron, Giuseppe Grassi und Giulio Perticari beeiligt waren. Perticaris Beiträge tragen die Titel *Degli scrittori del Trecento e de' loro imitatori* (1818) sowie *Dell'amor patrio di Dante e del suo libro intorno il volgare eloquio* (1820). Die Kritik dieser Schrift richtete sich vor allem gegen das Fehlen von Wörtern aus den Bereichen Kunst und Wissenschaft sowie gegen das Vorhandensein falscher, archaischer oder rein dialektaler Wörter im *Crusca-*Wörterbuch.

Der Mailänder Schriftsteller Alessandro Manzoni (1785–1873) machte sich sowohl theoretisch als auch praktisch Gedanken über die künftige Sprache des italienischen Nationalstaats (vgl. Marazzini 1999, 175ff.; Michel 2005, 403–407). Eine entscheidende Rolle spielte dabei der historische Roman *I promessi sposi*. Zwischen 1821 und 1823 erfolgte die erste Ausarbeitung unter dem Titel *Fermo e Lucia*. Die zweite Ausarbeitung erfolgte von 1824 bis 1827 unter dem Titel *I promessi sposi*. Nach der Publikation der 1827er-Ausgabe (*Ventisettana*) machte sich Manzoni an die Überarbeitung seines Werks. Die endgültige Fassung erschien zwischen 1840 und 1842 (*Quarantana*). Nach Manzonis Vorstellung sollte sich die künftige italienische Literatur- und Standardsprache nicht mehr an den Florentiner Autoren des Trecento orientieren, sondern an den gebildeten Sprechern des modernen Florenz. Seine Sprachprogrammatik setzte er bei der Überarbeitung der *Promessi sposi* in die Praxis um (vgl. Serianni 1989, 133–143, 208–213; Nencioni 1993). Nach der Veröffentlichung der Neufassung seines Romans hat Manzoni seine Vorstellungen von einer modernisierten Nationalsprache in zahlreichen Schriften zum Ausdruck gebracht, so bspw. 1845 in dem Brief *Sulla lingua italiana*, der an den Philologen und Lexikographen Giacinto Carena (1778–1859) gerichtet war. An seiner unvollendet gebliebenen Schrift *Della lingua italiana* arbeitete Manzoni zwischen 1830 und 1859. Er konstatierte das Fehlen einer wirklichen *lingua italiana*. Nur wenige Jahre nach der Ausrufung des Königreichs Italien wurde Manzoni unter Bildungsminister Emilio Broglio im Jahre 1867 zum Vorsitzenden einer Kommission berufen, die mit der sprachlichen Einigung beauftragt wurde. In dieser Zeit verfasste er den programmatischen Aufsatz *Dell'unità della lingua italiana e dei mezzi di diffonderla* (1868) einschließlich einer *Appendice* (1869), eine *Lettera intorno al libro „De vulgari eloquio" di Dante Alighieri* (1868) sowie eine *Lettera intorno al vocabolario* (1868). In *Dell'unità della lingua italiana e dei mezzi di diffonderla* argumentiert Manzoni historisch. Die Ideen Manzonis zur Modernisierung der italienischen Sprache wurden offizielle Regierungspolitik. Die von Manzoni in der Schrift vorgeschlagene Entsendung toskanischer Lehrer in sämtliche Regionen Italiens lies sich zwar nicht verwirklichen, doch das Projekt eines Wörterbuchs des lebendigen Sprachgebrauchs wurde unter der Schirmherrschaft von Emilio Broglio zwischen 1877 und 1897 realisiert. Es erschien unter dem Titel *Novo vocabolario della lingua italiana secondo l'uso di Firenze ordinato dal Ministero della pubblica istruzione* in Florenz. Zu den prominentesten Gegnern der Ideen Manzonis gehörte der Dialektologe Graziadio Isaia Ascoli (1829–1907). Seine Gedanken zur sprachlichen Einheit Italiens formulierte er im *Proemio all'Archivio glottologico italiano* (1873).

2.5.7. Sprach- und Bildungspolitik des italienischen Einheitsstaats bis zum Ende des Zweiten Weltkriegs

Wie wir gesehen haben, wurde Manzonis Sprachmodell von Regierungsseite akzeptiert und in Form des *Novo vocabolario* unterstützt. Nach der politischen Einheit Italiens war die Schaffung einer gemeinsamen Kommunikationsbasis auf der Grundlage eines geeigneten Modells das eine Problem. Das andere bestand darin, dass bei der Proklamation des Königreichs Italien die meisten Einwohner Dialektsprecher waren und ein großer

Teil der Bevölkerung aus Analphabeten bestand. Sicher waren alle Analphabeten Dialektsprecher, aber auch viele Gebildete verwendeten in der mündlichen Alltagskommunikation überwiegend den Dialekt, während das Italienische als reine Schriftsprache fungierte, wie einst das Lateinische im Mittelalter. Die Bildungspolitik stand also vor einer großen Herausforderung. Um dem neuen italienischen Staatsvolk eine gemeinsame Kommunikationsbasis zu geben, mussten die Dialekte zurückgedrängt werden. In Frankreich setzte man auf eine radikale Französisierungspolitik und eine Stigmatisierung dialektaler Varietäten. In Italien versuchte man hingegen, die Dialekte zum Bestandteil des Erwerbs der Standardsprache zu machen. Zahlreiche Dialektbücher, die nach der Erlangung der staatlichen Einheit verfasst wurden, hatten nicht das Ziel, die Dialekte zu dokumentieren, sondern beim Erwerb des Italienischen zu helfen.

2.5.7.1. Die Schulpflicht und die Bekämpfung der Dialekte

Ein wichtiges Instrument zur Verbreitung des Italienischen in einer weitgehend dialektal geprägten Gesellschaft war die Einführung der allgemeinen Schulpflicht. Die italienische Schulgesetzgebung nahm ihren Anfang im Königreich Sardinien-Piemont mit der *Legge Casati* von 1859. Die Verantwortung für die Grundschulausbildung wurde erstmals dem Staat zugesprochen, wobei die Einführung der Schulpflicht noch fast zwei Jahrzehnte auf sich warten lassen sollte. Dennoch setzte man sich zum ersten Mal mit dem Analphabetentum in Italien auseinander, von dem seinerzeit 78 Prozent der Bevölkerung betroffen waren. Im Jahre 1877 wurde unter dem damaligen Bildungsminister Michele Coppino die allgemeine Schulpflicht für Kinder von sechs bis neun Jahren eingeführt (*Legge Coppino*).[14] Im Rahmen der *Legge Orlando* von 1904 wurde die Schulpflicht bis zum 12. Lebensjahr ausgedehnt. Da zunächst kaum wirkungsvolle Maßnahmen zur Überwachung und Durchsetzung der Schulpflicht existierten, blieb die Zahl der Analphabeten und damit der Anteil der reinen Dialektsprecher zunächst unverändert hoch. In der Schulpolitik des Einheitsstaats überwog eine gewisse Dialektfeindlichkeit, insbesondere in Bezug auf die Grundschule. Der Dialekt wurde als Hauptursache für das weit verbreitete Analphabetentum betrachtet und sollte den Kindern daher ausgetrieben werden.

---

[14] Den vollständigen Text des Gesetzes finden Sie im Internet unter folgenden Adressen: http://www.edscuola.it/archivio/norme/leggi/l1571877.htm und http://www.territorioscuola.com/download/legge_coppino_15_luglio_1877.pdf.

2.5.7.2. Die Einbeziehung der Dialekte in die Grundschuldidaktik des Italienischen

Eine positive Einstellung gegenüber der dialektalen Wirklichkeit bildete sich ausgerechnet zu Beginn der faschistischen Herrschaft heraus. Erster Bildungsminister (it. *Ministro della pubblica istruzione*) unter der Regierung Benito Mussolinis wurde der Philosoph Giovanni Gentile (1875–1944). Seine Amtszeit dauerte allerdings nur von 1922 bis 1924. Er führte in dieser kurzen Zeit eine allgemeine Schulreform durch, im Rahmen derer der Dialekt als fester Bestandteil des Grundschulunterrichts vorgesehen war. Es wurden Übersetzungsübungen aus dem Dialekt mithilfe von Dialektwörterbüchern und anderen didaktischen Materialien gemacht. Die Behandlung von regionaler Tradition und Folklore spielte eine wichtige Rolle im Schulunterricht. Die Lehrer sollten davon überzeugt werden, das Italienische mithilfe des Dialekts zu vermitteln. Der Pädagoge, der am stärksten in diese Richtung wirkte, war Giuseppe Lombardo Radice (1879–1938), der 1923 im Rahmen der *Riforma Gentile* die Lehrpläne für die Grundschule entwarf. Seine Entwürfe enthielten genaue Angaben in Bezug auf den Gebrauch des Dialekts beim Erlernen der italienischen Sprache. Er empfahl im Rahmen seines Programms *Dal dialetto alla lingua* Übersetzungsübungen aus der Mundart ins Italienische auf der Grundlage von Gedichten, Erzählungen und Volksliedern. Zum ersten Mal seit der Schaffung des Einheitsstaats waren die Dialekte nicht nur einfach Gegenstand von Verurteilung, sondern Studienobjekt für die Schüler. Der aus Catania stammende Radice hatte Pädagogik an der Universität seiner Heimatstadt unterrichtet, bevor er von Giovanni Gentile zum Leiter für Grundschulangelegenheiten ernannt wurde. Radice, der vom Neoidealismus Gentiles beeinflusst war, sympathisierte allerdings nicht mit dem Faschismus, sondern mit dem Sozialismus und zog sich 1924 schließlich aus der Politik zurück.

2.5.7.3. Die Bekämpfung von Dialekten und fremdsprachlichen Einflüssen

Die literarische Bewegung *Strapaese*, deren Publikationsorgane die Zeitschriften *Il Selvaggio* und *L'Italiano* waren, pflegte zwischen 1926 und 1932 die regionalen und lokalen Traditionen Italiens. In den 1930er-Jahren jedoch vollzog die faschistische Regierung eine radikale Kehrtwende gegenüber den Dialekten. Im Jahre 1935 wurden die Experimente mit den Mundarten unter dem Bildungsminister Cesare Maria De Vecchi (1884–1959) beendet. Aber auch aus anderen Bereichen des kulturellen Lebens sollten die Dialekte verbannt werden. Bereits 1934 war ein Verbot von dialektalen Presse- und Literaturerzeugnissen ergangen. Ein Jahr später wurde auch die Aufführung von Dialektstücken im Theater unter Strafe gestellt. Verboten wurde der Dialekt ferner in Kinofilmen. Dialektliteratur sollte ebenfalls vom Markt genommen werden (vgl. Michel 2005, 436–439).

Das Radio spielte eine wichtige Rolle im Zusammenhang mit der politischen Propaganda. Diskutiert wurde u.a. über die Aussprachenorm im Rundfunk. Die Sprachwissenschaftler Bertoni und Ugolini sprachen sich in der ersten Ausgabe der 1939 in Florenz gegründeten linguistischen Zeitschrift *Lingua nostra* für eine „bella e calda pronunzia romana" aus, während Migliorini an der florentinischen Norm festhielt und diese Position auch in der Nachkriegszeit verteidigte.

Im Mittelpunkt der faschistischen Kulturpolitik stand seit den 1930er-Jahren die Schaffung einer einheitlichen Nationalkultur auf der Grundlage einer homogenen Nationalsprache. Bereits in den 1920er-Jahren hatten sich puristische Tendenzen gegenüber Fremdwörtern abgezeichnet. Der Journalist und Schriftsteller Paolo Monelli (1891– 1984) hatte bereits 1921 sein *Barbaro dominio* publiziert, das in den folgenden Jahren immer wieder neu aufgelegt wurde. 1926 erschien Tommaso Tittonis Artikel *La difesa della lingua*, mit dem die puristische Debatte eröffnet wurde. Noch im selben Jahr wurden Fremdwörter in öffentlichen Aufschriften sowie in Schaufenstern gesetzlich verboten. In Zeitschriften wurden Rubriken eingerichtet, die sich mit dem Thema auseinandersetzten. 1938 wurden ausländische Bezeichnungen von Hotels und Gaststätten verboten. Zwei Jahre später wurde das Verbot auf Firmennamen und Werbeslogans ausgedehnt. Die faschistische Journalistengewerkschaft erarbeitete zusammen mit dem Nationalen Olympischen Komitee ein *Dizionario sportivo*, um die italienische Fachsprache des Sports von ihren zahlreichen Anglizismen zu befreien. In Nachfolge der *Accademia della Crusca* brachte die 1923 gegründete *Accademia d'Italia* ein Wörterbuch heraus, von dem bis 1941 allerdings nur der erste Band (von A–D) erschienen war. Der Linguist Bruno Migliorini hatte 1937 den Begriff *autarchia linguistica* geprägt und führte 1940 in der Zeitschrift *Lingua nostra* das Konzept des *neopurismo* ein, der im Gegensatz zum Purismus früherer Jahrhunderte Neologismen nicht grundsätzlich verdammte, sondern sich lediglich gegen Fremdeinflüsse richtete (vgl. Marazzini 1999, 187).

2.5.8. Die italienische Sprache von 1945 bis heute

2.5.8.1. Die Ausbreitung der Nationalsprache zulasten der Dialekte

Die wichtigste Entwicklung der Nachkriegszeit war wahrscheinlich die zunehmende Zurückdrängung der Dialekte zugunsten der italienischen Nationalsprache. In der Zeit nach 1945 setzte sich das Italienische zunehmend als praktizierte Muttersprache gegenüber den örtlichen und regionalen Dialekten durch. Der Schriftsteller, Regisseur und Essayist Pier Paolo Pasolini (1922–1975) brachte mit seinem Artikel *Nuove questioni linguistiche*, der am 26. Dezember 1964 in der Zeitschrift *Rinascita* erschienen war, eine neue sprachtheoretische Debatte in Gang. Die Kernaussage des Aufsatzes ist, dass die Industrie- und Konsumkultur Norditaliens zum ersten Mal in der Geschichte die Voraussetzungen für eine wirkliche italienische Nationalsprache geschaffen hat. Pasolini entdeckte die Industrie- und Handelsmetropolen des Nordens (insbesondere Mailand und Turin) als Zentren neuer, vor allem an der Konsumkultur ausgerichteter sprachlicher Vorbilder. Nach diesem Essay entzündete sich bei Schriftstellern, Journalisten und Linguisten eine heftige Debatte über den Zustand der italienischen Sprache, die als *Nuova questione della lingua* bezeichnet wurde (vgl. Parlangèli [1]1971; Marazzini 1999, 202–206). Doch nicht nur Massenmedien und Werbung haben die Sprache maßgeblich beeinflusst, sondern auch die Protest- und Reformbewegungen der 1960er- und 1970er-Jahre. Bei Jugendlichen und jungen Erwachsenen sowie anderen gesellschaftlichen Gemeinschaften bildeten sich zunehmend identitätsstiftende Gruppensprachen heraus, die über Presse, Radio, Musik, Film und Fernsehen verbreitet wurden.

2.5.8.2. Die Veränderung der Standardvarietät

Da heute das Italienische für die Mehrheit der Italiener gesprochene Muttersprache ist und nicht wie früher nur formale Schriftsprache, sind zahlreiche regionale Varietäten der Standardsprache entstanden, die sich nicht mehr auf das Modell einer bestimmten Stadt festlegen lassen. Völlig aufgegeben worden ist das Florentinische in Bezug auf die Standardnorm von den Grammatikern jedoch immer noch nicht. Dies betrifft allerdings nicht den aktuellen Stadtdialekt, der in der Fernsehwerbung nicht selten für einen komischen Effekt sorgt. In Ermangelung eines allgemein verbindlichen Sprachmodells sowie wegen der ungenügenden Sprachkompetenz vieler Sprecher hat der Linguist Gian Luigi Beccaria das Gegenwartsitalienische 1985 als *lingua selvaggia* bezeichnet (Marazzini 1999, 215–220). Seit den 1960er-Jahren ist eine Vielzahl von Werken auf dem Markt erschienen, die sich kritisch mit dem Sprachgebrauch der Italiener auseinandersetzen (vgl. Michel 2005, 457–460). Die allgemeine soziokulturelle Dynamik hat bei vielen Menschen offensichtlich zu Verunsicherungen im Sprachgebrauch geführt. Radtke (2000, 109–118) konstatiert *Destandardisierungstendenzen* im Gegenwartsitalienischen und spricht damit ein Problem an, das möglicherweise eine Erklärung für den anhaltenden Boom sprachkritischer Nachschlagewerke für das Italienische liefert. In der italienischen Soziolinguistik hat sich für den Normwandel der Begriff *italiano neostandard* eingebürgert (→ Kap. 11.2.4.3).

2.6. Die Periodisierung der italienischen Sprachgeschichte

2.6.1. Kriterien der sprachlichen Periodisierung und die Besonderheit des Italienischen

Während bei Sprachen wie dem Deutschen, Englischen oder Französischen auf der Grundlage der progressiven phonetischen und morphologischen Entwicklung eine mindestens dreigliedrige Periodisierung (z.B. Alt-, Mittel- und Neufranzösisch) vorgenommen wird, ist im Falle des Italienischen eine andere Lösung notwendig. Aufgrund der besonderen Situation in Italien mit seiner sowohl dialektalen als auch politischen Zersplitterung setzte sich durch den Einfluss namhafter Gelehrter im 16. und 17. Jahrhundert die Florentiner Literatursprache des Trecento als allgemein akzeptiertes Modell durch. Dabei handelte es sich um eine Schriftsprache, die letztendlich wie das Lateinische anhand modellhafter Autoren gelernt wurde und daher bis zum späten 19. Jahrhundert von dynamischen Einflüssen der Sprachgemeinschaft nahezu unberührt blieb. Die meisten italienischen Sprachgeschichten verzichten trotz der Existenz verschiedener Vorschläge zur Epochengliederung auf eine interpretative Periodisierung und begnügen sich mit der Einteilung der historischen Abschnitte nach Jahrhunderten. Die Gemeinsamkeit aller Periodisierungsmodelle besteht in der Präferenz kultureller Kriterien gegenüber strukturellen.

2.6.2. Periodisierungsmodelle des Italienischen

Von den zahlreichen Epochengliederungen (vgl. auch die ausführliche Darstellung in Michel 2005, 15–18, 42–50) sollen an dieser Stelle zwei Modelle aus Einführungen in die italienische Sprachwissenschaft vorgestellt werden.

Blasco Ferrer (1994, 115) stützt sich auf das Periodisierungsmodell der *Accademia della Crusca*, das eine Einteilung in insgesamt fünf Etappen vorsieht:[15]

- Altitaloromanisch (9.–10. Jh.): Vorhandensein von italoromanischen Texten aus verschiedenen Regionen.

- Altitalienisch (1275–1375): Vermehrung der alttoskanischen Dokumentation und Entstehung bedeutender literarischer Werke (bis zum Tode Boccaccios).

- Altitalienisch/Neuitalienisch (1375–1525): Aufnahme diatopisch und diastratisch markierter Innovationen ins Florentinische.

- Neuitalienisch (1525–1840): Von der Kodifikation des Trecento-Florentinischen durch Bembo bis zur Überarbeitung der *Promessi sposi* auf neuflorentinischer Grundlage durch Manzoni.

- *Italiano del Duemila*: noch nicht abgeschlossen.

Haase (2007, 52ff.) beschränkt sich auf lediglich drei Etappen:

- Dialektale Periode (= Altitalienisch): Von den Anfängen bis ca. 1500 mit verschiedenen dialektalen Schreibtraditionen (*Scriptae*).

---

[15] Blasco Ferrer beginnt mit der ältesten Überlieferung italoromanischer Texte, stellt aber in einer späteren Publikation (1999) eine Phase des *italiano predocumentario* voran.

- Koiné-Periode (= Neuitalienisch): Von 1500 bis zur zweiten Hälfte des 19. Jahrhunderts mit einer großen Distanz zwischen gesprochener und geschriebener Sprache.

- Standard-Periode (= modernes Italienisch): Seit der zweiten Hälfte des 19. Jahrhunderts mit der Entwicklung einer modernen Standardsprache durch die Einführung der Schul- und Wehrpflicht, durch die Medien etc. Zusätzlich hat sich seit dem frühen 20. Jahrhundert eine sozial und regional stark differenzierte Umgangssprache herausgebildet.

Das von Blasco Ferrer verwendete Periodisierungsmodell lehnt sich eng an die Literaturgeschichte an und klammert – mit Ausnahme der letzten Phase – die gesprochene Realität praktisch aus, während das Modell Haases geschriebene und gesprochene Sprache in seine Überlegungen mit einbezieht. Beide Modelle sind zweifelsohne stark vereinfacht.

Literaturhinweise

Beccaria (1989, 1992); Blasco Ferrer (1994, 1999); Bruni (1992–94); De Mauro (1963); Durante (1981); Haase (2007); Krefeld (1988); Maiden (1995/1998); Castellani (1976); Mancone (1960); Marazzini (1994, 1999); Michel (2005); Migliorini (1960); Muljačić (1988); Parlangèli ([1]1971, [2]1979), Vitale (1984).

Aufgaben

1) Suchen Sie in Ihrer Bibliothek nach der Faksimileausgabe der *Placiti cassinesi* (Mancone 1960) und machen Sie sich ein Bild vom quantitativen Verhältnis zwischen Romanisch und Mittellatein in dem Dokument.

2) Nehmen Sie eine kritische Ausgabe von Bembos *Prose della volgar lingua* und lesen sie das dritte Buch. Achten Sie dabei auf die darin diskutierten sprachlichen Formen und ihr Vorhandensein oder Nichtvorhandensein im modernen Italienischen.

3) Lesen Sie ein Kapitel aus Manzonis Roman *I promessi sposi* und vergleichen Sie die dort verwendete Sprache mit der heute geläufigen.

4) Lesen Sie Manzonis programmatische Schrift *Dell'unità della lingua die mezzi di diffonderla* (http://www.classicitaliani.it/manzoni/unita_lingua.htm) und überlegen Sie, warum das Projekt seinerzeit in der Praxis nicht realisiert worden war.

5) Suchen Sie in Ihrer Bibliothek eine Ausgabe von Pier Paolo Pasolinis *Empirismo eretico* und lesen Sie den Essay „Nuove questioni linguistiche".

    a) Verschaffen Sie sich einen Überblick über die Reaktionen anhand von Oronzo Parlangèlis Sammlung *La nuova Questione della lingua* ([1]1971, [2]1979).

    b) Worin unterscheidet sich die *Nuova questione della lingua* der 60er-Jahre des 20. Jahrhunderts von der *Questione della lingua* des 15. bis 19. Jahrhunderts?

6) Vergleichen Sie die etymologischen Erklärungen zu *andare* und *trovare* in den im Kap. 2.4.4 genannten Wörterbüchern.

3. Phonetik und Phonologie

3.1. Phonetik

3.1.1. Untersuchungsgegenstand der Phonetik

Die Phonetik (it. *fonetica*) erforscht die Erzeugung, Übermittlung sowie den Empfang von Sprachlauten. Sie stellt somit ein Bindeglied zwischen Linguistik, Biologie, Akustik und Medizin dar (vgl. Linke/Nussbaumer/Portmann ^{5}2004, 461–484). Sie lässt sich nach unterschiedlichen Schwerpunkten unterteilen. Die *artikulatorische Phonetik* (it. *fonetica articolatoria*) befasst sich mit den physiologischen Aspekten bei der Sprachproduktion. Die *akustische Phonetik* (it. *fonetica acustica*) hingegen beschäftigt sich mit den physikalischen Prozessen bei der Erzeugung von sprachlichen Lauten. Die *auditive/perzeptive Phonetik* (it. *fonetica auditiva/percettiva*) hat die Wahrnehmung der Lautproduktion beim Hörer und deren Verarbeitung im Gehirn als Untersuchungsgegenstand (vgl. Schmid 1999, 15f.).

3.1.2. Wissenschaftsgeschichtlicher Überblick der Phonetik

Bereits in Dantes Traktat *De vulgari eloquentia* finden wir sporadische phonetische Beschreibungen italienischer Dialekte. Eine Blüte phonetischer Beschreibungen gab es in Italien seit dem 16. Jahrhundert sowohl im Rahmen von Grammatiken als auch in Form von Monographien. Im 17. und 18. Jahrhundert befassten sich erstmals Naturwissenschaftler und Mediziner mit phonetischen Problemen. Der Ausbau zu einer eigenständigen Wissenschaft erfolgte allerdings erst gegen Ende des 19. Jahrhunderts (vgl. Schmid 1999, 18f.).

3.1.2.1. Vom 16. Jahrhundert bis zum späten 19. Jahrhundert

3.1.2.1.1. Traktate zur Phonetik des Italienischen und anderer Sprachen des 16. bis 18. Jahrhunderts

Während des 16. und 17. Jahrhunderts wurden in zahlreichen italienischen Grammatiken und metasprachlichen Traktaten phonetische Probleme behandelt (vgl. Maraschio 1992), z.B. von Orazio Lombardelli, *Della pronunzia toscana* (1568); Joannes Davides Rhoesus [John David Rhys], *De italica pronunciatione et orthographia libellus* (1569); Giorgio Bartoli, *Degli elementi del parlar toscano* (1584) oder Giuseppe Maria Ambrogi, *Chiaue della toscana pronunzia. Intorno al chiudere et aprire delle vocali e, ed o* (1634). John Wallis (1616–1703), ein englischer Mathematiker und Taubstummenlehrer, nahm 1653 als erster Gelehrter eine Klassifikation der Vokale nach ihrem Artikulationsort vor, während der deutsche Arzt Christoph Friedrich Hellwag (1754–1835) im Jahre 1781 das Konzept des Vokaldreiecks entwickelte. Ebenfalls im 18. Jahrhundert befasste sich der Italiener Tommaso Silvestri in seiner Abhandlung *Maniera di far parlare e di istruire speditamente i sordi e muti di nascita* (1785) mit Taubstummen und den mit diesen zusammenhängenden phonetischen Problemen.

3.1.2.1.2. Die Behandlung der Phonetik in italienischen Grammatiken des 19. Jahrhunderts

Die meisten italienischen Grammatiken des 18. Jahrhunderts behandeln phonetische Fragen häufig nur im Zusammenhang mit den Buchstaben oder in Kapiteln, die der Prosodie (→ Kap. 3.2.5) gewidmet sind. Dies trifft größtenteils auch auf das frühe 19. Jahrhundert zu. Mariano Gigli nimmt in seinem 1818 erschienenen Traktat *Lingua filosofico-universale pei dotti* eine eigenwillige Zweiteilung der sprachlichen Laute vor: „I Suoni Vocali si distinguono in Gutturali ed Orali […]" (119), wobei unter *suoni vocali* nicht nur Vokale verstanden werden; diese werden als *gutturali* bezeichnet und von den *orali* (Konsonanten) unterschieden. Bereits lange vor der politischen Einheit Italiens fand die *präskriptive Phonetik* Eingang in die meisten Schulgrammatiken. In Giuseppe Caleffis *Grammatica della lingua italiana* aus dem Jahre 1832 erscheinen bei den regionalen Unterschieden der italienischen Aussprache unter dem Titel *Difetti della pronunzia* einige markante Merkmale des Toskanischen: „Il popolo della Toscana usa di articolare *ce, ci* come *sce, sci* dicendo non *sc'era, non sci è stato*; e *ca, che, chi, co, cu* come *ha, he, hi, ho, hu* con una forte aspirazione *amiho* invece di *amico, granduha* invece di *granduca*, ec. Ma questa maniera di pronunciare non è da imitarsi" (11). Die enge Anlehnung phonetischer Beschreibungen an die Orthographie hält sich bis ins späte 19. Jahrhundert.[1]

3.1.2.2. Die Etablierung der Phonetik als eigenständige Wissenschaft im späten 19. Jahrhundert

3.1.2.2.1. Die *Association Phonétique Internationale*

Im Jahre 1886 wurde in Frankreich die *Association Phonétique Internationale* (API) ins Leben gerufen (vgl. Schmid 1999, 20, 187–202). Wichtige Gründungsmitglieder waren der Franzose Paul Édouard Passy (1859–1940) sowie der Däne Otto Jespersen (1860–

---

[1] So lesen wir in Raffaello Fornaciaris *Grammatica dell'uso moderno* (1879, 8): „La pronunzia delle lettere in italiano segue fedelmente la scrittura, ma questa non distingue abbastanza tutte le variazioni di quella."

1943), die ein phonetisches Alphabet entwickelten. Im Jahre 1888 wurde die erste Version des seitdem mehrmals überarbeiteten *Internationalen Phonetischen Alphabets* (IPA) veröffentlicht.[2] Für jeden sprachlichen Laut sollte ein eigenes Zeichen verwendet werden und auf alle Sprachen anwendbar sein. Als Grundlage dienten überwiegend lateinische Buchstaben, die durch diakritische Zeichen ergänzt werden konnten. Ein kleinerer Teil der Lautsymbole wurde vom griechischen oder kyrillischen Schriftsystem abgeleitet. In Italien spielte das *Internationale Phonetische Alphabet* bis in die 60er-Jahre des 20. Jahrhunderts kaum ein Rolle (vgl. Tagliavini/Mioni 1974).

3.1.2.2.2. Die Begriffe *fonetica* und *fonologia* aus wissenschaftsgeschichtlicher Perspektive

Es sei an dieser Stelle darauf hingewiesen, dass die heute übliche Differenzierung zwischen *fonetica* und *fonologia* (→ Kap. 3.1.2.2.2) im späten 19. sowie frühen 20. Jahrhundert noch nicht existierte. Die beiden Ausdrücke waren austauschbar und deckten häufig den Bereich ab, der zuvor unter *pronunzia* bzw. *pronuncia* abgehandelt worden war. Nach der politischen Einheit der überwiegend dialektophonen Nation spielte die Vermittlung der korrekten Aussprache im Bereich des schulischen Italienischunterrichts eine wichtige Rolle und wurde dementsprechend thematisiert.

3.1.2.2.2.1. Der Ausdruck *fonologia* im Sinne von *pronuncia*

In Policarpo Petrocchis *Grammatica della lingua italiana* (1887) findet sich ein Kapitel mit dem Titel *Fonologia ossia trattato di pronunzia*, das die Verwendung des Begriffs im späten 19. Jahrhundert gut illustriert. Zunehmend erschienen auch Monographien zur italienischen Lautlehre. Lorenzo Stoppato veröffentlichte 1887 eine *Fonologia italiana*,

---

[2] Luciano Canepari, Autor zahlreicher Werke zur italienischen und internationalen Phonetik (vgl. Bibliographie), hat auf der Grundlage des offiziellen IPA-Alphabets (das von ihm als IPA^{off} gekennzeichnet wird) – nicht zuletzt aufgrund der Kritik an einigen Reformen der Lautschrift – ein eigenes phonetisches Alphabet entwickelt. Wohl in Analogie zur sogenannten natürlichen Phonologie hat Canepari die sogenannte *natürliche Phonetik* (*Fonetica naturale ^{can}IPA*) entwickelt. Die *Fonetica naturale ^{can}IPA* wird als Methode beschrieben, um die instinktive phonetische Lernfähigkeit aus der Kinderzeit wiederzubeleben. Sie zielt darauf ab, die genaue Artikulation der Laute zu bestimmen, und zwar durch *Kinästhesie* (it. *cinestesia*), d.h. durch die genaue Beobachtung dessen, was im Mund bei der Lauterzeugung geschieht; durch die exakte Darstellung mithilfe von Orogrammen, Vokogrammen, Labiogrammen, Palatogrammen und Dorsogrammen (it. *orogrammi, vocogrammi, labiogrammi, palatogrammi, dorsogrammi*), welche die Artikulation in bestimmten Gegenden des Mund- und Rachenraums in Form von Sagittalschnitten und Frontalansichten verdeutlichen, sowie mithilfe von Tonogrammen (it. *tonogrammi*) und durch eine angemessene Repräsentation mittels entsprechender exakter phonetischer Symbole.

gefolgt von Ercole Canale Parolas Traktat *Della fonologia nell'insegnamento della Lettura* (1894). Außerdem fanden im ausgehenden 19. Jahrhundert anatomische Beschreibungen der Lauterzeugung sowie die Klassifizierung der Laute auf anatomischer Grundlage erstmals Eingang in Schulgrammatiken. Stellvertretend sei an dieser Stelle auf Ettore Piazzas *Grammatica italiana. Ad uso delle scuole secondarie* (1897) verwiesen. Die Phonetik des Italienischen wird hier unter dem Titel *Fonologia o teorica dei suoni* behandelt.

3.1.2.2.2.2. Die Ausdrücke *fonetica* und *fonologia* im Sinne von regionaler Aussprache

Im ausgehenden 19. Jahrhundert sowie im frühen 20. Jahrhundert erscheint der Begriff *fonetica* häufig im Zusammenhang mit der synchronen Beschreibung von Dialekten, z.B. bei Carlo Salvioni, *Fonetica del dialetto moderno della città di Milano* (1884); Angelo Gentili, *Fonetica del dialetto reatino, ora per la prima volta studiata sulla viva voce del popolo* (1896) sowie Clemente Merlo, *Note di fonetica italiana meridionale* (1914). Er war in dieser Hinsicht mit *fonologia* austauschbar, wie folgende Titel verdeutlichen: Giovanni Abbatescianni, *Fonologia del dialetto barese* (1896); Gino Bottiglioni, *Fonologia del dialetto imolese* (1919) oder Giuseppe Malagoli, *Fonologia del dialetto di Lizzano in Belvedere* (1930).

3.1.2.2.2.3. Der Ausdruck *fonetica* im Sinne von artikulatorischer Phonetik

Die theoretische Auseinandersetzung mit der Phonetik und die terminologische Differenzierung von Phonetik und Phonologie erfolgte erst während der 1930er-Jahre. Carlo Biaggi veröffentlichte 1935 seine naturwissenschaftlich ausgerichteten *Studi di fonetica biologica*, gefolgt von Carlo Battistis *Fonetica generale* (1938) mit sprachwissenschaftlich-theoretischer Orientierung. Große Fortschritte gab es in Italien seit den 1950er-Jahren. So gründete 1950 Padre Agostino Gemelli die *Società di Fonetica Sperimentale, Fonetica Biologica, Foniatria e Audiologia*, die im Januar 1953 in Parma ihren ersten nationalen Kongress ausrichtete. Buffa publizierte 1959 sein Werk *Studio radiologico del laringe durante l'articolazione dei fonemi vocalici*. Auf sprachwissenschaftlichem Gebiet war seit den 1960er-Jahren in Italien ein verstärktes Interesse an der Phonetik auf der Grundlage des *Internationalen Phonetischen Alphabets* zu beobachten. Im Jahre 1963 bspw. veröffentlichte Luigi Cadei sein Werk *Scrivere come si pronuncia secondo l'alfabeto fonetico internazionale*, das Beispiele aus dem Italienischen, Lateinischen, Französischen, Englischen, Spanischen, Russischen und Deutschen enthält. 1964 erschienen Walter Belardis *Elementi di fonetica generale* sowie Nullo Minissis *Principi di trascrizione e traslitterazione*. Auch auf dem Gebiet der Sprachdidaktik wurden phonetische Aspekte nun stärker berücksichtigt, wie z.B. in Carlo Tagliavinis Schallplattenkurs *La corretta pronuncia italiana. Corso discografico di fonetica e di ortoepia* (1965).

Zunehmend kamen auch Einführungen in die allgemeine und italienische Phonetik auf den Markt. Stellvertretend sei auf Nullo Minissis *Manuale di fonetica* (1969) sowie Luciano Caneparis *Introduzione alla fonetica* ([1]1979) verwiesen.

3.1.3. Artikulatorische Phonetik

3.1.3.1. Grundbegriffe der artikulatorischen Phonetik

3.1.3.1.1. Artikulationsart und Artikulationsort

Unter Artikulation (it. *articolazione*) versteht man in der Phonetik die Gesamtheit der Vorgänge, welche die Sprachlaute hervorbringen (vgl. Nespor 1993, 31–36; Schmid 1999, 35–40). Man unterscheidet zwischen Artikulationsort und Artikulationsart. Unter *Artikulationsort* versteht man die unbeweglichen Stellen (it. *organi fissi*) im Mundraum, die zusammen mit den beweglichen *Artikulationsorganen* (= Artikulatoren – it. *organi mobili*) für die Lautproduktion verantwortlich sind.

Der phonatorische Apparat[3]

Die Pfeile markieren den Luftstrom, der aus der Lunge kommt und somit die Phonation ermöglicht.

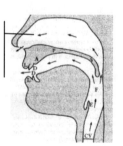

V = Gaumensegel (it. *velo palatino*)
U = Zäpfchen/Uvula (it. *uvula*)
F = Rachen (it. *faringe*)
L = Zunge (it. *lingua*)
PF = Gaumenbogen (it. *pilastri faucali*)

L = Lippen (it. *labbra*)
D = Zähne (it. *denti*)
A = Zahndamm/Alveolen (it. *alveoli*)
P = harter Gaumen/Palatum (it. *palato*)
V = weicher Gaumen/Velum (it. *velo*)
F = Rachen (it. *faringe*)
E = Kehldeckel/Epiglottis (it. *epiglottide*)
CV = Stimmlippen (it. *corde vocali*)

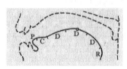

P = Zungenspitze (it. *punta, àpice*)
C = Zungensaum (it. *corona*)
D = Zungenrücken (it. *dorso*)
R = Zungenwurzel (it. *radice*)

(Zeichnungen aus Canepari [1]1979, 12f.)

Unter *Artikulationsart* versteht man hingegen die Art und Weise durch die, durch Überwindung eines Hindernisses im Ansatzrohr, ein sprachlicher Laut gebildet wird. Zu den

---

[3] Vgl. auch Schmid 1999, 27–40.

Artikulationsstellen gehören harter Gaumen/Palatum (it. *palato*), Zahndamm/Alveolen (it. *alveoli*) sowie die Schneidezähne (it. *denti*), während Gaumensegel/Velum (it. *velo*) = weicher Gaumen (it. *palato molle*), Zäpfchen/Uvula (it. *uvula*), Zunge (it. *lingua*) – bestehend aus der Spitze (it. *punta, àpice*) und dem Saum (it. *corona*) –, Lippen (it. *labbra*) und Unterkiefer (it. *mascella*) die Artikulatoren sind. Man unterscheidet im Rahmen der artikulatorischen Phonetik, die bisweilen auch als genetische Phonetik bezeichnet wird, zwischen den drei grundlegenden Funktionskreisen Atmung (= *Initiator*), Phonation (= *Generator*) und Artikulation (= *Modifikator*).

3.1.3.1.2. Atmung und Phonation

3.1.3.1.2.1. Atmung

Unter *Atmung* (it. *respirazione*) im biologischen Sinne versteht man die Aufnahme molekularen Sauerstoffs, seinen Transport in die Zellen und seine Reduktion zu Wasser in der Atmungskette, sowie die Produktion und die Abgabe von Kohlendioxid. Atmung ist die Grundvoraussetzung für das Sprechen (vgl. Schmid 1999, 29).

3.1.3.1.2.2. Phonation

Unter *Phonation* (it. *fonazione*) ist der Vorgang der kontrollierten Stimmtonerzeugung durch die im Kehlkopf (gr. *Larynx* – it. *laringe*)[4] befindlichen Stimmlippen (it. *corde vocali*) zu verstehen (vgl. Schmid 1999, 28–33). Der Kehlkopf ist ein System von Knorpeln, die durch Muskeln und Bänder miteinander verbunden sind. Hier trifft die ausströmende Luft zum ersten Mal auf eine körperliche Struktur, die – kurzfristig und willentlich gesteuert – die Durchflussmenge begrenzen kann. Meist entsteht diese Begrenzung der Flussmenge durch eine Verringerung des Durchmessers der Luftsäule. Solche Verengungen bzw. Behinderungen des Luftstroms sind die Voraussetzung für die Entstehung eines Schallsignals (it. *segnale sonoro*).[5] Die Stimmlippen (auch Stimmbänder oder Stimmfalten) sind das wichtigste Organ für den Phonationsprozess (it. *processo fonatorio*). Sie bestehen aus zwei Muskelfalten, die von einem gemeinsamen Ausgangspunkt an der Innenseite des vorderen Teils des Schildknorpels nach hinten bis zu den Vorderenden eines beweglichen pyramidenförmigen Knorpelpaars (Stellknorpel – it. *cartilagini artenoidi*) verlaufen. Sie sind sehr flexibel und können durch die Tätigkeit der mit ihnen verbundenen Knorpel und Muskeln verschiedene Gestalt annehmen.

---

[4] Die primäre biologische Funktion des Kehlkopfs ist allerdings nicht die Phonation, sondern die Kontrolle des Luftweges von außen zur Lunge und umgekehrt von der Lunge nach außen als Teil des Atmungsprozesses.
[5] Vgl. http://schreiben.sprachsignale.de/phonation.php.

Einige Positionen der Stimmlippen a = Okklusion (it. *occlusione*) b = Stimmlosigkeit (it. *sordità*) c = Stimmhaftigkeit (it. *sonorità*)	 (Zeichnung aus Canepari [1]1979, 12f.)

3.1.3.1.2.3. Stimmhaftigkeit und Stimmlosigkeit

Als Glottis/Stimmritze (it. *glo̱ttide*) bezeichnet man den Raum zwischen den beiden Stimmlippen und den Stellknorpeln. Am einfachsten lässt sich die Stellung der Glottis beim Atmen beschreiben. Sowohl die Stimmlippen als auch die Stellknorpel liegen in ihrer ganzen Länge auseinander, sodass ein Lungenluftstrom relativ ungehindert entweichen kann. Beim normalen Ausatmen liegen sie etwas enger beieinander als beim Einatmen. Die Stellung der Glottis ist bei stimmlosen Lauten die gleiche wie beim Ausatmen. Durch die beiden Phonationstypen Stimmhaftigkeit und Stimmlosigkeit werden zwei Klassen von phonetischen Segmenten definiert, und zwar die Klasse der stimmhaften sowie der stimmlosen Segmente.[6] Da auf der systematischen Ebene alle Segmente entweder stimmhaft oder stimmlos sind, können wir Stimmlosigkeit als Abwesenheit des Stimmtons definieren. Stimmhafte Laute werden dann durch das Merkmal [+ stimmhaft] beschrieben, stimmlose Laute durch das Merkmal [– stimmhaft].

3.1.3.1.2.4. Stimmeinsatzzeit

Man ging zunächst davon aus, dass phonetische Segmente entweder stimmhaft oder stimmlos sind. Von einem phonetischen Standpunkt (im engeren Sinne) aus betrachtet ist dies allerdings nicht ganz korrekt. Dies hängt mit der Stimmeinsatzzeit (engl. *voice onset time* – VOT[7]) zusammen (vgl. Schmid 1999, 61). Man versteht darunter die Zeit, die vom Beginn eines Verschlusslautes bis zum Einschwingen der Stimmlippen, d.h. bis zur Bildung des Vokals, vergeht. Die Begriffe stimmhaft (it. *sonoro*) und stimmlos (it. *sordo*) beziehen sich auf spezifische Zustände der Stimmlippen während der Artikulation eines Lautes. Die Dauer dieser Zustände muss jedoch nicht unbedingt mit den Segmentgrenzen zusammenfallen, mit anderen Worten, eine Periode der Stimmhaftigkeit oder auch der Stimmlosigkeit kann länger oder kürzer sein als die Länge eines Segmentes. Bei Konsonant-Vokal-Silben entsteht in der Abfolge von Plosiv und dem nachfolgenden Vokal eine Pause, über deren Dauer wir den betreffenden Konsonanten als stimmhaft oder stimmlos bestimmen können. Wenn sich die Stimmfalten dabei nur während eines Teils der Artikulation in Stimmstellung bzw. umgekehrt in Atemstellung

---

[6] Vgl. hierzu auch http://www.christianmariaschmidt.de/Lehre_/Scripte/Script_-_Anatomie_ und_Physiologie.pdf.

[7] Der Ausdruck könnte im Italienischen mit *tempo di attacco della sonorità* wiedergegeben werden. Üblich ist allerdings nur das englische Kürzel VOT.

befinden, dann ist das betroffene Segment nur partiell stimmhaft (bzw. stimmlos). Anlautendes deutsches [b] bspw. ist lediglich teilweise stimmhaft, während das entsprechende italienische [b] immer voll stimmhaft ist. Durch den Begriff der Stimmeinsatzzeit lässt sich auch das Phänomen der Aspiration (it. *aspirazione*) erklären. Es handelt sich hierbei um eine Phase der Stimmlosigkeit unmittelbar nach der Lösung eines Verschlusses, d.h. die Stimmfalten beginnen erst eine Weile nach der Verschlusslösung wieder zu schwingen. Im Deutschen sind bspw. die stimmlosen Plosivlaute [p], [t], [k] im Silbenanlaut vor betontem Vokal aspiriert ([p^h], [t^h], [k^h]).[8] Dieses Phänomen sollte bei der Artikulation des Italienischen vermieden werden.

3.1.3.2. Das Lautinventar der italienischen Standardsprache

3.1.3.2.1. Der italienische Vokalismus

Vokale (it. *vocali, vocoidi*) entstehen beim Entweichen der Atemluft durch den Mund (sowie bei Nasalvokalen zusätzlich durch die Nase) bei gleichzeitigem Vibrieren der Stimmlippen (Stimmbänder) (vgl. Schmid 1999, 40–51). Die einzelnen Vokalqualitäten (it. *qualità vocaliche*), d.h. die Öffnungsgrade, werden hervorgerufen durch unterschiedlich starkes Anheben der Zunge und ihr Verschieben nach vorn zum Palatum (harter Gaumen) bzw. nach hinten zum Velum (weicher Gaumen). Daher wird zwischen Palatal- und Velarvokalen unterschieden. Je nach der Form, welche die Lippen bei der Realisierung der Vokale annehmen, handelt es sich um gerundete oder gespreizte Vokale. Außerdem spielt der Grad der Mundöffnung (Kiefernwinkel) eine Rolle (offen vs. geschlossen). Das Merkmal-Paar gespreizt/gerundet ist redundant, denn im Italienischen sind alle palatalen Vokale gespreizt und alle velaren gerundet. Die Vokale lassen sich vereinfachend in Form eines Dreiecks (it. *triangolo vocalico*) darstellen.

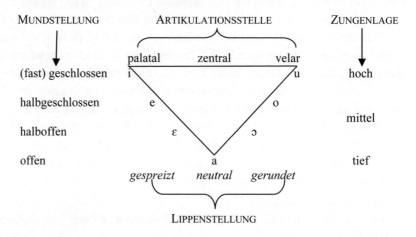

---

[8] Vgl. http://www.fb10.uni-bremen.de/khwagner/phonetik/kapitel4.aspx.

3.1.3.2.1.1. Halbvokale

Halbvokale (it. *semivocali*) bzw. Halbkonsonanten (it. *semiconsonanti*) entstehen durch eine Konstriktion, die enger ist als bei der Bildung normaler Vokale. Die Erzeugung der Laute erfolgt durch die Verengung einiger Organe im Mundraum, indem sich die Lippen oder die Zunge an die Zähne, an den Zahndamm oder an den harten Gaumen annähern. Allerdings genügt diese Konstriktion nicht, um einen echten Frikativ (Reibelaut) zu erzeugen. Halbvokale werden daher auch als Approximanten (it. *approssimanti*) bezeichnet.

3.1.3.2.1.2. Diphthonge, Triphthonge und Hiat

Zum Vokalsystem des Italienischen gehören ferner einige Diphthonge (it. *dittonghi* – gr. δίφθογγος – ‚mit zwei Lauten'), d.h. Doppellaute, bei denen jeweils ein Vokal und ein Halbvokal/Halbkonsonant zusammen in einer Silbe artikuliert werden.

Es wird dabei zwischen fallenden (it. *dittonghi discendenti*) und steigenden Diphthongen (*dittonghi ascendenti*) unterschieden. Bei den *fallenden Diphthongen* geht der Vokal dem Halbvokal (Wiedergabe durch i̯ und u̯) voran, z.B. [ai̯] *avrai*, [ei̯] *dei* [εi̯] *direi*, [oi̯] *voi*, [ɔi̯] *poi*, [au̯] *pausa*, [eu̯], *Europa* [εu̯] *feudo*. Bei den *steigenden Diphthongen* folgt der Vokal dem Halbkonsonanten (Wiedergabe durch j und w), z.B. [ja] *piano*, [je] *ateniese*, [jε] *piede*, [jo] *fiore*, [jɔ] *piove*, [ju] *più*, [wa] *guado*, [we] *quello*,[wε] *guerra*, [wi] *qui*, [wo] *liquore*, [wɔ] *nuoto*.[9]

Die Verbindung von drei vokalischen Elementen nennt man *Triphthong* (it. *trittongo*), z.B. [wɔi̯] *buoi*, [wai̯] *guai*, [jεi̯] *miei*, [jwɔ] *aiuola*.

Von einem *Hiat*[10] (it. *iato*) spricht man dann, wenn zwischen zwei Vokalen eine Silbengrenze liegt: [i'ɔ] *piolo*, [i'u] *Friuli*, [e'a] *beato*, [e'o] *beone*, [e'u] *reuccio*, [a'i] *Caino*, [a'e] *paese*, [a'ε] *aereo*, [a'a] *Sahara*, [a'ɔ] *Aosta*, [a'u] *paura*, [o'ε] *Noè*, [o'ɔ] *coopero*, [u'i] *Luigi*.

3.1.3.2.2. Der italienische Konsonantismus

Ein Konsonant (it. *consonante*) ist ein Laut, dessen Artikulation durch eine Verengung des Stimmtrakts zustande kommt, sodass der Atemluftstrom dabei ganz oder teilweise blockiert wird (vgl. Grassegger 1986, 75–95; Schmid 1999, 51–65).

---

[9] Die Transkription ist in der Fachliteratur allerdings nicht einheitlich geregelt. So findet man zur Kennzeichnung von Halbvokalen auch die Zeichen [j] und [w] bzw. [i̯] und [u̯] zur Markierung von Halbkonsonanten.
[10] Vokalzusammenstoß.

	ARTIKULATIONSORT												
ARTIKULA-TIONSART	Bilabial		Labio-dental		Dental		Alveo-lar		Prä-palatal		Palatal		Velar	
	stl	sth	stl	sth	stl	sth	stl	sth	stl	sth	stl	sth	stl	sth
Nasal		m		ɱ				n				ɲ		ŋ
Okklusiv	p	b			t	d							k	g
Frikativ			f	v	s	z			ʃ					
Affrikate					ts	dz			tʃ	dʒ				
Vibrant								r						
Lateral								l				ʎ		
Approximant												j		w

Die Konsonanten lassen sich nach Artikulationsart (it. *modo di articolazione*) und Artikulationsort (it. *luogo di articolazione*) klassifizieren (vgl. Schmid 1999, 3).

(1) *Artikulationsart*

- *Okklusive* (auch Verschlusslaute oder Plosive – it. *occlusive*) entstehen durch die Blockierung des Atemluftstroms. Durch die anschließende Wiederfreisetzung des angestauten Luftstroms kommt es zu einer kleinen Explosion. Sie sind stimmlos ([p] *piano*, [p:]/[pp] *pappa*, [t] *totale*, [t:]/[tt] *fatto*, [k] *caro, chi, che*, [k:]/[kk] *piccolo*) oder stimmhaft ([b] *bianco*, [b:]/[bb] *fabbro*, [d] *dare*, [d:] /[dd] *addosso*, [g] *gatto*, [g:]/[gg] *aggredire*).

- *Frikative/Reibelaute* (it. *fricative*) entstehen durch die Bildung einer Engestelle im Mund, durch welche die Luft ausströmt. Sie können stimmlos ([f] *fare*, [f:]/[ff] *baffi*) oder stimmhaft ([v] *volare*, [v:]/[vv] *avvocato*, [s:]/[ss] *rosso*, [z] *rosa*, [ʃ] *scimmia*, [ʃ:]/[ʃʃ] *guscio*) sein.

- *Affrikaten* (it. *affricate*) stellen eine Verbindung aus Okklusiv (Plosiv) und Frikativ dar, wobei die Plosion dabei direkt in den Frikativ übergeht. Sie können ebenfalls stimmlos ([tʃ] *cena*, [t:ʃ] *cacciare, eccezione*, [ts] *zoccolo*, [t:s] *pizza*) oder stimmhaft ([dʒ] *giù, gente*, [d:ʒ] *oggi, leggere*, [dz] *zelare*, [d:z] *mezzo*) sein.

- *Nasale* (it. *nasali*) kommen durch die Erzeugung eines oralen Verschlusses zustande. Dabei senkt sich das Velum und die Luft strömt größtenteils durch die Nase aus ([m] *mano*, [m:]/[mm] *mamma*, [ɱ] *anfibio*, [n] *nano* [n:]/[nn] *nonna*, [ŋ] *fango*, [ɲ] *gnomo*, [ɲ:] *bagno*).

- *Vibranten* (it. *vibranti*) stellen eine Verbindung zwischen einem Plosiv mit einem Frikativ dar. Die Plosion geht dabei direkt in den Frikativ über: [r] *caro*, [r:]/[rr] *carro*.

- *Laterale* (it. *laterali*) sind durch Engebildung entlang des Zungenmuskels gebildete Laute ([l] *palo*, [l:]/[ll] *palla*).

(2) *Der Artikulationsort*

- *Alveolare* (it. *alveolari*) sind mittels der Zunge am oberen Zahndamm gebildete Laute ([n] *nano*, [n:]/[nn] *nonna*, [r] *caro* [r:]/[rr] *carro*, [s:]/[ss] *rosso*, [z] *rosa*).

- *Bilabiale* (it. *bilabiali*) sind mit beiden Lippen erzeugte Laute ([p] *piano*, [p:]/[pp] *pappa*, [m] *mano* [m:]/[mm] *mamma*).

- *Dentale* (it. *dentali*) sind mit den Zähnen und der Zungenspitze [*apiko-dental*] gebildete Laute ([t] *totale*, [t:]/[tt] *fatto*, [d] *dare*, [l] *palo*, [l:] *palla*, [d:]/[dd] *addosso*, [dz] *zelare*, [d:z] *mezzo*, [ts] *zoccolo* [t:s] *pizza*).

- *Labiodentale* (it. *labiodentali*) sind mit Lippen und Zähnen gebildete Laute ([f] *fare*, [f:]/[ff] *baffi*, [v] *volare*, [v:]/[vv] *avvocato*, [ɱ] *anfibio*).

- *Palatale* (it. *palatali*) sind Laute, die durch den direkten Kontakt der Zunge mit dem vorderen harten Gaumen oder durch Annäherung der Zunge an diesen gebildet werden ([ɲ] *gnomo*, [ɲ:] *bagno*).

- *Postalveolare* (it. *postalveolari*) sind hinter dem Zahnfach gebildete Laute ([ʃ] *scimmia*, [ʃ:]/[ʃʃ] *guscio*, [tʃ] *cena*, [t:ʃ] *cacciare, eccezione*, [dʒ] *giù, gente*, [d:ʒ] *oggi, leggere*).

- *Velare* (it. *velari*) sind Laute, die gebildet werden, indem der hintere Zungenrücken am weichen Gaumen bzw. am Gaumensegel einen vollständigen Verschluss bildet ([ŋ] *fango*, [k] *caro, chi, che*, [k:]/[kk] *piccolo*, [g] *gatto*, [g:]/[gg] *aggredire*).

Eine Besonderheit des Italienischen sind die *Geminaten* (it. *geminate*), die wohl unter dem Einfluss der Orthographie (*bello, anno* etc.) oftmals nicht ganz korrekt als Doppelkonsonanten (it. *consonanti doppie*) bezeichnet werden. Es handelt sich nämlich nicht um die Aufeinanderfolge zweier identischer Konsonanten, sondern vielmehr um die Längung ein- und desselben Konsonanten. In der Sekundärliteratur werden die Geminaten auf unterschiedliche Art und Weise transkribiert ([b:] oder [bb], [p:] oder [pp]). Als einziger Konsonant kann stimmhaftes [z] nicht gelängt werden, während [ɲ], [ʎ], [ʃ], [ts] und [dz] in intervokalischer Position automatisch geminiert werden, was allerdings keine Entsprechung auf orthographischer Ebene hat (*segno* [ˈseɲɲo]/[ˈseɲ:o]; *asciutto* [aʃˈʃutto]/[aʃˈ:ut:o]; *figlio* [ˈfiʎʎo]/[ˈfiʎ:o]; *mazzo* [ˈmattso]/[ˈmat:so]); *mezzo* [ˈmeddzo]/[ˈmed:zo]. Ein weiteres wichtiges Merkmal der italienischen Standardsprache (sowie zahlreicher italoromanischer Dialekte) ist die sogenannte *phonosyntaktische Verdoppelung* (it. *raddoppiamento* oder *rafforzamento fonosintattico*), bei der bestimmte Wörter eine Verstärkung des folgenden Konsonanten bewirken. Dieses Phänomen wird durch bestimmte Wörter verursacht, und zwar durch alle betonten einsilbigen Wörter, die nur aus einem Vokal bestehen oder auf Vokal enden (*è, e, o, a, da, fra, che, se, ma, più, può, me, te, sé, ciò, no, sì, già, giù, là, lì, qua, qui, né* etc. – *andiamo a casa* [anˈdja:mo akˈka:sa]), alle mehrsilbigen Wörter, deren Auslautvokal betont ist (*Roma è una città bellissima* [ˈroma ˈɛ ˈu:na tʃitˈtabbelˈlissima]) sowie durch zahlreiche zweisilbige Wörter, die auf der vorletzten Silbe betont werden (*Come va?* [ˈkomevˈva]). Artikel (*il, lo, la* etc.), klitische Pronomina (*mi, ti, lo* etc.) sowie verschiedene Partikeln verursachen hingegen keine phonosyntaktische Verdoppelung. Die Verdoppelung kommt in der modernen Rechtschreibung (im Gegensatz zur mittelalterlichen Schreibpraxis) zwar nicht mehr zum Ausdruck (d.h. *a casa*, nicht **a ccasa*), wohl aber in der Orthographie lexikalischer Einheiten, die aufgrund dieses Phänomens zustande gekommen sind (z.B. *da + vero > davvero, si + come > siccome*).

3.1.4. Akustische Phonetik

In der eher philologisch orientierten romanischen Sprachwissenschaft in Deutschland findet diese Teildisziplin kaum Beachtung. Interessant ist daher in diesem Zusammenhang ein akustischer Ansatz im Zusammenhang mit der Erforschung italienischer Varietäten, wie z.B. in der von Agostino Regnicoli herausgegebenen Studie *La fonetica acustica come strumento di analisi della variazione linguistica in Italia* (2002). Bei der akustischen Phonetik (it. *fonetica acustica*) handelt es sich um eine empirische Untersuchung der Lauterzeugung auf der Basis naturwissenschaftlicher Methoden mithilfe von Messgeräten. Zwischen sämtlichen Sprachlauten bestehen physikalische Unterschiede. Bei der Aufzeichnung von Messdaten kommen spezielle elektroakustische Registrier- und Speichergeräte zum Einsatz. Hierzu gehörten früher vor allem Oszillograph (it. *oscillografo*) und Spektrograph (it. *spettrografo*), während es heute spezielle Software dafür gibt. Akustische Sprachsignale werden in Form von sogenannten Spektrogrammen (it. *spettrogrammi*) dargestellt, mithilfe derer das Sprachsignal anhand seiner Schalleigenschaften beschrieben werden kann. Bei der menschlichen Sprache bestimmt die Lage von sogenannten *Formanten*[11] (it. *formanti*), d.h. die Konzentration von akustischer Energie in einem bestimmten Frequenzbereich, die Bedeutung bestimmter Laute. Sie sind die Sprachsignalmerkmale für Vokale. Jeder Vokal verfügt über ein spezifisches Frequenzen- und Intensitätenmuster und lässt sich daher mithilfe eines Schallspektrogramms darstellen. Schnelle Änderungen am Anfang oder Ende eines Formanten werden als *Formanttransienten* (it. *transizioni formantiche*) bezeichnet. Sie konstituieren die Sprachsignalmerkmale für die Konsonanten. Der Formanttransient für den Konsonanten variiert allerdings in Abhängigkeit davon, welche Laute ihm folgen. Die wahrgenommene Tonhöhe wird von der Frequenz bestimmt. Der Formant mit der niedrigsten Frequenz wird als F1 bezeichnet, gefolgt von F2 und F3, die jeweils eine höhere Frequenz aufweisen. Anhand der ersten beiden Formanten im Vokaldreieck (im Italienischen und Spanischen) bzw. im Vokaltrapez (im Deutschen und Französischen) lassen sich alle Vokale eines Lautsystems voneinander unterscheiden.

3.1.5. Auditive Phonetik

Bei der auditiven Phonetik (it. *fonetica uditiva*) handelt es sich um perzeptuelle Phonetik, welche die physiologischen Vorgänge beim Hören untersucht (vgl. Grassegger 1986, 21–67). Die Verarbeitung akustischer Sprachsignale geschieht in zwei Hauptschritten, und zwar in Form der Wandlung und Vorverarbeitung sowie der eigentlichen Verarbeitung. Das akustische Signal (it. *segnale acustico*) wird zunächst durch den Gehörgang und das Mittelohr zum Innenohr geleitet. Es wird im Innenohr in Nervenimpulse umge-

---

[11] Der Terminus wurde 1929 von Erich Schumann (1889–1985) in seiner Habilitationsschrift *Physik der Klangfarben* eingeführt.

wandelt und gelangt zur Vorverarbeitung und Weiterleitung zum Gehirn. Die Verarbeitung des Sprachsignals im Gehirn vollzieht sich in drei Schritten: die phonetische Verarbeitung mit Signalanalyse und Extraktion phonetischer Merkmale, die phonologische Analyse in Form von Diskrimination und Identifikation von Lauten, Silben und Wörtern sowie die syntaktische und semantische Analyse. Die Wahrnehmung (it. *percezione*) gesprochener Sprache (*auditive Sprachwahrnehmung*) unterscheidet sich von der Wahrnehmung nicht sprachlicher Signale (z.B. Musik oder Umweltgeräusche) insbesondere durch den Effekt der Kategorialität (= *kategoriale Sprachwahrnehmung*). Der Hörer nimmt stets eine aktive Rolle ein, denn er ist durch Aufmerksamkeitsprozesse in der Lage, seine Wahrnehmung gezielt zu beeinflussen, d.h. er ist grundsätzlich frei in der Entscheidung, auf welches Hörobjekt er seine Aufmerksamkeit gerade richtet. Jedes wahrgenommene Objekt innerhalb eines Hörstroms ist erreichbar für den sogenannten *Aufmerksamkeitsfokus*. Der Hörer ist allerdings nicht in der Lage, gleichzeitig mehr als ein Objekt zu fokussieren. Es gibt jedoch Situationen, in denen der Hörer seine Aufmerksamkeit zwischen mehreren Objekten aufteilen kann. Im Zusammenhang mit der auditiven Phonetik muss auf den multimodalen Charakter (it. *carattere multimodale*) der Sprachwahrnehmung hingewiesen werden, im Rahmen dessen Hören und Sehen bei der Sprachwahrnehmung integriert werden. So kann sich die Wahrnehmung von Lauten ändern, je nachdem, ob man die Lippen des Sprechers beobachtet oder nicht. Dieser Einfluss des Sehens auf die Sprachwahrnehmung wird auch als *McGurk-Effekt* (it. *effetto McGurk*) bezeichnet.[12] Die visuellen Informationen des Lippenlesens aktivieren offensichtlich das auditive System, allerdings ohne dass dabei automatisch akustische Informationen aufgenommen werden. Dies könnte ein Hinweis auf eine bestehende Relation zwischen visuellem System auf der einen Seite und Sprachwahrnehmung auf der anderen sein. Die Auswertung von Sprachsignalen im menschlichen Hörsystem wird durch kognitive Prozesse unterstützt. Die Sprachwahrnehmung kann somit als Ergebnis aus dem Zusammenspiel von semantischem und syntaktischem Vorwissen auf der einen Seite und der Verarbeitung akustischer sprachlicher Signale auf der anderen aufgefasst werden.

3.2. Phonologie

3.2.1. Untersuchungsgegenstand der Phonologie

Im Gegensatz zur naturwissenschaftlich operierenden Phonetik handelt es sich bei der Phonologie (auch Phonematik) um eine linguistische Teildisziplin, die sich vornehmlich mit den bedeutungsunterscheidenden Sprachlauten im Zusammenhang mit deren Eigenschaften und Relationen beschäftigt (vgl. Nespor 1993, 19ff.; Linke/Nussbau-

---

[12] Im Jahre 1976 publizierten Harry McGurk und John MacDonald den Artikel „Lips and Seeing Voices" (vgl. auch http://psicocafe.blogosfere.it/2007/09/sentire-con-gli.html).

mer/Portmann ⁵2004, 484–495). Man unterscheidet segmentale, suprasegmentale und autosegmentale Phonologie.

Die *segmentale Phonologie* (it. *fonologia segmantale*), die bisweilen auch als *lineare Phonologie* (it. *fonologia lineare*) bezeichnet wird, untersucht das lautliche System einer gegebenen Sprache, zu dem bspw. die Phoneme (Segmente) gehören (vgl. Schmid 1999, 69–77; 127–156).

Die *suprasegmentale Phonologie* (it. *fonologia suprasegmentale*) hingegen befasst sich mit bestimmten Eigenschaften des Sprechakts, welche die segmentalen Merkmale lautübergreifend überlagern. Ihr primärer Untersuchungsgegenstand sind Silben sowie phonologische Wörter und Phrasen. In der suprasegmentalen Phonologie spielt ferner die Untersuchung sogenannter akustischer Parameter (d.h. Grundfrequenz F0, Intensität und Dauer) eine wichtige Rolle.

Die *autosegmentale Phonologie* (it. *fonologia autosegmentale/multilineare*), die von Goldsmith (1979) entwickelt wurde, basiert auf der Anordnung der Merkmale in unabhängigen Schichten (engl. *tiers*). Die segmentalen Merkmale bilden die Segmentschicht, die Tonmerkmale eine davon unabhängige Tonschicht (hohe Töne = H, tiefe Töne = L). Die Elemente beider Schichten werden über sogenannte Assoziationslinien verbunden. Das (vokalische) Segment, das mit einem Ton verbunden ist, wird als tontragendes Element (engl. *tone bearing unit* – it. *portatore di tono*) bezeichnet (vgl. Nespor 1993, 103–128).

3.2.2. Wissenschaftsgeschichtlicher Überblick der Phonologie

3.2.2.1 Phonologische Gedanken vom 15. bis zum 19. Jahrhundert

Es sei an dieser Stelle darauf hingewiesen, dass bereits lange vor der Etablierung der Phonologie, die sich mit der bedeutungsunterscheidenden Funktion von Lauten befasst (→ Kap. 3.2.2.2.1), in der italienischen Grammatikographie *ante litteram* mit *Minimalpaaren* gearbeitet wurde. Die ersten Hinweise auf die bedeutungsunterscheidende Funktion von Lauten finden wir bereits bei dem humanistischen Gelehrten Leon Battista Alberti. Er verwendet im Kapitel *Ordine delle lettere* seiner *Grammatichetta* (ca. 1435) diakritische Zeichen zur Unterscheidung von offenen und geschlossenen Vokalen und bildet Beispielsätze mit orthographisch mehrdeutigen Wörtern, in denen mit dem phonologischen Unterschied der betreffenden Vokale gespielt wird.[13] Im 16. Jahrhundert versuchte Gian Giorgio Trissino (→ Kap. 4.3.2.2), offenes und geschlossenes *e* und *o* sowie stimmhaftes und stimmloses *s* mithilfe griechischer Buchstaben zu kennzeichnen. Sein Modell präsentierte der Gelehrte in seiner Schrift *Epistola de le lettere nuovamente*

---

[13] Zum Beispiel *io ripŏsi el uino* vs. *tu ripósi l'animo*.

aggiunte ne la lingua italiana (1524).[14] Die Problematik der Wörter, die sich semantisch durch den Öffnungsgrad von Vokalen unterscheiden, wird auch in Schulgrammatiken des 19. Jahrhunderts behandelt, so etwa in Giuseppe Caleffis *Grammatica della lingua italiana* (1832) unter dem Titel „Voci equivoche per la pronunzia aperta o chiusa dell'*e*" und „Voci equivoche per la pronunzia aperta o chiusa dell'*o*" (21–25).[15]

3.2.2.2. Von der strukturalistischen Phonologie zur generativen Phonologie

3.2.2.2.1. Strukturalistische Phonologie

Die Phonologie stellt den ältesten Zweig der strukturellen Linguistik dar und hat sich zu Beginn des 20. Jahrhunderts durch die Arbeiten des im Jahre 1926 gegründeten Prager Linguistenkreises (it. *circolo linguistico di Praga*) neben der Phonetik als selbstständige sprachwissenschaftliche Teildisziplin herausgebildet. Treibende Kraft hierbei war vor allem der im Exil lebende Russe Nikolai Trubetzkoy[16] (1890–1938), der die neue sprachwissenschaftliche Theorie in seinem Werk *Grundzüge der Phonologie* dargelegt hat (vgl. Uguzzoni 1978, 8–17; Nespor 1993, 51; Schmid 1999, 20f.). Traditionellerweise wurden in der phonologischen Forschung Vokal- und Konsonantenphoneme in getrennten Systemen behandelt. Im Rahmen der Merkmalphonologie hingegen sollten nun alle Phoneme einer Sprache innerhalb eines einzigen Systems beschrieben werden. Jakobson/Halle (1952) bspw. stellten eine Menge von insgesamt zwölf distinktiven Merkmalen auf, die auf auditiven und akustischen Kriterien beruhten (vgl. Nespor 1993, 51f.). Bei der Anwendung strukturalistischer Methoden in Bezug auf die phonologische Untersuchung des Italienischen ist besonders die Rolle des kroatischen Linguisten Žarko Muljačić hervorzuheben.[17] Er brachte 1964 auf Kroatisch eine Einführung in die allgemeine und italienische Phonologie heraus. Diese erschien dann 1969 unter dem Titel *Fonologia generale e fonologia della lingua italiana* in italienischer Übersetzung. Es folgten eine *Fonologia italiana* (1972) sowie eine *Fonologia generale* (1973).

---

[14] „Le lettere, adunque, che io primamente aggiunsi a l'alphabeto, furono ε aperto εt ω apertω. ε questo feci, perciò che, εsseεndo in *e* εt *o* lettere vocali due pronutie, l'una più piccola ε più chiusa ω vero più piccola ε più obtusetta chε l'altra […]." (zit. nach Pozzi 1988, 95–116).
[15] In Form einer Wortliste werden Minimalpaare gegenübergestellt, z.B. *accórre* (da *accorrere*) – *accòrre* (abbrev. di *accogliere*), *bótte* (*vaso*) – *bòtte* (*percosse*) oder *póppa* (*parte di nave*) – *pòppa* (*mammella*).
[16] Die im Italienischen bevorzugte Schreibweise lautet *Trubeckoj*.
[17] Vgl. auch die umfassende Würdigung in Gauger/Windisch/Oesterreicher 1981, 240–257.

3.2.2.2.2. Generative Phonologie

In den 1960er-Jahren wurde eine von der Generativistik beeinflusste Richtung phonologischer Analyse entwickelt (vgl. Linke/Nussbaumer/Portmann ⁵2004, 496–501). Die generative Phonologie (it. *fonologia generativa*) steht in direktem Zusammenhang mit der Etablierung der generativen Transformationsgrammatik (vgl. Uguzzoni 1978, 48–56, 118–126). Die neue Theorie wurde in dem 1968 erschienenen Werk *The Sound Patterns of English* von Noam Chomsky und Morris Halle einem größeren Publikum zugänglich gemacht (vgl. Nespor 1999, 21, 79–85; Schmid 1999, 21–24, 79–85). Die beiden amerikanischen Linguisten versuchen, eine einheitliche Charakterisierung von Vokalen und Konsonanten vorzunehmen und gehen dabei von einer Normalposition der Sprechwerkzeuge aus, welche sie als neutrale Stellung bezeichnen. Diese bezieht sich auf die Position, in der sich die Sprechwerkzeuge befinden, bevor die lautliche Artikulation einsetzt.

3.2.3 Begriffe und Methoden der strukturalistischen Phonologie

3.2.3.1. Phonem

Der zentrale Begriff der strukturalistischen Phonologie (auch segmentale Phonologie) ist das Phonem (it. *fonema*), die kleinste bedeutungsunterscheidende Einheit einer Sprache (vgl. Nespor 1993, 44–47; Schmid 1999, 69–72). Phoneme werden in der Regel mithilfe des *Internationalen Phonetischen Alphabets* (*IPA*) dargestellt. Zur Abgrenzung von *Phonen* (it. *foni*), den konkreten Realisierungen eines Phonems, die in eckige Klammern gesetzt werden (z.B. „[p]"), markiert man Phoneme mit Schrägstrichen (z.B. „/p/"). Das Italienische besitzt sieben Vokalphoneme (/a/, /e/, /ɛ/, /i/, /o/, /ɔ/, /u/) sowie einundzwanzig Konsonantenphoneme (/b/, /k/, /tʃ/, /d/, /f/, /g/, /dʒ/, /l/, /ʎ/, /m/, /n/, /ɲ/, /p/, /r/, /s/, /z/, /ʃ/, /t/, /v/, /ts/, /dz/). Hinzu kommen die beiden Approximanten /j/ und /w/. Phoneme werden durch sogenannte *Minimalpaare* (it. *coppie minime*) im Rahmen einer *Kommutationsprobe* (it. *prova di commutazione*) ermittelt, um zu überprüfen, ob durch die Ersetzung eines Lautes eine Bedeutungsänderung des gesamten Wortes bewirkt wird oder nicht, z.B.:

/i/	/e/	/sino/	/seno/	sino ‚bis'	seno ‚Busen'
/i/	/u/	/mito/	/muto/	mito ‚Mythos'	muto ‚stumm'
/e/	/ɔ/	/pelo/	/pɔlo/	pelo ‚Haar'	polo ‚Pol'
/ɛ/	/a/	/bɛllo/	/ballo/	bello ‚schön'	ballo ‚Tanz'
/a/	/ɔ/	/kasa/	/kɔsa/	casa ‚Haus'	cosa ‚Sache'
/o/	/u/	/foga/	/fuga/	foga ‚Eifer'	fuga ‚Flucht'

Auch offenes und geschlossenes /e/ sowie /o/ haben im Italienischen Phonemcharakter, allerdings nur in betonter Stellung. Insgesamt ist die Zahl derartiger Fälle allerdings sehr gering, z.B.:

| /ɛ/ | /e/ | /pɛska/ | /peska/ | pesca ‚Pfirsich' | pesca ‚Fischfang' |
| /ɔ/ | /o/ | /vɔlto/ | /volto/ | volto ‚Antlitz' | volto ‚umgedreht' |

Kommutationsproben lassen sich auch auf konsonantischer Ebene durchführen, z.B.:

/l/	/r/	/lana/	/rana/	lana ‚Wolle'	rana ‚Frosch'
/p/	/k/	/pane/	/kane/	pane ‚Brot'	cane ‚Hund'
/b/	/p/	/banka/	/panka/	banca ‚Geldinstitut'	panca ‚Schulbank'
/t/	/f/	/testa/	/festa/	testa ‚Kopf'	festa ‚Feier'

3.2.3.2. Allophon

Ein Phonem kann unter Umständen durch verschiedene Sprachlaute realisiert werden, wobei zwischen freier und kombinatorischer Variation unterschieden wird (vgl. Schmid 1999, 72–75). Die freie oder kombinatorische Variante eines Phonems nennt man *Allophon* (it. *allofono*). Bei der freien Variation handelt es sich aus phonologischer Sicht um gleichberechtigte Realisationen eines Phonems, z.B. das im Italienischen geläufige Zungenspitzen-*r* [r] und das unübliche Zäpfchen-*r* [ʁ] (wie z.B. im Französischen). Die Vertauschung der beiden Varianten führt zu keinerlei Bedeutungsänderung. So macht es keinen semantischen Unterschied ob man *rana* ‚Frosch' als [ˈrana] oder [ˈʁana] artikuliert. Bei der kombinatorischen oder stellungsbedingten Variation hingegen treten die Varianten in Abhängigkeit von ihrer jeweiligen lautlichen Umgebung auf. So ist bspw. der velare Nasallaut [ŋ] ein Allophon des Phonems /n/, das im Kontakt mit [g] und [k] auftritt (z.B. *panca* [ˈpaŋka]; *valanga* [vaˈlaŋga]). Es unterscheidet sich phonetisch vom alveolaren [n] in *pane* [ˈpaːne]. Ein stellungsbedingtes Allophon der Phoneme /m/ und /n/ ist [ɱ], das vor [b], [p] und [f] auftritt (z.B. *in pace* [iɱˈpatʃe]).

3.2.3.3. Distinktive Merkmale

Muljačić stützt sich im Wesentlichen auf die Theorie der distinktiven Merkmale von Roman Jakobson. In der *Fonologia generale e fonologia della lingua italiana* (1969) wird zur *fonologia della parola* eine *fonologia dell'enunciato* sowie eine *fonologia del suono* neu konzipiert. Von großer Bedeutung ist dabei die streng binaristische Ausrichtung. So werden die für den Laut inhärenten distinktiven Merkmale (it. *tratti distintivi intrinseci*) und die prosodischen Merkmale (it. *tratti distintivi prosodici*) auf universell gültige binäre Oppositionen zurückgeführt. Die insgesamt 30 Phoneme des Italienischen stellt Muljačić mithilfe einer Matrix dar (vgl. hierzu auch Nespor 1993, 61), die auf insgesamt elf akustisch definierten distinktiven Merkmalpaaren (it. *tratti acustici binari*) basiert, und zwar: [± vokalisch (it. *vocalico*)]; [± konsonantisch (it. *consonantico*)]; [± nasal (it. *nasale*)]; [± kompakt (it. *compatto*)]; [± diffus (it. *diffuso*)]; [± dunkel (it. *grave*)]; [± hell (it. *acuto*)]; [± gespannt (it. *teso*)]; [± stimmhaft (it. *sonoro*)]; [± kontinuierlich (it. *continuo*)]; [± scharf (it. *stridulo*)]. Während die traditionelle Lautlehre Vokal- und Konsonantenphoneme in getrennten Systemen behandelte, werden in der Merkmalphonologie alle Phoneme einer gegebenen Sprache im Rahmen eines einzigen Systems beschrieben. So sind die Phoneme /l/, /ʎ/, /r/ in Bezug auf das Merkmal [vokalisch] in der Matrix mit „+" gekennzeichnet, ebenso in Bezug auf das Merkmal [konsonantisch]. Die Merkmale [vokalisch] und [konsonantisch] stellen sogenannte Hauptklassenmerkmale (engl. *major class features*) dar, die von Ternes (1999, 237) wie folgt charakterisiert werden: „Innerhalb dieser Hauptklassen stellen die Obstruenten das eine Extrem dar, indem sie als die ‚konsonantischsten' Laute gelten, die Vokale als die ‚vokalischsten' Laute das andere Extrem. Zwischen diesen Extremen gibt es andere Hauptklassen, z.B. Liquide, Gleitlaute [...]." Aus der Merkmalphonologie hat sich schließlich die generative Phonologie als selbstständiger linguistischer Zweig entwickelt.

3.2.4. Begriffe und Methoden der generativen Phonologie

3.2.4.1. Ermittlung distinktiver Merkmale auf phonetischer Grundlage

Wir hatten das Phonem als „die kleinste bedeutungsunterscheidende Einheit einer Sprache" definiert (← Kap. 3.2.3.1). Ternes (1999, 223) vermerkt zum Charakter des Phonems: „Daß es aber die kleinste distinktive Einheit der Sprache überhaupt ist, trifft heute nicht mehr ganz zu. Damit begeben wir uns allerdings in einen Grenzbereich der traditionellen Phonologie und stehen an der Schwelle einer ganz anderen Betrachtungsweise, nämlich der *generativen Phonologie*." Weiter hinten (231) wird diese Behauptung mit Blick auf Roman Jakobsons Weiterentwicklung von Trubetzkoys Phonembegriff auf der Grundlage distinktiver Merkmale von Phonemen wie folgt präzisiert: „Nicht mehr das Phonem war jetzt die kleinste distinktive Einheit, sondern das distinktive Merkmal. Jedes Phonem setzt sich aus einem Bündel von mehreren distinktiven Merkmalen zusammen." Ein Merkmal gilt dann als distinktiv, wenn es in der Lage ist, Phoneme zu unterscheiden. Ist dies nicht der Fall, wird es als redundant betrachtet. Es existieren grundsätzlich drei Arten der Ermittlung distinktiver Merkmale in Bezug auf die Phoneme einer Sprache, und zwar eine artikulatorische, eine akustische sowie eine auditive. Mit jeder der drei genannten Mengen von Merkmalen lassen sich die Sprachlaute natürlicher Sprachen beschreiben.

3.2.4.2. Das Prinzip der binären Oppositionen

Das von Jakobson/Halle (1956) in die Phonologie eingeführte und später von Chomsky/Halle (1968) ausgebaute Prinzip der binären Oppositionen basiert darauf, dass innerhalb des Systems jeweils nur zwei Alternativen in Bezug auf die distinktiven Merkmale möglich sind. Auch in der Wissenschaftsgeschichte der allgemeinen Lautlehre haben die verschiedenen Merkmale eine jeweils unterschiedliche Rolle gespielt. Die auditive Beschreibung von Sprachlauten (mit Klassifizierungen wie „hell" oder „dunkel") existierte auf impressionistischer Ebene bereits in vorwissenschaftlicher Zeit. Im Falle der Klassifizierung der Sprachlaute auf der Basis auditiver Kriterien im Rahmen der Merkmalphonologie geht es im Wesentlichen darum, wie die relevanten Aspekte des Schalls vom Hörer wahrgenommen werden. Das Merkmal [± dunkel] verkörpert bspw. die Alternative, ob der Laut relativ dunkel klingt oder nicht, während das Merkmal [± kontinuant] die Alternative darstellt, ob der Laut andauert (kontinuant) oder abrupt ist. Am Anfang der wissenschaftlichen Konstituierung der Phonetik, d.h. im ausgehenden 19. Jahrhundert, definierte man die Merkmale ausschließlich auf artikulatorischer Basis, wobei diese Praxis bis heute immer noch am weitesten verbreitet ist. Wenn die Sprachlaute nach artikulatorischen Gesichtspunkten klassifiziert werden, basieren die relevanten Merkmale auf der jeweiligen Phonations- und Artikulationsbewegung. So verkörpert bspw. das Merkmal [± stimmhaft] die Alternative, bei der Phonation entweder die Stimmbänder in Vibration zu versetzen oder auch nicht. Dementsprechend verkörpert das Merkmal [± nasal] die Alternative, bei der Artikulation entweder das Velum zu senken oder aber gehoben zu halten. Die Voraussetzungen für eine genaue Messung akustischer Eigenschaften entwickelten sich infolge des technischen Fortschritts erst gegen Mitte des 20. Jahrhunderts. Bei einer Klassifizierung der Sprachlaute nach akustischen Gesichtspunkten können die relevanten Merkmale der Schallwellen in Form von Oszillogrammen oder Sonagrammen dargestellt werden. So verkörpert etwa das Merkmal [± kompakt] die Alternative, ob F_1 und F_2 eng beieinanderliegen oder nicht. Das Merkmal [± sibilant] verkörpert wiederum die Alternative, ob F_4 im Bereich des Maximums liegt oder nicht.[18]

3.2.4.3. Die generative Phonologie am Beispiel des Italienischen

Chomsky/Halle (1968) nehmen – im Gegensatz zur traditionellen Phonologie – zunächst eine vierfache Differenzierung mithilfe der Merkmale „koronal – nicht koronal" sowie „anterior – nicht anterior" vor, die noch um die sogenannten Zungenrücken-Merkmale („hoch – nicht hoch" und „niedrig – nicht niedrig" sowie „hinten – nicht hinten)" ergänzt werden, welche Konsonanten und Vokale miteinander teilen. *Koronale Laute*

---

[18] Vgl. http://www.christianlehmann.eu/ling/lg_system/phon/index.html?http://www.christianlehmann.eu/ling/lg_system/phon/08_Phonet_Merkmale.html.

entstehen durch eine Anhebung des Zungenkranzes (lat. *corona*). Als koronal bezeichnet man die dentalen, alveolaren, palato-alveolaren, apikalen sowie die laminalen Laute. Bei nicht koronalen Lauten verbleibt der Zungenkranz in der sogenannten neutralen Position. *Anteriore Laute* kommen durch ein Hindernis vor der palato-alveolaren Zone zustande. Alle übrigen Laute können als nicht anterior bezeichnet werden. Die hohen Laute kommen durch das Anheben des Zungenrückens zustande. Bei den hinteren Lauten wird der Zungenrücken im Vergleich zur neutralen Position zurückgezogen.

Im Italienischen lässt sich mithilfe der Kriterien *koronal* [+ koronal] und *nicht koronal* [- koronal] folgende lautliche Klassifizierung vornehmen:

[+ koronal]:   {t, d, n, s, z, l, r, ʃ, tʃ, dʒ}
[- koronal]:   {p, b, f, v, m, j, w, k, g, ŋ} ∪ Vokale

Die Merkmale *anterior* [+ anterior] und *nicht anterior* [– anterior] ergeben im italienischen Lautsystem folgende Klassifizierung:

[+ anterior]:   {p, b, m, f, v, t, d, n, l, r, s, z}
[- anterior]:   {ʃ, tʃ, dʒ, k, g, ŋ, j, w} ∪ Vokale

Mithilfe der Kriterien *hoch* [+ hoch] und *hinten* [+ hinten] lassen sich im Italienischen folgende Laute erfassen:

[+ hoch]:   {ʃ, tʃ, dʒ, k, g, ŋ, j, w}
[+ hinten]:   {k, g, ŋ}

	anterior	koronal	hoch	hinten	niedrig
Bilabial	+	-	-	-	-
Labiodental	+	-	-	-	-
Dental	+	+	-	-	-
Alveolar	+	+	-	-	-
Palato-alveolar	-	+	+	-	-
Palatal	-	-	+	-	-
Velar	-	-	-	+	-
Uvular	-	-	-	+	-
Pharyngal	-	-	-	+	+
Glottal	-	-	-	-	-

Die generative Phonologie geht ferner davon aus, dass die Wörter im mentalen Lexikon aus sprachökonomischen Gründen auf eine Art und Weise gespeichert werden, die sich von der tatsächlichen Artikulation unterscheidet. Der Zusammenhang zwischen zugrunde liegender Repräsentation (it. *rappresentazione sottostante*) und lautlicher Oberfläche (it. *forma di superficie*), welche als Grundlage für die Aussprache des Wortes dient, soll mithilfe von sogenannten phonologischen Regeln (it. *regole fonologiche*) erfasst werden. Es handelt sich hierbei nämlich um systematische Veränderungen von

Phonemen, im Rahmen derer sich verwandte Oberflächenformen auf eine zugrunde liegende Form zurückführen lassen, was die Speicherung im sogenannten mentalen Lexikon erleichtert. Man spricht in diesem Zusammenhang auch von *Prozessphonologie*.

Ein phonologisches Phänomen besteht aus dem Wandel eines mit bestimmten Eigenschaften ausgestatteten Segments in einem bestimmten Kontext. Die Regeln werden mithilfe von Zeichen und Formeln dargestellt:

Die Darstellung von phonologischen Regeln	*Zeichenerklärung*
A → B / ___ Y A → B/ X ___ A → B/ X ___ Y *Grenzsymbole* $ = Silbengrenze + = Morphemgrenze # = Wortgrenze	– „A" zeigt das Segment an, das einen Wandel erfährt, während „B" das Ergebnis des Wandels darstellt. – Der Pfeil „→" bedeutet „wird zu". – Der Schrägstrich „/" steht für den Kontext, in dem das Phänomen des Wandels auftritt („in der Umgebung von"). – Die horizontale Linie „___" zeigt die Stellung des sich verändernden lautlichen Segments an. – „X" steht für das lautliche Segment, das „A" vorausgeht, „Y" hingegen für das nachfolgende Segment.

Die Regeln können in kontextsensitive und kontextfreie Regeln unterschieden werden. Die kontextsensitiven Regeln lassen sich in Formeln zusammenfassen (vgl. Schmid 1999, 75ff.):

A → B / ___ Y („A wird zu B, wenn es vor Y steht.")
A → B/ X ___ („A wird zu B, wenn es nach X steht.")
A → B/ X ___ Y („A wird zu B, wenn es zwischen X und Y steht.")

Phonologische Prozesse (it. *processi fonologici*) bestehen aus Silbenstrukturprozessen und Ersetzungsprozessen. Bei den *Silbenstrukturprozessen* werden Segmente hinzugefügt (Epenthese – it. *epentesi*), getilgt (Elision – it. *elisione* und Apokope – it. *apocope*) oder umgestellt (Metathese – it. *metatesi*), während die Silbenstruktur bei den *Ersetzungsprozessen* erhalten bleibt. Es werden lediglich Laute ausgetauscht oder modifiziert. Zu den häufigsten Silbenstrukturprozessen der italienischen Standardsprache gehören die Elision und die Apokope (A → ∅ / ___ Y):

[la]	→ [l]	/ ___	[# Vokal]	(*la + isola → l'isola*)
[lo]	→ [l]	/ ___	[# Vokal]	(*lo + amico → l'amico*)
[una]	→ [un]	/ ___	[# Vokal]	(*una + isola → un'isola*)
[uno]	→ [un]	/ ___	[# Vokal]	(*uno + amico → un'amico*)
[uno]	→ [un]	/ ___	[# Konsonant]	(*uno + nemico → un nemico*)
[bello]	→ [bɛll]	/ ___	[# Vokal]	(*bello + amico → bell'amico*)
[bello]	→ [bɛl]	/ ___	[# Konsonant]	(*bello + regalo → bel regalo*)
[quello]	→ [quell]	/ ___	[# Vokal]	(*quello + oro → quell'oro*)
[quello]	→ [bel]	/ ___	[# Konsonant]	(*quello + bar → quel bar*)
[grande]	→ [gran]	/ ___	[# Konsonant]	(*grande + fumatore → gran fumatore*)

Ein Ersetzungsprozess ist z.B. die Sonorisierung von [s] zu [z] vor stimmhaften Konsonanten (z.B. *sparare* [spaˈrare] vs. *sbarrare* [zbarˈrare]) sowie zwischen Vokalen und Approximanten (*adesione* [adeˈzjo:ne]; *usuale* [uˈzwale]), dessen Regel sich wie folgt formulieren lässt:

[+ Konsonant]
[+ Dauerlaut]
[+ anterior]   → [+ stimmhaft] / ____ [+ Konsonant + stimmhaft]
[+ koronal]
[- stimmhaft]

[+ Konsonant]
[+ Dauerlaut]
[+ anterior]   → [+ stimmhaft] / [- Konsonant] ____ [- Konsonant]
[+ koronal]
[- stimmhaft]

Beide Prozessregeln lassen sich in einer einzigen Formel wie folgt zusammenfassen:

[+ Konsonant]
[+ Dauerlaut]
[+ anterior]   → [+ stimmhaft] / { ____ [+ Konsonant + stimmhaft]}
[+ koronal]   [- Konsonant] ____ [- Konsonant]
[- stimmhaft]

Gewisse phonologische Prozesse betreffen nicht nur die Wortebene, sondern manifestieren sich auch syntagmatisch, d.h. wortübergreifend, insbesondere im Bereich diatopisch markierter Varianten des Italienischen oder in italienischen Dialekten. Einer der auffälligsten Ersetzungsprozesse des südlichen *italiano regionale* ist bspw. die Affrizierung (it. *affricatizzazione*) von [s] vor [r], [l] und [n] (A → B / X____) sowohl innerhalb des Wortes als auch über die Wortgrenzen hinweg ([s] → [ts] / [r], [l], [n] ____):

borsa	[ˈborsa]	→	[ˈbortsa]
per sapere	[per saˈpere]	→	[per#tsaˈpere]
il sale	[il ˈsale]	→	[il#ˈtsale]
non so	[non ˈsɔ]	→	[non#ˈtsɔ]

Ein wichtiges Charakteristikum der toskanischen Dialekte ist die Spirantisierung (it. *spirantizzazione*) (A → B / X ____ Y) oder Verstummung (A → ∅ / X ____ Y) intervokalischer Verschlusslaute im Rahmen der *gorgia toscana* ([Okklusiv] → [Frikativ] / [Vokal] ____ [Vokal]):

oca	[ˈɔka]	→	[ˈɔha] oder westtosk. [ˈɔa]
la casa	[la#ˈkasa]	→	[la#ˈhasa] oder westtosk. [la#ˈasa]
una casa cara	[una#ˈkasa#ˈkara]	→	[una#ˈhasa#ˈhara] oder westtosk. [una#ˈasa#ˈara]

In den Fällen, in denen der vokalische Anlaut auf die Verstummung infolge der *gorgia* *toscana* zurückgeht, findet keine Elision statt (daher [la#ˈasa] – *la casa*, aber: [ˈl#ɔha] bzw. [ˈl#ɔa] – *l'oca*). Geht dem Substantiv *casa* jedoch die Präposition *a* voran, reagiert der toskanische Dialekt wie die italienische Standardsprache mit der phonosyntaktischen Verdoppelung *a casa* [ak#ˈkasa] (während die *gorgia toscana* *[aˈhasa] in diesem Falle nicht möglich ist).

3.2.5. Grundbegriffe der Prosodie

Vor der Etablierung der wissenschaftlichen Lautlehre verstand man unter Prosodie (< gr. πρός + ᾠδή ‚Nebengesang') die Lehre vom Akzent und den Silbenquantitäten als Teil der Verslehre (vgl. auch Bertinetto 1981, Nespor 1993, 149ff., Schmid 1999, 105–118). Der sizilianische Gelehrte Placido Spadafora hatte im 18. Jahrhundert ein in Italien seinerzeit weitverbreitetes Werk mit dem Titel *Prosodia Italiana, overo l'Arte con l'uso degli accenti nella volgar favella d'Italia* (1703, ²1781) verfasst. Auch zahlreiche Grammatiken des 18. und 19. Jahrhunderts enthalten Anmerkungen oder gar eigene Kapitel zur Prosodie. In der modernen Linguistik versteht man unter Prosodie die Gesamtheit sprachlicher Eigenschaften wie Intensität (Akzent), Intonation und Quantität. Die *Intensität* umfasst vor allem den Akzent, der als eine suprasegmentale Eigenschaft von Lauten, Wörtern, Wortgruppen und Sätzen definiert werden kann. Bei der *Quantität* handelt es sich um Erscheinungen, die mit der zeitlichen Dauer der Realisierung sprachlicher Einheiten zu tun haben. Die *Intonation* umfasst die melodischen Phänomene, die sich in der Sprachgrundfrequenz F0 mittels Tonhöhenverläufen und -veränderungen manifestieren.

3.2.5.1. Silbe

Eine Silbe[19] (it. *sillaba*) besteht aus einem vokalischen oder halbvokalischen Silbenkern (it. *nucleo*), der vom Silbenanlaut (it. *attacco*) und Silbenende (it. *coda*) umgeben sein kann (vgl. Bertinetto 1981, 147–191; Nespor 1993, 150–171; Schmid 1999, 95–104; Gabriel/Meisenburg 2007, 116–119). Die Verbindung aus Kern und Ende heißt *Reim* (it. *rima*). Etwa die Hälfte aller italienischen Silben sind sogenannte *CV-Silben*, die aus einem Konsonanten (C) und einem Vokal (V) bestehen. Silben ohne Silbenende sind offen, d.h. sie enden auf Vokal (CV, CCV, V). Auf Konsonant endende Silben nennt man geschlossene Silben (VC, C, VCC).

---

[19] Bislang existiert keine einheitliche Definition des Begriffs.

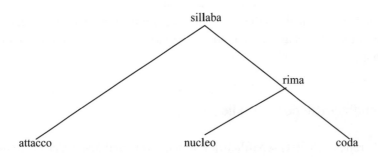

A = *attacco* (Silbenanlaut); N = *nucleo* (Silbenkern); C = *coda* (Silbenende); R = rima (Silbenkern).

Die gesamte Silbe wird in der Regel mit dem griechischen Buchstaben Sigma („σ") abgekürzt, während die Silbengrenze durch einen Punkt („.") angezeigt wird ([ˈko.da]; [ˈri.ma] etc.). Mit einem Silbenbaum lässt sich auch das Phänomen der italienischen Doppel- bzw. Langkonsonanten (Geminaten) vortrefflich darstellen. Diese werden bisweilen als eigene Phoneme betrachtet, die sich auf segmentaler Ebene von den einfachen Konsonanten mit dem Merkmal [− lang] durch das Merkmal [+ lang] unterscheiden:

/tt/	/t/	/fat.to/	/fa.to/	*fatto* ‚Tatsache'	*fato* ‚Schicksal'
/ll/	/l/	/pal.la/	/pal.la/	*palla* ‚Ball'	*pala* ‚Schaufel'
/nn/	/n/	/an.no/	/a.no/	*anno* ‚Jahr'	*ano* ‚After'
/rr/	/r/	/car.ro/	/ca.ro/	*carro* ‚Wagen'	*caro* ‚teuer'

Diese aus phonologischer Sicht relevante Differenz der Quantität kann nach Gabriel/Meisenburg (2007, 118) besser suprasegmental erfasst werden, indem für die langen Konsonanten zwei Positionen auf der Zeitschicht angenommen werden. Die erste Position wird dabei dem Silbenende zugeordnet, die zweite hingegen dem Anlaut der folgenden Silbe. Die Geminaten lassen sich somit als ambisyllabisch charakterisieren, da sie beiden Silben zugehörig sind. In autosegmentaler Darstellung wird oft in zentraler Position zwischen Silbenschicht und Tonschicht eine sogenannte Segmentschicht angezeigt, die Informationen über die Segmentfolge und die Dauer ihrer lautlichen Bestandteile enthält:

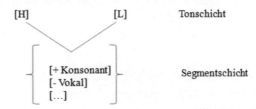

3.2.5.2. Wortakzent

Unter dem Wortakzent ist die lautliche Hervorhebung einer Silbe einer mehrsilbigen Wortform zu verstehen. Er stellt ein prosodisches Merkmal des Wortes dar und ist nur einer von verschiedenen linguistischen Akzenten. Im Italienischen lassen sich die Wörter hinsichtlich der Position ihres Akzents in Gruppen untergliedern: *oxytone Wörter* (it. *parole tronche/ossìtone*) werden auf der letzten Silbe (*caffè*, *città*, *virtù*) betont, *paroxytone Wörter* (it. *parole piane/parossìtone*) auf der vorletzten (*marito*, *matita*), *proparoxytone Wörter* (it. *parole sdrucciole/proparossìtone*) auf der drittletzten Silbe (*telefono*) und *superproparoxitone Wörter* (it. *parole bisdrucciole/superproparossìtone*) auf der viertletzten Silbe (*scrivimelo*).

3.2.5.3. Prosodische Phrasierung

Der Terminus *Phrasierung* (engl. *phrasing* – it. *fraseggio*) stammt ursprünglich aus der Musikwissenschaft und bezeichnet die Relation verschiedener Töne innerhalb einer musikalischen Phrase in Bezug auf Lautstärke, Rhythmik, Artikulation und Pausensetzung. In der Linguistik spricht man von prosodischer Phrasierung (engl. *prosodic phrasing* – it. *fraseggio prosodico*) im Zusammenhang mit der Aufteilung einer Äußerung in unterschiedliche Sprechmelodiegruppen.

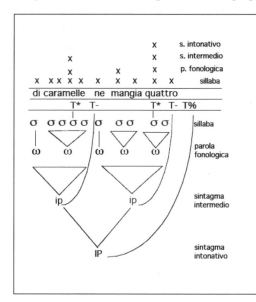

Zeichenerklärung:

- X = Akzent
- σ = Silbe
- ω = Wort, das aus einer oder mehreren Silbe(n) besteht
- T = Ton
- ip = Intermediärphrase
- IP = Intonationsphase

Beispiel eines prosodischen und metrischen Strukturbaums; aus Cinzia Avesani und Mario Vayra „Quale informazione codificare per la sintesi dell'intonazione?" (2005, 6).

http://www.pd.istc.cnr.it/view-document-details/quale-informazione-codificare-per-la-sintesi-dell'intonazione-in-m.html

Der *Satzakzent*, der sich auf das betonte Satzglied bezieht, ist ein wichtiger Bestandteil der Suprasegmentalia. Er lässt sich im Gegensatz zu einem Teil der Wortakzente nicht aus der Schrift ableiten. In der gesprochenen Sprache ist der Satzakzent vor allem daher von Bedeutung, weil die Kommunikationspartner die Aufmerksamkeit durch ihre Stimmgebung jeweils auf die als wichtig erachtete Botschaft lenken können. Aus prosodischer Perspektive werden Sätze als sogenannte *Intonationsphrasen* verstanden, die sich wiederum aus phonologischen Phrasen zusammensetzen. Wir unterscheiden folgende drei Ebenen der prosodischen Phrasierung: a) prosodische Wörter mit einem Wortakzent (z.B. *caramella*), b) phonologische Phrasen/Intermediärphrasen mit einem Phrasenakzent, der stets auf einem Wortakzent realisiert wird (z.B. *di caramelle*) und c) Intonationsphrasen, die aus einem sententialen Hauptakzent bestehen (z.B. *di caramelle ne mangia quattro*), der wiederum auf einem Phrasenakzent realisiert wird.

3.2.6. Neuere Methoden der Phonologie: Die Optimalitätstheorie

Die Optimalitätstheorie (engl. *Optimality Theory* – it. *teoria dell'ottimalità*) wurde 1991 von Alan Prince und Paul Smolensky auf der *Arizona Phonology Conference* erstmals vorgestellt. Interessanterweise erfolgte die, auch internationale, Rezeption dieser Theorie seinerzeit lediglich auf der Grundlage eines Manuskripts mit dem Titel *Optimality Theory. Constraint Interaction in Generative Grammar* (1993). Das vollständige Werk wurde erst 2004 publiziert. Die Optimalitätstheorie, die zunächst im Bereich der Phonologie Anwendung fand und später auf andere Gebiete der Sprachwissenschaft ausgedehnt wurde (z.B. auf die Syntax), ist eine Theorie, nach der die menschliche Sprache mithilfe von Regeln erklärt werden kann. Phonologische Generalisierungen werden (im Gegensatz zur Prozessphonologie) nicht mithilfe phonologischer Regeln, sondern vielmehr mithilfe von sogenannten *universellen Beschränkungen* (engl. *constraints*) ausgedrückt. Im Rahmen dieses Ansatzes können aus einer Menge von Möglichkeiten (der „Kandidatenmenge") durch Regeln (bzw. durch Beschränkungen) die korrekten Kandidaten, die das Intendierte ausdrücken, als „optimal" ausgewählt werden. Es wird dabei zu jedem Anwendungsgebiet eine Menge von Regeln zugrunde gelegt, die gemäß ihrer Wichtigkeit geordnet sind. Alle Regeln der zugrunde gelegten Menge werden im Rahmen der Optimalitätstheorie der Reihe nach in absteigender Wichtigkeit auf die Kandidatenmenge angewendet. Jedes Mal wenn ein sogenannter „Kandidat" eine Regel verletzt, wird er aus der Kandidatenmenge entfernt. Der Kandidat, der am Ende übrig bleibt, ist nach der zugrunde gelegten Regelmenge mit der angewendeten Hierarchisierung als optimal zu betrachten. Die Optimalitätstheorie bedient sich einer besonderen Terminologie, graphischen Darstellung sowie einer eigenen Symbolik (vgl. Linke/Nussbaumer/Portmann [5]2004, 498ff.; Jungen/Lohnstein 2007, 263–270; Gabriel/Meisenburg 2007, 128–129):

– *Constraint*: Es handelt sich hierbei um eine Beschränkung (it. *restrizione*) bzw. um eine Bedingung (it. *condizione*), die ein Kandidat entweder erfüllt oder nicht. Wenn ein Kandidat eine Bedingung nicht erfüllt, gilt die entsprechende Beschränkung als verletzt. Ein *constraint* kann einen anderen dominieren (C1 >> C2) oder beide *constraints* können gleichwertig sein

(C1, C2). Man unterscheidet generell zwei Arten von Beschränkungen, und zwar Treue- und Markiertheitsbeschränkungen.

- *Evaluation/Wettbewerb* (it. *valutazione*): Die Auswahl des optimalen Kandidaten.
- *Input* und *Output*: Unter *Input* (it. *forma sottostante*) versteht man einen Ausdruck, während die Menge der möglichen Realisierungen dieses Ausdrucks als *Output* (it. *realizzazione superficiale*) oder *Kandidatenmenge* bezeichnet wird. Im Falle der Phonologie stammt der *Input* in der Regel aus dem Bereich des mentalen Lexikons, wobei die phonetische Realisierung des betreffenden Lexems oder Syntagmas optimiert wird.
- *Markiertheitsbeschränkungen* (engl. *markedness constraints* – it. *vincoli di marcatetzza*) beziehen sich auf die Besonderheiten, über die ein Kandidat verfügen muss, um in einer Sprache als optimal gelten zu können, z.B. *Peak:* Jede Silbe muss einen Vokal (Silbenkern) besitzen; *No Coda:* Die Silben müssen auf Vokal enden; *Onset:* Die Silben müssen ein Onset haben (sie müssen mit einem Konsonanten beginnen) etc.
- *Tableau*: Es handelt sich hierbei um tabellarische Darstellungen, die den Evaluationsprozess veranschaulichen sollen. In der ersten Spalte des *Tableaus* stehen jeweils die einzelnen Kandidaten, welche aus dem *Input* generiert wurden. Der optimale Kandidat (it. *candidato ottimale*) wird mittels einer zeigenden Hand (☞) markiert. Verletzt ein Kandidat eine Beschränkung, wird jede Verletzung im entsprechenden Feld einzeln mit jeweils einem Asterisk (*) gekennzeichnet. Besonders „fatale" *Constraint*-Verletzungen (it. *violazione fatale*) werden durch das kombinierte Symbol Asterisk + Ausrufungszeichen (*!) markiert. Für die Auswahl irrelevante Tabellenzellen können zusätzlich durch graue Schattierung gekennzeichnet werden.
- *Treuebeschränkungen* (engl. *faithfulness constraints* – it. *vincoli di fedeltà*) beziehen sich auf die Interaktion zwischen *Input* und Kandidat. Sie werden immer dann verletzt, wenn Merkmale eines Kandidaten von denen des *Input* abweichen.

Bolognesi (2001) zieht als Beispiel das Phänomen der paragogischen Vokale im Sardischen heran, wo auf Verschlusslaute vor einer Pause am Wortende häufig eine Wiederholung des vorangegangenen Vokals folgt (z.B. bak.as ⇒ ba.kas[a] = it. *vacche* ‚Kühe'). Diese Entwicklung tritt allerdings nicht immer ein. Diese Alternanz führt zu der Annahme, dass der *Input* der epenthetischen Form keine Paragoge enthält. Wenn die sardische Aussprache immer dem *Input* entsprechen würde, wäre die Silbe eines Wortes immer geschlossen und verfügte über ein Silbenende (it. *coda*). Diese Silbenposition wird allgemein von dem *constraint* „No Coda" verboten. Während jedoch gewisse Sprachen diese Verletzung unter allen Bedingungen tolerieren, indem sie die Realisierung einer Aussprache bevorzugen, die dem *Input* entspricht, geschieht dies im Sardischen nur selten. Die Entstehung eines Silbenendes wird durch Epenthese vermieden. Der Endkonsonant des *Input* erscheint im *Output* als Anlaut (it. *attacco*) einer epenthetischen Silbe.

Input: *bak.as*	No Coda	Fedeltà
bak.as	*	
☞ bak.as[a]		*

Die Aussprache entspricht nicht dem *Input*, da sie einen Vokal enthält, der im *Input* nicht vorhanden ist. Das bedeutet, dass die Beachtung des *constraints* „No Coda" im Sardischen letztendlich wichtiger ist als eine am *Input* orientierte Realisierung.

Literaturhinweise

Bolognesi (2001); Canepari (1990, 1992); Jungen/Lohnstein (2007, 263–270), Leoni/Maturi (1995); Lichem (1969), Muljačić (^{2}1972), Nespor (1993), Gauger/Oesterreicher/Windisch (1981, 240–257); Schmid (1999), Stammerjohann (1988); Ternes (1999).

Aufgaben

1) Das Syntagma *in pace* kann auf zweierlei Art transkribiert werden: /in patʃe/ und [iɱˈpatʃe]. Welche der beiden Transkriptionen ist die phonetische? Worin unterscheiden sich phonetische und phonologische Transkription?

2) Besuchen Sie die Homepage von Luciano Canepari (*http://venus.unive.it/canipa/*).

   a) Lesen Sie zunächst unter „Pronunce straniere dell'italiano" (http://venus.unive.it/canipa/ dokuwiki/doku.php?id=pdf#pronunce_straniere_dell_italiano) das Kapitel 0.7. „La pronuncia italiana: tradizionale e altro".

   b) Lesen Sie dann das Kapitel 1.2. „Accenti germanici". Vergleichen Sie die Ausführungen sowie die transkribierten Texte mit ihren eigenen Aussprachegewohnheiten.

3) Transkribieren Sie die folgenden Wörter und Sätze nach dem Internationalen Phonetischen Alphabet: *sbarra*, *vengo*, *vado a casa* und *mangio una pesca*.

4) Klicken Sie die Seite „Sentire con gli occhi: l'effetto McGurk" an (http://psicocafe.blogosfere.it/2007/09/sentire-con-gli.html), folgen Sie den Instruktionen und probieren Sie den McGurk-Effekt an sich selbst aus.

5) Auf welches der beiden folgenden Syntagmen trifft in der regionalen Aussprache des Italienischen die Formel [s] → [ts] / [l] ___ zu?

   a) *il sale* (Rom, Neapel, Palermo)

   b) *il sole* (Genua, Mailand, Florenz)

6) Markieren Sie die offenen und geschlossenen Silben in den Wörtern *terra*, *sole*, *bara*, *barra* und *bolla*

4. Grammatiktheorie und Grammatikographie

4.1. Der linguistische Grammatikbegriff

Unter *Grammatik* (it. *grammatica*) versteht man in der Linguistik jede Form einer systematischen Sprachbeschreibung. Im engeren Sinne besteht die Grammatik aus der Morphosyntax als Formenlehre von Wörtern (Morphologie) und Sätzen (Syntax). Mit dem Terminus *Grammatikographie* (it. *grammaticografia*) wird sowohl das Abfassen von Grammatiken zu unterschiedlichen Zwecken als auch die wissenschaftliche Analyse derselben bezeichnet. Aus linguistischer Sicht kann man die Grammatik z.B. nach dem Kriterium der Zielsetzung (vorschreiben oder beschreiben) unterscheiden. Die *normative* bzw. *präskriptive Grammatik* (it. *grammatica normativa/grammatica prescrittiva*) ist eine auf Unterweisung über den korrekten und verbindlichen Sprachgebrauch ausgerichtete Form grammatischer Beschreibung, die sich an historisch gewachsenen und durch Konvention festgelegten morphosyntaktischen Formen orientiert (vgl. Köller 1988, 3–6; Jungen/Lohnstein 2007, 12ff.). So schreibt die normative Grammatik die Syntagmen *mi piace* (unbetont) und *a me piace* (betont) gegenüber der umgangssprachlichen Konstruktion *a me mi piace* vor, während sich die *deskriptive Grammatik* (it. *grammatica descrittiva*) auf die Beschreibung einer sprachlichen Varietät unabhängig von der durch Konvention festgelegten Korrektheit beschränkt.

4.2. Der Grammatikbegriff aus kulturhistorischer Sicht

4.2.1. Die griechische Antike: Grammatik als Philologie

Die Griechen verstanden unter τέχνη γραμματική (*technē grammatikē*) die Kunst des Lesens und Schreibens. Der Begriff leitet sich von γράμμα (*gramma*) ab und bedeutet ‚Buchstabe'. Die Grammatik beschäftigte sich ursprünglich ausschließlich mit der Schriftsprache. Die Schrift war aufs Engste mit der Entstehung einer Norm verbunden und ermöglichte darüber hinaus die Konservierung sprachlicher Äußerungen aus früheren Zeiten. Die *technē grammatikē* bestand in der Interpretation von Texten und vermittelte die Kenntnisse, die hierzu notwendig waren. Der im zweiten vorchristlichen Jahrhundert lebende Gelehrte Dionysios Thrax (it. *Dionisio Trace*), der bereits acht grammatische Kategorien unterschied, verwendete den Grammatikbegriff im Sinne einer am Text orientierten Wissenschaft, die wir heute der Philologie zuordnen würden (vgl. Köller 1988, 18–21; Jungen/Lohnstein 2006, 15, 37–40; dies. 2007, 47–51).

4.2.2. Die römische Antike: Grammatik als Festschreibung der klassischen Sprache

Die von Dionysios Thrax für das Griechische festgelegten Kategorien wurden von den römischen Sprachgelehrten auf das Lateinische übertragen. In der Spätantike verengte sich der Grammatikbegriff dann zunehmend auf die Beschreibung und normative Festschreibung des klassischen lateinischen Sprachsystems, insbesondere durch Aelius Donatus (it. *Elio Donato*) und Priscianus Caesariensis (it. *Prisciano di Cesarea*). Sie bestimmten die Grammatikographie über Jahrhunderte hinweg bis ins Mittelalter. Es wurden acht grammatische Kategorien unterschieden, und zwar *Nomen*, *Pronomen*, *Verb*, *Adverb*, *Partizip*, *Konjunktion*, *Präposition* und *Interjektion*. Ziel war die Anleitung zur korrekten Anwendung der Sprache. In seiner *Ars Maior* geht Donatus auf Fehler, sogenannte *Barbarismen* ein, die sowohl im Bereich der Aussprache als auch der Orthographie auftreten können (vgl. Jungen/Lohnstein 2006, 40–45; dies. 2007, 55–76).

4.2.3. Das lateinische Mittelalter: Von den sieben freien Künsten zur Sprachphilosophie

4.2.3.1. Die Fortsetzung der antiken Tradition

Das Studium der lateinischen Grammatik war seit der Spätantike und während des gesamten Mittelalters als Bestandteil der sogenannten sieben freien Künste ein zentraler Studieninhalt der universitären Ausbildung, den alle Studenten durchlaufen mussten, bevor sie zum Studium der Theologie, Philosophie, Medizin oder Jurisprudenz zugelassen wurden. Die Studenten sollten in die Lage versetzt werden, lateinische Texte korrekt zu entschlüsseln und zu produzieren. Wichtigster lateinischer Grammatiker in Italien zur Zeit der Karolingischen Renaissance war der Langobarde Paulus Diaconus (it. *Paolo Diacono*) mit *De verborum significatu* (einer Kurzfassung der gleichnamigen antiken Grammatik des Sextus Pompeius Festus) und *Commentarius in Donati artem*. Neben dem Studium von lateinischer Morphologie und Syntax bildete sich im Laufe des Mittelalters ein Grammatikbegriff heraus, den man als sprachphilosophisch bezeichnen kann (vgl. Jungen/Lohnstein 2006, 47–53; dies. 2007, 80–88).

4.2.3.2. Die *Grammatica speculativa*

Der in Paris tätige Gelehrte Petrus Helias (it. *Pietro Elia*) (ca. 1100–1166 n.Chr.) verfasste um 1150 unter dem Titel *Summa super Priscianum* einen Kommentar zu Priscians Grammatik *Institutiones Grammaticae*. Darin greift er auf die logischen Schriften in Aristoteles' *Organon* zur Erklärung und Fundierung der lateinischen Grammatik zurück, insbesondere auf die beiden Schriften *Kategorien* (gr. περὶ τῶν κατηγορίων – lat. *Categoriae*) und *Peri Hermeneias* (Περὶ Ἑρμηνείας – lat. Übersetzung *De Interpretatione*). Das Ziel war eine philosophische Begründung der grammatischen Kategorien. Der Name *Grammatica speculativa* geht auf lat. SPECULUM ‚Spiegel, Abbild' zurück. Nach Auffassung der Anhänger dieser philosophischen Richtung spiegelt sich die Struktur des Seins in der Struktur der Sprache wider, und zwar in allen Sprachen auf dieselbe Art und Weise. Insofern liegt der *Grammatica speculativa* ein universalistisches Grammatikkonzept zugrunde. Einen Höhepunkt erreichte die sprachphilosophische Grammatik schließlich mit Thomas von Erfurt (it. *Tommaso di Erfurt*). Dieser versuchte im *Tractatus de modis significandi, sive Grammatica speculativa*, die wechselseitigen Beziehungen von Sprache, Verstand und außersprachlicher Wirklichkeit zu bestimmen, um der Grammatik eine wissenschaftliche Grundlage zur Verfügung zu stellen. Die *modi significandi* eines Wortes wurden als Repräsentanten bestimmter *Seinsweisen* (*modi essendi*) im Bereich der außersprachlichen Wirklichkeit betrachtet, welche der Sprache aber erst durch entsprechende *Wahrnehmungsweisen* (*modi intelligendi*) vermittelt werden (vgl. Köller 1988, 24; Jungen/Lohnstein 2006, 49–53; dies. 2007, 93–107).

4.2.3.3. Der Grammatikbegriff Dantes

Bei Dante Alighieri, der die lateinische Sprache in seiner Schrift *De vulgari eloquentia* als eine von Gelehrten geschaffene künstliche Sprache betrachtete,[1] fungiert das Substantiv *gramatica* (stets nur mit einem -*m*-!) als Synonym zu *lingua latina*, deren grundlegende Eigenschaft gegenüber den lebendigen romanischen Volkssprachen Italienisch (*lingua si*), Französisch (*lingua oil*), Okzitanisch (*lingua oc*) etc. ihre Unveränderlichkeit in Raum und Zeit ist.[2] Obwohl sich Dante um eine Aufwertung des *volgare* gegenüber dem Lateinischen bemühte, kam es ihm nicht in den Sinn, den Grammatikbegriff auf die Volkssprache (it. *volgare*) anzuwenden (vgl. Apel [3]1980, 115–123; Michel 2005, 4).

---

[1] „Hinc moti sunt inventores gramatice facultatis; que quidem gramatica nichil aliud est quam quedam inalterabilis locutionis idemptitas diversis temporibus atque locis." (*De vulg. eloqu.* I, ix).

[2] „[…] lo latino è perpetuo e non corruttibile, e lo volgare è non stabile e corruttibile." (*Conv.* I, v).

4.3. Etappen der italienischen Grammatikographie

4.3.1. Leon Battista Albertis synchron und deskriptiv ausgerichtete *Grammatichetta*

Leon Battista Albertis um 1435 entstandene *Grammatichetta*, die leider nur in Form einer Abschrift aus dem 16. Jahrhundert überliefert ist, ist in mehrfacher Hinsicht interessant.[3] Zum einen handelt es sich um eine Momentaufnahme der gehobenen Florentiner Umgangssprache des 15. Jahrhunderts, die – wie bereits festgestellt – durch eine starke Dynamik geprägt war (← Kap. 2.5.5), zum anderen steht die Konzeption der *Grammatichetta* den heutigen Grammatiken wesentlich näher als die literarisch und philologisch orientierten Autoren-Grammatiken des 16. Jahrhunderts. Viele Formen, die später von den Grammatikern des 16. bis 19. Jahrhunderts als fehlerhaft gebrandmarkt wurden und die sich erst teilweise nach den Reformvorschlägen Alessandro Manzonis durchsetzen konnten, werden von Alberti als normal dargestellt („lui andò"; „ero, eri, era"). Die Arbeit war nach der Diskussion von Leonardo Bruni und Flavio Biondo über das Lateinische der Antike und dessen Verhältnis zum *volgare* entstanden, an der Alberti selbst beteiligt war (← Kap. 1.2.4.2). Alberti wollte offensichtlich beweisen, dass auch die Volkssprache über eine Grammatik verfügt (vgl. Apel ^{3}1980, 202f.; Tavoni 1992, 63ff.; Michel 2005, 350–353).

4.3.2. Die Suche nach dem geeigneten Sprachmodell im 16. Jahrhundert

Die Grammatiken des 16. Jahrhunderts konnten noch keine abstrakte Standardvarietät beschreiben.[4] Diese befand sich gerade in einem Entstehungsprozess, an dem die Grammatiker einen wichtigen Anteil hatten. Die Grammatikographie war daher integraler Bestandteil der Sprachdiskussion (*Questione della lingua*) (vgl. Michel 2005, 358ff.).

4.3.2.1. Die Anhänger des Trecento-Modells

Fast alle Grammatiken vertreten mehr oder minder explizit das Trecento-Modell anhand eines Kanons mustergültiger Autoren. Die behandelten Themenbereiche wurden nach dem Erscheinen der ersten Grammatiken zunehmend komplexer. Hierzu gehören Probleme der Phonetik, der Interpunktion sowie der Orthographie. Der Bezug zur Literatur-

---

[3] Vgl. die kritischen Ausgaben von Grayson 1964 und Patota 1996.
[4] Obwohl die Sprachgelehrten der Renaissance bestens mit der Tradition der lateinischen Grammatikographie vertraut waren, wurden nicht alle klassischen Begriffstermini übernommen. So stoßen wir häufig auf italienische Übersetzungen der griechischen und lateinischen Terminologie (z.B. *numero del meno* = Singular; *numero del più* = Plural; *pendente* = Imperfekt; *interposto* = Interjektion).

sprache ist in allen Werken jener Epoche allgegenwärtig. Auch linguistische und sprachphilosophische Themenkomplexe fanden Eingang in die Grammatikographie.

Giovan Francesco Fortunios Werk *Regole grammaticali della volgar lingua* (1516)[5] ist die erste gedruckte Grammatik des Italienischen. Die sprachlichen Formen werden anhand von Textbelegen bei Dante, Boccaccio und Petrarca dargestellt. Bei konkurrierenden Formen (z.B. *le peccata* vs. *i peccati*) zählt ein Beleg bei Petrarca mehr als einer bei Dante. Konkurrieren bei einem Autor verschiedene Formen gilt die häufiger belegte als Richtschnur für die grammatische Regel (vgl. Trovato 1994, 90–96). Das Werk wurde zwar bis in die zweite Hälfte des 16. Jahrhunderts immer wieder aufgelegt, dennoch hatte es nicht die Ausstrahlungskraft von Pietro Bembos literarisch kunstvollen *Prose della volgar lingua* (1525).[6]

Das dritte Buch der *Prose* stellt eine Grammatik in Dialogform dar. Der Autor propagiert Boccaccio als Modell für die literarische Prosa und Petrarca als Vorbild für die Versdichtung. Dante wird vom Musterkanon ausgeschlossen (vgl. ebd., 111–116).

In Niccolò Liburnios *Le tre fontane* (1526) wird Dante explizit gegenüber Bembo verteidigt. Die sprachlichen Formen werden anhand des Gebrauchs in den Werken Dantes, Petrarcas und Boccaccios dargestellt.

Alberto Acarisio unterscheidet in seinem Werk *Vocabolario, grammatica, et orthographia de la lingua volgare* (1543) zwischen verschiedenen grammatischen Formen der Prosa und der Dichtung.

Rinaldo Corsos Grammatik *Fondamenti del ben parlar toschano* (1549) enthält eine umfassende Darstellung der italienischen Phonetik (Akzentsetzung, Aspiration etc.).

Lodovico Dolces *Osservationi della volgar lingua* (1550) befassen sich nicht nur mit der Morphologie, sondern auch mit Problemen der Orthographie, der Phonetik sowie der Interpunktion. Außerdem enthält das Werk eine Poetik.

Giacomo Gabrieles *Regole grammaticali* (1545) mit der Widmung „a coloro che drittamente scriuere ne la nostra natia lingua si dilettano" beschränken sich auf die Schriftsprache und stützen sich auf die Formen der literarischen Autoritäten des Trecento, ohne dabei auf die konkreten Belege zu verweisen.

Matteo San Martinos *Le osservationi grammaticali e poetiche della lingua italiana* (1555) befassen sich in erster Linie mit grammatischen Phänomenen aus der Perspektive der italienischen Dichtersprache.

Girolamo Ruscellis Werk *De' commentari della lingua italiana* (1581) enthält allgemeine Gedanken zur menschlichen Sprache und zum Ursprung des Italienischen. Neben den Wortarten wird auch auf die Redekunst sowie auf Fehler im Sprachgebrauch eingegangen. Die Autoritäten in Bezug auf den korrekten Sprachgebrauch sind neben Bembo die Trecentisten Dante, Boccaccio und Petrarca.

---

[5] Von dieser Grammatik ist 1979 eine Faksimileausgabe veröffentlicht worden.
[6] Der genaue Titel des Werks lautet *Prose di m. Pietro Bembo nelle quali si ragiona della volgar lingua scritte al cardinale de Medici che poi e stato creato a sommo pontefice et detto papa Clemente settimo diuise in tre libri.*

Leonardo Salviati, der Initiator des Wörterbuchprojekts der *Accademia della Crusca*, untersucht in seinen *Avvertimenti della lingua sopra il Decamerone* (1586) die grammatischen Strukturen in Boccaccios literarischem Hauptwerk.

4.3.2.2. Die Anhänger anderer Sprachmodelle

Nur wenige Grammatiken des Cinquecento stammen aus der Feder von Autoren, die keine Anhänger des Trecento-Modells waren. Dennoch ist auch bei ihnen der dominante Einfluss der Literatursprache des 14. Jahrhunderts deutlich spürbar. Gian Giorgio Trissino war zwar Anhänger der *lingua cortigiana*, dennoch hat er keine Grammatik in dieser idealisierten Varietät verfasst. In seiner um 1435 entstandenen *Grammatichetta* werden grammatische Begriffe anhand kurzer italienischer Beispiele dargestellt, die mit der Norm des Trecento-Modells übereinstimmen. Auf Verweise zu den Werken modellhafter Autoren wird verzichtet. Die erste gedruckte Grammatik aus der Feder eines toskanischen Autors (*De la lingua che si parla e scrive in Firenze*, 1552) stammt von dem Florentiner Pier Francesco Giambullari. Sie stellt den Versuch eines Kompromisses aus Trecento-Modell und modernem Florentiner Sprachgebrauch des 16. Jahrhunderts dar („éro, & éra, eri, éra; eramo, & eravamo, eri & eravate, erano"). Methodisch hat sich Giambullari an dem englischen Grammatiker Thomas Linacres und dessen Latein-Grammatik *De emendata structura latini sermonis* orientiert (vgl. Trovato 1994, 166ff.).

4.3.3. Die Festigung des Trecento-Modells im 17. Jahrhundert

Das durch die *Accademia della Crusca* nunmehr institutionalisierte Trecento-Modell war allgemein akzeptiert (vgl. Trovato 1994, 169–180). Unterschiede gab es lediglich in der sprachtheoretischen und sprachphilosophischen Ausgestaltung der Grammatiken. Giacomo Pergamini behandelt in seinem *Trattato della lingua* (1613) nicht nur die Wortarten, sondern geht auch auf Fragen der korrekten Interpunktion ein.[7] Battista Cecis *Compendio d'auuertimenti di ben parlare volgare, correttamente scriuere e comporre lettere di negocio e complimenti* (1618) ist praktisch ausgerichtet. Es enthält neben allgemeinen Grammatikregeln auch Anleitungen zum korrekten Verfassen von Briefen.

Benedetto Buommatteis Grammatik *Della lingua toscana* (1643) entwickelte sich trotz ihres Umfangs von über 400 Seiten zur erfolgreichsten Italienisch-Grammatik des

---

[7] Von Pergamini stammt auch *Il memoriale della lingua* (1602), ein umfassendes alphabetisches Wörterbuch mit Textbelegen aus den Werken der vorbildlichen Autoren des 14. Jahrhunderts.

17. und 18. Jahrhunderts (vgl. Trovato 1994, 190f.). Sie wurde bis ins frühe 19. Jahrhundert immer wieder neu aufgelegt.[8]

Marco Antonio Mambellis („il Cinonio") Grammatik *Delle osservationi della lingua italiana* (1644) besteht aus insgesamt 258 Kapiteln, in denen grammatische Phänomene in alphabetischer Reihenfolge behandelt werden.[9]

Agostino Lampugnanis *Lumi della lingua italiana diffusi da regole abbreuiate, e dubbi* (1652) enthalten neben einer Darstellung der Buchstaben und der Wortarten eine Liste sprachlicher Zweifelsfälle mit Lösungsvorschlägen (*Sessanta dubbi Intorno ad alcune difficoltà della Lingua Italiana*).

Daniello Bartolis Werk *Il torto e il diritto del non si puo dato in giudicio sopra molte regole della lingua italiana* (1655) setzt sich kritisch mit dem Absolutheitsanspruch des Trecento-Modells auseinander, indem es auch bei den modellhaften Autoren Formen ausfindig gemacht hat, die von den Grammatikern des Cinque- und Seicento als fehlerhaft abgelehnt wurden (z.B. „*Io non Poteuo*, disse Dante Conu. Fol 31 ...").

Sforza Pallavicino geht in seinen *Avvertimenti gramaticali per chi scriue in lingua italiana* (1661) auf die Wortarten, die Orthographie sowie die Interpunktion ein.

In Giovanni Pietro Ericos *Le prime linee o Lettioni della lingua italiana* (1674) werden vor allem die Themen Aussprache und Wortarten behandelt.

Bei Pio Rossis *Osseruazioni sopra la lingua volgare con la dichiarazione delle men note, e più importanti voci* (1677) handelt es sich um eine Kombination aus Wörterbuch und Wortarten-Grammatik.

---

[8] Im Jahre 1760 schließlich adoptierte die *Accademia della Crusca*, die sich immer nur auf die Herausgabe ihres Wörterbuchs beschränkt hatte, die Grammatik ihres einstigen Sekretärs als ihre eigene.

[9] Der ursprüngliche Titel der (noch unvollständigen) Erstausgabe von 1623 lautete *Delle cagioni della lingua toscana*. Er bezieht sich auf die humanistische Latein-Grammatik *De causis linguae Latinae* (1540) von Giulio Cesare Scaligero. Buommattei (1643) unterscheidet „quattro cagioni della lingua", und zwar 1) *materiale* (= *le parole*), 2) *formale* (= *il significato delle parole*), 3) *efficiente* (= *i popoli che parlano le lingue*) und 4) *finale* (= *esplicare i concetti dell'animo*). Das Verhältnis von Sprachgebrauch und Sprachregulierung betrachtet der Autor wie folgt: „[...] il popolo è quel che forma le lingue, e le sue regole, almeno materialmente, e gli scrittori son que' che le raccolgono, e stabiliscono." (11–12). Der Autor, Florentiner und moderate Anhänger des Trecento-Modells, der auch auf die Sprache seiner Zeit Bezug nimmt, unterscheidet nicht nur zwischen Dichtung und Prosa, sondern liefert auch „soziolinguistische" Hinweise auf diastratische Differenzen des Sprachgebrauchs, z.B. durch den Hinweis *volg.* wenn es sich um volkstümliche Formen handelt: „*Io era* volgarmente *ero*"; „*Noi eravamo* volg. *eramo*" (262); „*Voi eravate* volg. *eri*" (262); „Ma oggi, in parlando (almeno familiarmente) si dice *Noi eramo*, che chi dicesse *Eravamo*, sarebbe da tutti, forse burlato: e molti dicono *Voi eri* anche nelle scritture domestiche, più che *Eravate*. SAVAMO, e SAVATE è del tutto dismesso." (271). Innovativ zeigt sich Buommattei bei der Einteilung in grammatische Kategorien. Im Gegensatz zur griechisch-lateinischen Tradition, die mit acht Wortarten auskam, unterscheidet Buommattei nicht weniger als zwölf verschiedene Wortarten.

Benedetto Menzini widmet seine Abhandlung *Della costruzione irregolare della lingua toscana* (1679) den grammatischen Unregelmäßigkeiten des Italienischen (Toskanischen).

4.3.4. Die Grammatiken des 18. Jahrhunderts zwischen sprachlicher Tradition und methodischer Innovation

Die Zielsetzung der Grammatiken des Settecento bestand nicht mehr darin, ein bestimmtes Sprachmodell im Zusammenhang mit der *Questione della lingua* zu diskutieren, sondern darin, das mittlerweile etablierte Trecento-Modell methodisch effektiv zu vermitteln. Die Syntax spielte in der Grammatikographie des 18. Jahrhunderts eine immer wichtigere Rolle (vgl. Matarrese 1993, 178–183).

4.3.4.1. Philologisch und sprachtheoretisch orientierte Grammatiken

Eine der wichtigsten Grammatiken des 18. Jahrhunderts war – wie bereits erwähnt – weiterhin Buommatteis im frühen 17. Jahrhundert entstandene *Della lingua toscana*. Das Werk blieb ein wichtiger Bezugspunkt für zahlreiche Grammatiker des Settecento.

In Niccolò Amentas Werk *Della lingua nobile d'Italia, e del modo di leggiadramente scrivere in essa, non che di perfettamente parlare* (1723–1724), das sich explizit auf Buommattei beruft, werden nicht nur Probleme der italienischen Grammatik behandelt, sondern auch Fragen in Bezug auf die Sprachgeschichte sowie die sprachnormierenden Instanzen.

Stefano Bosolinis Grammatik *Midolla letteraria della lingua italiana purgata, e corretta* (1724) behandelt die Bereiche *Ortografia* (Buchstaben und Laute), *Etimologia* (Wortarten), *Sintassi* (Satzbau) und *Prosodia* (Akzente und Interpunktion).

4.3.4.2. Didaktisch orientierte Lerngrammatiken

Seit dem frühen 18. Jahrhundert wurden neben Grammatiken für ein nicht näher spezifiziertes gebildetes erwachsenes Publikum erste Werke verfasst, die explizit an Kinder und Jugendliche adressiert waren (vgl. Matarrese 1993, 31–40). Als sprachliches Vorbild für die Schüler des 18. Jahrhunderts dienten weiterhin die Autoren des Trecento.

Benedetto Rogaccis *Pratica, e compendiosa istruzione a' principianti, circa l'uso emendato & elegante della lingua italiana* (1720) richtet sich an Anfänger mit einigen Vorkenntnissen.

Girolamo Gigli, der sich im Rahmen der *Questione della lingua* als Anhänger des Dialekts von Siena und als Gegner der Dominanz des Dialekts von Florenz einen Namen gemacht hatte, verfasste die *Regole per la toscana favella: dichiarate per la piu stretta, e piu larga osservanza in dialogo tra maestro, e scolare. Con un saggio di tutti gl'idiomi toscani; ed una nuova prosodìa per la guista pronunzia di tutte le voci della lingua* (1721) für eine jugendliche Zielgruppe in Dialogform. In diesem Werk stellt der Lehrer die Fragen, die vom Schüler umfassend und korrekt beantwortet werden: „Ma. Che cosa è la Sillaba? / Sco. Ella è *elemento con accento*. Elemento, perché la materia, di cui è composta sono le lettere principio delle voci [...]." Das Werk enthält darüber hinaus Übungen. Im traditionellen Stil gehalten sind die *Lezioni di lingua toscana dettate dal signor Girolamo Gigli* (1722).

Domenico Maria Mannis *Lezioni di lingua toscana* (1737) richten sich an die „studiosissima gioventù" und sind im Rahmen des Italienischunterrichts am *Seminario arcivescovile* in Florenz entstanden.

Salvadore Corticelli war einer der erfolgreichsten didaktisch orientierten Grammatiker des 18. Jahrhunderts. Seine *Regole ed osservazioni della lingua toscana* (1745) wurden bis weit ins 19. Jahrhundert hinein immer wieder aufgelegt. Im ersten Buch werden die Wortarten behandelt, während sich das zweite Buch mit dem Satzbau sowie mit der Aussprache und Rechtschreibung des Italienischen befasst. Zu den methodischen Kriterien gehört die Kürze der Regel, die hilfreich bei der Memorisierung ist.

Pier Domenico Soresi kritisiert in seinen *I rudimenti della lingua italiana* (1756), dass die Erlernung des Italienischen häufig auf dem Umweg über das Lateinische erfolgt. Das Werk besteht aus 18 Lektionen zu den Wortarten (it. *parti del discorso*) und zehn Lektionen zur Orthographie (it. *ortografia*).

Der aus dem Tessin stammende Francesco Soave, der sich mit dem englischen Sensualismus (it. *sensismo*)[10] auseinandergesetzt hatte, ließ sich bei der Erstellung seiner *Grammatica ragionata* (1771) in methodisch-theoretischer Hinsicht durch die Grammatik von Port-Royal beeinflussen, aber auch durch andere französische sowie italienische Grammatiker, wie Du Marsais, Buommattei, Cinonio, Corticelli und Soresi.[11] Das Werk wurde seinerzeit in der gymnasialen Unterstufe eingesetzt. Soave tat sich vor allem als Autor didaktisch orientierter Schulgrammatiken und sonstiger Lehrwerke hervor, die weit über seinen Tod hinaus in Gebrauch waren.[12] Soaves prominentester Schüler war Alessandro Manzoni, der um 1840 das Trecento-Modell mit seinen Reformvorschlägen ins Wanken brachte (← Kap. 2.5.6.6).

---

[10] Eine philosophische Richtung, welche die Erfahrung auf individuelle Sinneseindrücke bzw. Wahrnehmungen bezieht.

[11] Simone Fornara hat 2001 eine kritische Ausgabe des Werks herausgegeben.

[12] Hierzu zählen u.a. folgende Werke: *Elementi della pronunzia e della ortografia italiana* (1786), *Elementi della calligrafia, ossia di scrivere bene, ad uso delle scuole della Lombardia austriaca, Elementi della grammatica italiana per uso delle scuole elementari delle provincie venete* (1786, 1839), *Grammatica delle due lingue italiana e latina ad uso delle scuole* (1807), *Grammatica italiana ad uso delle scuole normali* (1818), *Introduzione alla grammatica italiana: per la seconda classe* (1858).

4.3.5. Die Grammatiken des 19. Jahrhunderts zwischen sprachlicher Tradition und sprachlicher Innovation

Während die Stellung des Trecento-Modells bei den Grammatikern zunächst unangefochten war, machte sich gegen Mitte des Jahrhunderts der Einfluss Alessandro Manzonis bemerkbar, der die traditionelle Literatursprache mithilfe des modernen Florentinischen erneuern wollte. Bereits vor der Einführung der allgemeinen Schulpflicht in Italien (1878) waren zahlreiche schulform- und schulstufenspezifische Grammatiken auf den Markt gekommen. Sie vertraten entweder das traditionelle Sprachmodell Pietro Bembos (← Kap. 2.5.6.1 und Kap. 4.3.2.1) oder öffneten sich den Reformvorschlägen Alessandro Manzonis (← Kap. 2.5.6.6). Den Schülern wurde in den Lehranstalten über einen gewissen Zeitraum somit kein einheitliches Sprachmodell vermittelt.

4.3.5.1. Die Nachhaltigkeit des Trecento-Modells in den didaktischen Grammatiken

Das Trecento-Modell findet sich vor allem in den Werken nicht toskanischer Autoren, die keine sprechsprachliche Kompetenz im Florentinischen besaßen. Während die Grammatikographie in Bezug auf das Sprachmodell keine innovativen Ideen hervorbrachte, suchten die Autoren nach einer Verbesserung der didaktischen Vermittlung.[13] Nicht wenige der Grammatiker waren im Schulbereich tätig.

Saverio Chiajas *Gramaticella della lingua italiana disposta in dialoghi per uso delle scuole* (1824) bspw. orientiert sich am Frage- und Antwortschema, das bereits in lateinischen Lerngrammatiken der Antike anzutreffen ist.[14]

Der Neapolitaner Basilio Puoti (1782–1847) arbeitete zunächst als Beamter im Bildungsministerium des Königreichs beider Sizilien (it. *Regno delle Due Sicilie*). Im Jahre 1825 gründete er in Neapel eine private Italienisch-Schule. Zu seinen prominentesten Schülern gehörten der Schriftsteller Luigi Settembrini (1813–1876) und der Literaturwissenschaftler Francesco De Sanctis (1817-1883).[15] Puotis überaus erfolgreiche *Regole*

---

[13] Giovanni Gherardini fasst in seiner *Introduzione alla grammatica italiana per uso della classe seconda delle scuole elementari* (1825) die Kategorien und Regeln in knappen Sätzen zusammen. Ferner enthält sie Unterrichtsanweisungen für Lehrer (z.B. *modello di interrogazioni*) sowie Übungsaufgaben für Schüler. Knapp vier Jahrzehnte später kritisierte Domenico Carbonati im Vorwort zu seiner *Grammatica popolare proposta alle scuole elementari d'Italia* (1864) die geringe didaktische Eignung vieler zeitgenössischer Schulgrammatiken.

[14] Diesem Schema folgen u.a. Pasquale Adones *Elementi di grammatica italiana* (1859), Raffaello Lambruschinis *Principi di grammatica cavati dall'esame della lingua nativa ad uso delle scuole popolane e delle famiglie* (1861) sowie Giuseppe Borgognos *Prime nozioni di grammatica italiana proposte alle scuole elementari inferiori* (1875).

[15] De Sanctis ist heute vor allem aufgrund seiner *Storia della letteratura italiana* (1870) bekannt. Nach der Gründung des Königreichs Italien war er als Bildungsminister tätig.

elementari della lingua italiana (1833) wurden bis ins späte 19. Jahrhundert hinein immer wieder neu aufgelegt.

Ebenfalls aus dem Königreich beider Sizilien (it. *Regno delle due Sicilie*) stammt Innocenzio Fulcis *Glottopedia italo-sicula o Grammatica dialettica in cui confrontasi il dialetto siciliano colla lingua italiana in ciò che disconvengono, a buon indirizzo de' giovani siciliani per evitare i sicilianismi grammaticali* (^{1}1836, ^{2}1855). Dieses Werk ist sprach- und kulturhistorisch besonders interessant, denn es wendet sich speziell an sizilianische Schüler, welche die italienische Standardsprache erst wie eine Fremdsprache erlernen mussten.[16] Fulci versucht, mithilfe einer kontrastiven Betrachtung von Ausgangs- und Zielsprache, interferenzbedingten Fehlern entgegenzuwirken.[17]

4.3.5.2. Die Annäherung an das gesprochene Florentinische in den didaktischen Grammatiken

Nach der Schaffung des italienischen Nationalstaats rückte – nicht zuletzt durch den Anstoß durch Alessandro Manzoni (← Kap. 2.5.6.6) – die lebendige Sprache (it. *uso moderno*) der Gegenwart immer mehr ins Blickfeld der Grammatiker.

Bei Leopoldo Rodinòs *Grammatica novissima della lingua italiana composta da Leopoldo Rodinò per uso del liceo arcivescovile e de' seminari di Napoli sopra quella compilata nello studio di Basilio Puoti. Prima edizione fiorentina, rivista da un Maestro toscano* (1858) handelt es sich um eine Überarbeitung von Puotis (am Trecento orientierter) Grammatik.[18] Es ist in der Tat bemerkenswert, dass man gerade das Werk eines überzeugten Anhängers des archaischen Sprachmodells einer (moderaten) neuflorentinischen Überarbeitung unterzogen hat.

Raffaello Fornaciari hält sich in seiner überaus erfolgreichen *Grammatica italiana dell'uso moderno* (1879) in Bezug auf den Gebrauch der Pronomina *egli* und *lui* weitgehend an das traditionelle Schema, lässt aber unter gewissen Umständen Ausnahmen zu.[19] Auch bei der Futurendung der ersten Person Singular hält sich der Autor an die traditio-

---

[16] Der dialektsprachige Schüler, für den die italienische Standardvarietät eine Fremdsprache darstellte, war im 19. Jahrhundert der Normalfall.

[17] Auf der anderen Seite gehörte Fulci zu den Pionieren in Bezug auf die Erforschung des Sizilianischen. In seinen *Lezioni filologiche sulla lingua siciliana* (1855) befasst er sich sowohl mit dem geschriebenen als auch mit dem gesprochenen Dialekt Siziliens.

[18] Den Formen der Trecento-Norm werden nun auch (durch Kursivdruck markierte) moderne florentinische Varianten gegenübergestellt („Era, *Ero*; Eri; Eravamo; Eravate, *Eri*; Erano"), wobei der traditionellen Variante noch der Vorzug gewährt wird: „Alcuni usano far terminare in *o* la prima persona di questo tempo in tutti i verbi dicendo *ero, avevo, cantavo*" ecc., „il che sarebbe molto comodo per distinguerla dalla terza. Ma non essendo quest'uso seguitato dall'universale de' buoni scrittori, è da preferire la desinenza in *a*."

[19] „Nondimeno *lui, lei* e *loro* possono talvolta usarsi come soggetti quando il pronome debba esser messo in maggior rilievo [...]."

nelle Grammatik (*io lodava, io partiva*). Trotz des Hinweises auf den *uso moderno* im Titel enthält das Werk viele traditionelle Regeln.

Carlo Collodis *Grammatica di Giannettino per le scuole elementari* (1883)[20] ist weniger traditionsgebunden. Das Lehrbuch ist in Form eines lebendigen Gesprächs verfasst. Beim Gebrauch der Pronomina orientiert sich der Autor an den traditionellen Regeln („i pronomi *lui, lei* e *loro* non possono fare da *soggetto* di proposizione"). Bei der Futurendung der ersten Person Singular hingegen lässt Collodi sowohl die Variante auf -*a* als auch die auf -*o* zu.

In Policarpo Petrocchis *Grammatica della lingua italiana per le scuole elementari inferiori* (1887) und *Grammatica della lingua italiana per le scuole ginnasiali, tecniche, militari* (1887) wird sowohl die literarische als auch die umgangssprachliche Form angegeben (*Ero* – lett. *Era*; *Avevo* – lett. *Aveva*, e *Avea*). Kompromissloser als Fornaciari orientiert sich der Autor am Gebrauch der toskanischen Umgangssprache.[21]

Luigi Morandis und Giulio Cappuccinis *Grammatica italiana (regole ed esercizi) per uso delle scuole ginnasiali tecniche e normali* (1894) vereint traditionelle und innovative Elemente. Die Personalpronomina *egli* und *lui* folgen den traditionellen Regeln. Beim Futur der ersten Person Singular hingegen wird ausschließlich die moderne Florentiner Form angegeben (*leggevo*).

4.3.5.3. Sprachtheoretisch orientierte Grammatiken

Trotz der Dominanz von Schulgrammatiken (← Kap. 4.3.5.1 und Kap. 4.3.5.2) hat das 19. Jahrhundert auch einige theoretisch orientierte Grammatiken hervorgebracht.

Giovanni Romanis *Teorica della lingua italiana* (1826) befasst sich sowohl mit formalen Aspekten als auch mit dem von diesen abhängigen Aspekt der Kommunikation. Der erste Band behandelt die Wortarten (*Dell'etimologia*), während der zweite der Syntax (*Della sintassi: delle proposizioni, delle argomentazioni, del discorso*) gewidmet ist.

Giacomo Rosters *Osservazioni grammaticali intorno alla lingua italiana* (1826) richten sich explizit an ein gelehrtes Publikum („dedicata alla culta nazione italiana"). Seine *Elementi gramaticali ragionati di lingua italiana* (1827) befassen sich vor allem mit dem Thema Ableitung.

Carlo Antonio Vanzons *Grammatica ragionata della lingua italiana* (^{2}1834) erschien zunächst unter dem Titel *Esposizione Grammaticale* (1828) und war als Ergänzung zum

---

[20] Die Figur des Giannettino taucht in verschiedenen schuldidaktischen Werken von Carlo Collodi auf, der heute ausschließlich mit dem Kinder- und Jugendroman *Pinocchio* in Verbindung gebracht wird. Hierzu gehören z.B. *L'abbaco di Giannettino* (1885), *La geografia di Giannettino* (1886) und *Il viaggio per Italia di Giannettino* (1891).

[21] „Al nominativo, *Lui* e *Loro*, son più familiari che *Egli* o *Églino*. Anzi *Egli, Ella*, e peggio ancora *Églino*, sarebbero affettazione nel linguaggio comune."

Dizionario universale della lingua italiana (1825) desselben Autors konzipiert. Sie behandelt die drei Themengebiete *Ortologia* (Phonetik), *Ortografia* sowie *Etimologia e Sintassi* (Wortarten und Syntax).

Francesco Ambrosolis *Grammatica della lingua italiana* (1829) gliedert sich in zwei Themenbereiche, wobei im ersten Teil die Wortarten behandelt werden, im zweiten Probleme der Syntax (*Della sintassi in generale, della sintassi grammaticale, della sintassi irregolare*).

Tommaso Fracassi Poggis posthum erschienene *Scienza dell'umano intelletto ovvero Lezioni d'ideologia di grammatica di logica* (1843) richtet sich zwar an die Jugend („Alla Gioventù Italiana"), dennoch handelt es sich nicht um eine normale Schulgrammatik, sondern vielmehr um eine komplexe psychologische und sprachtheoretische Arbeit. Sie gliedert sich in die drei Hauptteile *Della ideologia* (21 Lektionen zu psychologischen Themenbereichen, wie z.B. Wahrnehmung, Intellekt, Empfindungen etc.), *Della grammatica* (7 sprachphilosophisch geprägte Lektionen zu den Wortarten sowie 6 zur Syntax) und *Dell'arte logica*.

In Vincenzo Tedeschis und Paternò Castellos *Prenozioni di grammatica generale* (1846) werden die drei Bereiche *Funzione delle parole, Della forma delle parole* und *Della coordinazione delle parole* behandelt.

Giovanni Battista Bolza behandelt in seinen *Disquisizioni e proposte intorno alla grammatica italiana con un'appendice sull'insegnamento delle lingue* (1847) neben der Aussprache und den Wortarten in einem Anhang auch das immer mehr an Bedeutung gewinnende Thema Sprachdidaktik.

Giovanni Moises *Grammatica de la lingua italiana* (1867) enthält zahlreiche Hinweise auf den metasprachlichen Diskurs in den italienischen Grammatiken früherer Epochen.

4.3.6. Die Grammatiken des 20. Jahrhunderts: Didaktik und Linguistik

Ciro Trabalza veröffentlichte 1908 eine *Storia della grammatica italiana*. Neben den zahlreichen Schulgrammatiken entstanden auch einige historische Grammatiken in italienischer Fassung (z.B. Meyer-Lübke, Rohlfs). Seit den 1960er-Jahren wurde die Grammatikographie zunehmend durch Theorien der modernen Linguistik beeinflusst (vgl. Köller 1988, 406–414; Jungen/Lohnstein 2006, 91–156; dies. 2007, 191–278).

4.3.6.1. Schulgrammatiken von 1900 bis 1945

Das Sprachmodell der Schulgrammatiken folgte weitgehend dem *uso moderno*, der sich gegen Ende des 19. Jahrhunderts gegen das Trecento-Modell durchsetzen konnte. Hinweise auf das Sprachmodell (it. *lingua parlata, lingua viva*) finden wir in den Titeln einiger Grammatiken.²² Im Gegensatz zur Grammatikographie des 19. Jahrhunderts stand nun nicht mehr die Vermittlung eines bestimmten Sprachmodells im Mittelpunkt, sondern vielmehr die geeignete Methode der didaktischen Vermittlung (logisch, intuitiv etc.).²³ Einige Schulgrammatiken der ersten Hälfte des 20. Jahrhunderts stammen aus der Feder namhafter Linguisten.²⁴

4.3.6.2. Schulgrammatiken nach 1945

Die Rolle der Grammatik sowohl im muttersprachlichen als auch im fremdsprachlichen Bereich wird seit einigen Jahrzehnten kontrovers diskutiert. Giovanni Esposito setzt sich in seinem Werk *Per un nuovo insegnamento della grammatica italiana* (1969) für eine Reform des traditionellen Grammatikunterrichts ein. Alle italienischen Grammatiken der 1960er- und 1970er-Jahre orientieren sich selbstverständlich an der modernen Sprache. Gleichermaßen modern und lebendig soll die Grammatik vermittelt werden, was in einigen Titeln zum Ausdruck kommt.²⁵ Markante Unterschiede gibt es im Bereich der methodischen Vermittlung. Einige Lehrbücher jener Epoche versuchen – fast im Sinne der modernen Mehrsprachigkeitsdidaktik (it. *didattica del plurilinguismo*) – mithilfe der italienischen Grammatik die Grundlage für die Vermittlung der lateinischen zu schaffen.²⁶ Neue linguistische (Strukturalismus, funktionale Grammatik) oder psychologische (intuitive Grammatik) Konzepte flossen teilweise in die Schulgrammatiken ein.²⁷

---

[22] Stellvertretend verweisen wir auf Roberto Chierici, *Corso elementare di grammatica della lingua parlata* (1913) und Cesare De Titta, *Nuova Grammatica italiana della lingua viva per uso delle scuole medie* (1938).

[23] Vgl. Armando Pappalardo, *Elementi di analisi logica della proposizione e del periodo, con un'Appendice delle figure grammaticali, ad uso delle scuole tecniche, complementari e professionali* (1910); Antonio Messeri, *Grammatica razionale italiana, ad uso delle scuole secondare e normali, compilata secondo i metodi più recenti* (1910); Ferdinando Rizieri Pasquini, *Grammatica italiana per le classi elementari e popolari e per la prima classe delle scuole medie, insegnata col metodo intuitivo* (1914).

[24] Zu nennen wären in diesem Zusammenhang Pier Gabriele Goidànich, *Grammatica italiana, ad uso delle scuole medie* (1908); Francesco A. Ugolini, *Grammatica italiana. Con esercizi ad uso della Scuola Media* (1940); Giacomo Devoto, *Introduzione alla grammatica. Grammatica italiana per la scuola media* (1941) und Bruno Migliorini, *La lingua nazionale. Avviamento allo studio della grammatica e del lessico italiano per la scuola media* (1941).

[25] So z.B. Ernesta Paniate, *Grammatica viva della lingua italiana. Studio pratico del lessico, avviamento alla composizione* (1961).

[26] Bspw. Alfredo Piraino, *Grammatica sintetica della lingua italiana con immediato riferimento allo studio del latino* (1961) und Piero Lovati, *Leggo, imparo: grammatica italiana con elementari conoscenze di latino* (1964).

[27] Beispiele der 1960er- bis 1980er-Jahre sind: Modestino Senzale, *Dal periodo alla parola. Grammatica italiana intuitiva per la scuola media unificata* (1962); Angelo Marchese und Attilio Sartori, *Il segno, il senso: grammatica moderna della lingua italiana ad uso delle*

4.3.6.3. Wissenschaftliche Grammatiken

Die wissenschaftlichen Grammatiken sind zum einen historische Grammatiken (vgl. Jungen/Lohnstein 2007, 171–183), zum anderen deskriptive (oder normative) Grammatiken der italienischen Gegenwartssprache, die unter dem Einfluss diverser linguistischer Theorien stehen (vgl. Rizzi 1990).

4.3.6.3.1. Historische Grammatiken

Die historischen Grammatiken der ersten Hälfte des 20. Jahrhunderts folgen der junggrammatischen Methode, z.B. Francesco D'Ovidios und Wilhelm Meyer-Lübkes *Grammatica storica della lingua e dei dialetti italiani* (1906) oder Gerhard Rohlfs' monumentale dreibändige *Historische Grammatik der italienischen Sprache und ihrer Mundarten* (1949–1954), deren italienische Fassung zwischen 1966 und 1969 unter dem Titel *Grammatica storica della lingua italiana e dei suoi dialetti* erschienen ist. Die Übersetzung erfolgte in Zusammenarbeit mit Rohlfs, der gleichzeitig einige Korrekturen einfügte. Die vierbändige *Grammatica storica dell'italiano* (1972) des kroatischen Linguisten Pavao Tekavčić hingegen folgt einer strukturalistischen Konzeption. Von Giampaolo Salvi und Lorenzo Renzi stammt die *Grammatica dell'italiano antico* (2010).

4.3.6.3.2. Grammatiken der italienischen Gegenwartssprache

Bis in die späten 1980er-Jahre hinein verhielten sich die Linguisten des 20. Jahrhunderts im Hinblick auf die Erstellung von wissenschaftlich konzipierten Grammatiken der Gegenwartssprache sehr zurückhaltend.

Eine Ausnahme bilden Salvatore Battaglias und Vincenzo Pernicones *Grammatica italiana* (1951), Max Regulas und J. Jernejs *Grammatica italiana descrittiva su basi storiche e psicologiche* (^{1}1965, ^{2}1975) sowie die *Grammatica italiana del Novecento* (^{1}1969, ^{2}1983) des ungarischen Linguisten Miklós Fogarasi.

Eine „linguistische Wende" im Bereich der grammatischen Beschreibung des Italienischen brachte das Jahr 1988, in dem gleich drei umfassende wissenschaftlich konzi-

---

scuole medie superiori (1970); Giovanna Barbieri, *Le strutture della nostra lingua. Grammatica italiana per le scuole superiori* (1971); Fanny Amerio, *Elementi di grammatica funzionale per la terza classe elementare* (1975); Ferruccio Deva, *Grammatica funzionale e arricchimento del vocabolario. Didattica della lingua nella scuola elementare* (1976); Giovanni Sale, *Penso e scrivo. Esercizi-gioco di ortografia e grammatica funzionale: classe 2* (^{6}1984); Katerin Katerinov, *La grammatica didattica e l'uso dei moderni sussidi glottotecnici* (1989).

pierte Werke erschienen sind (Schwarze, Renzi, Serianni), die unterschiedliche linguistische Schwerpunkte setzen. Christoph Schwarzes *Italienische Grammatik* (^{1}1988, ^{2}1995), die sich primär an ein deutschsprachiges Publikum richtet, folgt der Theorie der Valenzgrammatik.[28]

Die von Lorenzo Renzi, Giampaolo Salvi und Anna Cardinaletti herausgegebene *Grande grammatica italiana di consultazione* (^{1}1988–1995, neue Ausgabe 2001) in drei Bänden orientiert sich an der Theorie der Generativistik (→ Kap. 4.4.1.2), ohne jedoch deren typische Darstellungsweise in Form von Strukturbäumen zu übernehmen.

Einer ganz anderen Konzeption folgt Luca Seriannis *Grammatica italiana – Suoni, forme e costrutti* (1988). Das Werk enthält zahlreiche Textbelege und geht auch auf sprachhistorische Erscheinungsformen ein (z.B. Parahypotaxe).

Maurizio Dardanos und Pietro Trifones *Nuova Grammatica della lingua italiana* (^{1}1997, ^{2}2005) ist einerseits eine normative Konsultationsgrammatik und andererseits eine Einführung in die linguistische Begrifflichkeit, wobei synchrone und diachrone Aspekte gleichermaßen Berücksichtigung finden.

Giampaolo Salvis und Laura Vanellis deskriptiv konzipierte *Nuova grammatica della lingua italiana* (2004) versucht, eine Brücke zwischen der linguistischen Betrachtung sprachlicher Phänomene und der didaktischen Vermittlung der jeweiligen Regeln zu schlagen.

4.4. Linguistische Grammatiktheorien des 20. Jahrhunderts und ihre Rezeption in Italien

4.4.1. Wissenschaftsgeschichtlicher Überblick

An dieser Stelle kann nur ein Teil der Grammatiktheorien vorgestellt werden. Einen guten Überblick über das gesamte theoretische Spektrum liefert die Darstellung von Jungen/Lohnstein (2007, 194–278).

4.4.1.1. Dependenz- und Valenzgrammatik

4.4.1.1.1. Theorie und Entwicklung der Dependenz- und Valenzgrammatik

Die Dependenz- (it. *grammatica delle dipendenze*) und Valenzgrammatik (it. *grammatica delle valenze* oder *grammatica valenziale*) wurde von dem französischen Sprachwissenschaftler Lucien Tesnière (1893–1954) entwickelt und durch dessen – posthum erschienenes – Werk *Eléments de syntaxe structurale* (1959) international

---

[28] Unter dem Titel *Grammatica della lingua italiana* ist 2009 eine vom Autor überarbeitete italienische Übersetzung erschienen.

bekannt, wobei Ansätze dieser Theorie bereits bei dem mittelalterlichen Gelehrten Thomas von Erfurt (← Kap. 4.2.3.2) anzutreffen sind. Die Dependenz- und Valenztheorie spezifiziert die fakultativen und obligatorischen Ergänzungen der lexikalischen Einheiten, die in einem Satz auftreten.[29] Im Modell der Dependenzgrammatik wird die hierarchische Struktur von Sätzen in Abhängigkeit vom Verb beschrieben. Gemäß seiner *Valenz* (it. *valenza*), d.h. seiner Wertigkeit, verlangt das Verb eine gewisse Zahl von *Ergänzungen*. Die Ergänzungen werden von Tesnière in Aktanten (frz. *actants* – it. *attanti*), Zirkumstanten (frz. *circonstances* – it. *circonstanti*) und Indices (frz. *index* – it. *indici*) eingeteilt.

4.4.1.1.2. Die Rezeption der Dependenz- und Valenzgrammatik in Italien

Das Hauptwerk Tesnières erschien erst 2001 unter dem Titel *Elementi di sintassi strutturale* in italienischer Übersetzung, dennoch erfolgte die Rezeption der Valenztheorie in Italien bereits in den späten 1970er-Jahren. Interessanterweise waren es zunächst vor allem italienische Altphilologen, die versuchten, die Valenztheorie für die Didaktik des Lateinischen nutzbar zu machen.

Silvana Favarin und Enzo Mancino stellten in der *Rivista di Studi Classici* (1979, 454–470) sowie in den *Orientamenti pedagogici 18* (1981, 636–653) das Projekt eines *Dizionario valenziale di latino* vor.

Auch im Bereich der Didaktik des Italienischen ist die Valenztheorie hochaktuell. Donatella Lovinson hielt im Februar 2008 am *Seminario GISCEL regionale*[30] einen Vortrag mit dem Thema „Insegnare con la grammatica valenziale". Patrizia Cordin referierte über „La grammatica valenziale nella prassi didattica". Im Rahmen des *XVI. Convegno Nazionale GISCEL*, der vom 4. bis 6. März in Padua stattfand, erörterte Carmela Camodeca in ihrem Vortrag „L'impiego del modello grammaticale valenziale come strumento teorico-operativo per l'apprendimento dell'italiano L2" die Möglichkeiten der Valenztheorie bei der Vermittlung des Italienischen als Fremdsprache.

Von linguistischer Seite sind im Bereich der Lexikographie Maria Teresa Biancos *Dizionario della valenza verbale* (1996)[31] sowie im Bereich der Grammatikographie die italienische Übersetzung von Schwarzes *Italienischer Grammatik* zu nennen, die 2009 von Adriano Colombo herausgegeben wurde (Kap. ← 4.3.6.3.2).

---

[29] Vgl. hierzu Gauger/Oesterreicher/Windisch 1981, 224–240; Jungen/Lohnstein 2007, 194–200.
[30] GISCEL = *Gruppo di Intervento e Studio nel Campo dell'Educazione*.
[31] Auf der Valenztheorie basiert auch das *Wörterbuch der italienischen Verben* (1998) von Blumenthal und Rovere.

4.4.1.2. Generative Grammatik

4.4.1.2.1. Theorie und Entwicklung der generativen Grammatik

Auf große internationale Resonanz stieß die generative Grammatik (it. *grammatica generativa*), die früher auch als generative Transformationsgrammatik (it. *grammatica generativa trasformazionale*) bezeichnet wurde. Sie wurde vom amerikanischen Linguisten Noam Chomsky (*1928) ins Leben gerufen und geht von den angeborenen Prinzipien der Sprachfähigkeit des Menschen aus. Die generative Grammatik ist in der Lage, mithilfe rekursiver Regeln aus einer endlichen Zahl von Wörtern eine unendliche Zahl an Sätzen hervorzubringen, d.h. zu generieren. Nach der generativistischen Theorie wird die Grammatik im Rahmen des Spracherwerbsprozesses gebildet. Im Rahmen seiner Theorie hat Chomsky die Dichotomie *Performanz* (it. *performanza* < engl. *performance* = die konkrete Sprachverwendung, d.h. das Sprechen) – *Kompetenz* (it. *competenza* < engl. *competence* = das unbewusste Wissen eines Sprechers über seine Sprache) eingeführt, welche in gewisser Weise die von Ferdinand de Saussure entwickelte Unterscheidung von *langue* und *parole* fortführt, ohne mit ihr identisch zu sein. Dank seiner Kompetenz, welche eine Art „innere Grammatik" darstellt, ist ein Sprecher in der Lage, Sätze zu erzeugen und zu verstehen, die er nie zuvor verwendet oder gehört hat. Auf diese Weise kann er die endlichen Regeln der Sprache in einen unendlichen Gebrauch umsetzen (vgl. Linke/Nussbaumer/Portmann ^{5}2004, 97–147; Jungen/Lohnstein 2007, 210–231; Graffi 2008).

In Bezug auf die generative Grammatik werden in der Regel drei fundamentale Entwicklungsphasen unterschieden:[32]

In den späten 1950er-Jahren entwickelte Chomsky die sogenannte *Standardtheorie* (it. *teoria standard*), die sich in eine syntaktische, eine semantische sowie eine phonologische Komponente gliedert, wobei der syntaktischen, die ihrerseits zwischen einer Oberflächen- (it. *struttura superficiale*) sowie einer Tiefenstruktur (it. *struttura profonda*) unterscheidet, die größte Bedeutung zufällt. Die Standardtheorie wurde mehrmals abgewandelt: a) 1957–1965: Standardtheorie (it. *teoria standard*); b) 1965–1973: erweiterte Standardtheorie (it. *teoria standard estesa*); c) 1973–1980: erweiterte und modifizierte Standardtheorie (it. *teoria standard estesa modificata*).

Im Jahre 1979 hielt Chomsky eine Reihe von Vorlesungen an der *Scuola Normale* in Pisa, die 1981 unter dem Titel *Lectures on Government and Binding* veröffentlicht wurden. Bei der *Rektions-und-Bindungs-Theorie* (it. *teoria della reggenza e del legamento* oder *teoria di governo e del grippaggio*) handelt es sich um eine Weiterentwicklung der Transformationsgrammatik (→ Kap. 4.4.2.2.5).

Die minimalistische Grammatik oder das minimalistische Programm (engl. *core grammar* – it. *programma minimalista*) aus den 1990er-Jahren (*The Minimalist*

---

[32] Vgl. auch Dürscheid ^{4}2007, 129–156.

Program, 1995) (→ Kap. 4.4.2.2.6) stellt eine Abkehr von vielen Prinzipien der *Government-and-Binding-Theory* dar, da nur noch zwei Faktoren als notwendig erachtet werden, und zwar ein „Lexikon, das das lexikalische Inventar zum Aufbau von Strukturen bereitstellt, und ein Verarbeitungssystem [...], das die Lexikonelemente zu komplexen Ausdrücken zusammensetzt und diese auf der phonetischen und logisch-semantischen Ebene interpretiert" (Dürscheid ⁴2007, 147).

4.4.1.2.2. Die Rezeption der generativen Grammatik in Italien

Die Rezeption der generativen Transformationsgrammatik in Italien erfolgte in den späten 1960er-Jahren u.a. durch Norma Costabiles *Le strutture della lingua italiana. Grammatica generativo-trasformativa* (1967) und Mario Saltarellis *La grammatica generativa trasformazionale. Con introduzione alla fonologia, sintassi e dialettologia italiana* (1970). Im selben Zeitraum erschienen die ersten italienischen Übersetzungen der Werke Chomskys, und zwar *L'analisi formale del linguaggio* (1969), *Le strutture della sintassi* (1970), *La grammatica generativa trasformazionale* (1970) und *La grammatica trasformazionale* (1975). In den 1970er-Jahren erschienen weitere Interpretationen der generativen Transformationsgrammatik durch italienische Linguisten, z.B. Franco Lo Piparos Monographie *Linguaggi, macchine e formalizzazione. Sugli aspetti logico-matematici della grammatica generativo-trasformazionale di Noam Chomsky* (1974), gefolgt von Giorgio Graffis und Luigi Rizzis Band *La sintassi generativo-trasformazionale* (1979). Seit 1976 erscheint in Italien die *Rivista di Grammatica Generativa*. Im Jahre 1983 kam Andrew Redfords *La sintassi trasformazionale. Introduzione alla teoria standard estesa di Chomsky* in Italien heraus. Fünf Jahre später erschien Giorgio Graffis *Noam Chomsky e la grammatica generativa*. Ebenfalls von Graffi (2008) stammt eine Einführung in die Theorie der Generativistik.

4.4.1.3. Funktionale Grammatik

Die funktionale Grammatik (it. *grammatica funzionale*) wurde von dem niederländischen Linguisten Simon C. Dik (1940–1995) entwickelt. Ihr Ziel besteht darin, die grammatischen Regeln und Prinzipien von Einzelsprachen auf die Regeln und Prinzipien der sozialen und kommunikativen Interaktion zurückzuführen (vgl. Jungen/Lohnstein 2007, 200–204). Die Theorie wurde in Italien in den 1970er-Jahren rezipiert und wird bis heute angewendet, z.B. in Edoardo Lombardi Vallauris *Grammatica funzionale delle avverbiali italiane* (2000) oder in Vittorio Vinays *Come si analizza il testo musicale. Grammatica funzionale, analisi sintagmatica* (2002).

4.4.1.4. Kasusgrammatik

Die Kasusgrammatik (it. *grammatica dei casi*) wurde 1968 durch Charles J. Fillmores (*1929) Aufsatz „The Case for Case" bekannt und stellt gewissermaßen einen Gegenentwurf zur generativen Transformationsgrammatik dar, in der grammatische Relationen wie Subjekt und Objekt formal repräsentiert werden. Sätze werden in der Kasusgrammatik (engl. *case grammar*) als Kombination aus einem Verb und einem oder mehreren Tiefenkasus aufgefasst, welche semantische Rollen bzw. Kasusrollen übernehmen. Sie unterscheidet zwischen den Oberflächenkasus (it. *casi superficiali*) (Nominativ, Akkusativ, Genitiv, Dativ) und den Tiefenkasus (it. *casi profondi*) (Agentiv – it. *agentivo*, Instrumental – it. *strumentale*, Dativ – it. *dativo*, Faktiv – it. *fattivo*, Lokativ – it. *locativo* und Objektiv – it. *oggettivo*). Die Tiefenkasus charakterisieren die semantischen Beziehungen der verschiedenen Nominalphrasen, die hauptsächlich durch ein Verb vorgegeben sind (vgl. Jungen/Lohnstein 2007, 199f.).

4.4.1.5. Textgrammatik

Die Textgrammatik bzw. transphrastische Grammatik (it. *grammatica testuale*, *grammatica del testo* oder *grammatica transfrastica*) stellt die kommunikative Funktion der Sprache in den Vordergrund und orientiert sich in erster Linie nicht am Satz, sondern am Text. Sie richtet das Interesse auf die Bereiche Anaphorik, Kataphorik, Junktionen, Gesprächsrollen, Handlungsrollen, Horizont und Fokus.

4.4.2. Fallstudien zur Dependenzgrammatik und zur generativen Grammatik

4.4.2.1. Die Dependenzgrammatik und ihre Grundbegriffe anhand italienischer Beispiele

4.4.2.1.1. Valenz

Der Terminus Valenz (it. *valenza*) ist aus der Chemie entlehnt. Nach der Anzahl der Leerstellen eines Verbs unterscheidet man zwischen:

Nullwertig	(0) *nevicare*	*Nevica*. (0-V)
Einwertig	(1) ...*dormire*	*Tiberio* sta dormendo. (N-V)
Zweiwertig	(2) ... *guardare* ...	*Lorenzo* guarda *la TV*. (N-V-N)
Dreiwertig	(3) ... *dare*... a	*Lorenzo* da *il libro* a *Tiberio*. (N-V-N-P-N)

4.4.2.1.2. Aktanten

Unter Aktanten (it. *attanti*) sind alle durch Substantive oder Pronomina zum Ausdruck gebrachten Wesen, Gegenstände oder Sachverhalte zu verstehen, die aktiv oder passiv an dem vom Verb angegebenen Vorgang (frz. *procès* – it. *processo*) beteiligt sind. Aktanten entsprechen in traditioneller Terminologie dem Subjekt sowie dem direkten und indirekten Objekt. Tesnière unterscheidet drei Arten von Aktanten, und zwar Erstaktant, Zweitaktant und Drittaktant (frz. *prime actant, second actant, tiers actant* – it. *primo attante, secondo attante, terzo attante*), die im Großen und Ganzen den traditionellen Kasus Nominativ, Akkusativ und Dativ entsprechen:

Erstaktant (it. *primo attante*) = Subjekt *Francesca dorme.*
Zweitaktant (it. *secondo attante*) = direktes Objekt *Lorenzo cerca il suo portafolio.*
Drittaktant (it. *terzo attante*) = indirektes Objekt *Marco presta il suo zaino al suo amico.*

4.4.2.1.3. Zirkumstanten

Zirkumstanten (it. *circostanti*) sind Umstandsangaben, d.h. Adverbien oder adverbiale Bestimmungen:

Modale Adverbien *Luigi corre come un pazzo.*
Temporale Adverbien *Carlo non torna prima di sabato prossimo.*
Ort oder Richtung *Lorenzo va a teatro.*
Prädikatsnomen *Maurizio é medico.*

4.4.2.1.4. Indices

Die Indices (it. *indici*) sind dem Verb indirekt untergeordnet, denn sie stehen in einem direkten Abhängigkeitsverhältnis zu Aktanten und Zirkumstanten. Zu dieser Kategorie gehören bspw. Artikel, Demonstrativa, Possessiva und Adjektive.

4.4.2.1.5. Semantische Rollen

Die Valenzgrammatik beschränkt sich nicht auf die syntaktische Analyse, sondern bezieht die Bedeutungsebene mit ein, die sich in Form von sogenannten semantischen Rollen (it. *ruoli semantici*) manifestiert. In dem Satz „*La ragazza legge il fumetto.*" ist das Syntagma *la ragazza* Agens (it. *agente*) des Prozesses, *il fumetto* hingegen Patiens (it. *paziente*). Es gibt aber auch Fälle, in denen ein Aktant nicht Agens ist, sondern Auslöser oder Veranlasser eines Prozesses, und nicht Patiens, sondern Nutznießer (frz. *bénéficaire* – it. *beneficario*). Einen solchen Fall haben wir bspw. in dem Satz „*Il mio amico fa rinnovare l'appartamento per suo figlio.*", wobei *il mio amico* als Veranlasser fungiert, *l'appartamento* als Patiens. Ein expliziter Agens ist nicht vorhanden.

4.4.2.1.6. Diathese

Die Projektion semantischer Rollen auf syntaktische Rollen nennt man Diathese (gr. διάθεσις 'Aufstellung' – it. *diatesi*) oder *Genus Verbi*. Bei der *aktiven Diathese* tritt der Agens als Erstaktant in Erscheinung, der Patiens fehlt oder kommt als Zweitaktant vor, z.B. in dem Satz „*Il bambino mangia.*" bzw. „*Il bambino mangia un gelato.*" Bei der *passiven Diathese* tritt der Patiens als Erstaktant auf, während der Agens fehlt oder als Drittaktant in Erscheinung tritt, z.B. in dem Satz „*Il gelato viene mangiato dal bambino.*" Die Passivierung ist folglich ein Mittel zur Valenzreduzierung. Bei der *rezessiven Diathese* wird der Agens ausgeblendet, z.B. in dem Satz „*Si parla italiano.*" Beim *Kausativ* wird die Zahl der Aktanten gegenüber der aktiven Diathese erhöht. Der Agens tritt als Drittaktant in Erscheinung oder fällt ganz weg, während der Patiens als Zweitaktant auftritt und der Veranlasser/Nutznießer/Betroffene als Erstaktant, z.B. in dem Satz „*Tiberio si è fatto tagliare la barba.*"

4.4.2.1.7. Konnexionen und Knoten

Tesnière verzichtet bewusst auf zwei elementare Bestandteile der traditionellen Grammatik, und zwar auf die Subjekt- und Prädikatsstruktur des Satzes sowie auf die Sonderstellung des Subjekts. Zur Repräsentation der Struktur eines Satzes bedient er sich eines *Stemmas* (it. *stemma*).

Die Konnexionen (frz. *connexions* – it. *connessioni*) werden durch Striche markiert. Sowohl *segnale* als auch *via* hängen von *indica* ab. Die regierenden Elemente (d.h. im vorliegenden Fall *indica*, *segnale* und *via*) werden auch als Knoten (fr. *nœud* – it. *nodo*) bezeichnet, wobei das Prädikat *indica* im Beispiel den Zentralknoten (fr. *nœud central* – it. *nodo centrale*) darstellt.

Mithilfe eines virtuellen Stemmas lassen sich die strukturellen Eigenschaften eines Satzes übereinzelsprachlich repräsentieren, z.B. frz. „*Paul parle bien.*" – it. „*Paolo parla bene.*" oder lat. „*Paulus bene loquitur.*"

Vom Verb als zentralem Knoten können verschiedene Konnexionen ausgehen, z.B. „*Francesca adora Mozart.*"

Ein dem Verb untergeordneter Satzteil heißt *Dependenz* (it. *dipendenza*), wobei zwischen obligatorischen bzw. notwendigen Ergänzungen (= *Aktanten*) und fakultativen Ergänzungen (= *Zirkumstanten*), d.h. Adverbien oder adverbialen Bestimmungen, unterschieden wird. Unter *Junktiven* (it. *giuntivi*) sind nach traditioneller Terminologie Konjunktionen zu verstehen (*e, o, sia … che* etc.). Diese werden auf derselben horizontalen Ebene dargestellt, während die Zirkumstanten (in diesem Fall *molto*) – nach traditioneller Terminologie Adverbien – am rechten Rand des Stemmas platziert werden.

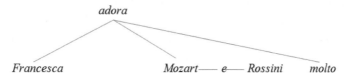

Von Aktanten und Zirkumstanten können weitere Elemente abhängig sein:

4.4.2.1.8. Volle und leere Wörter

Tesnière unterscheidet zwischen vollen (it. *parole piene*) und leeren (it. *parole vuote*) Wörtern. Zur ersten Gruppe gehören Verben, Substantive, Adjektive und Adverbien, während er bei den leeren Wörtern zwischen Indices (it. *indici*), Junktiven (it. *giuntivi*) und Translativen (it. *traslativi*) differenziert, wobei die Indices eine Untergruppe der Translative (Translatoren) bilden.

Die Symbole der vollen und leeren Wörter:			
O	=	Substantiv	j = Junktive
A	=	Adjektiv	t = Translative
I	=	Verb	
E	=	Adverb	

Den Junktiven (Junktoren) fällt die Aufgabe zu, die vollen Wörter oder die Knoten, die diese bilden, miteinander zu verknüpfen, während die Translative dafür sorgen, dass ein volles Wort oder sein Knoten in eine andere Kategorie überführt wird. Die Translation betrifft alle syntaktischen Grundkategorien. In einem substantivischen Knoten (Nominalphrase) wie *il blu di Prussia* oder *lo stupido del/di paese* fungieren die Artikel *il* und *lo* sowie die Präposition *di* als Translative. Der erste verwandelt ein Adjektiv (*blu, stupido*) in ein Substantiv, während der zweite ein Substantiv (*Prussia, paese*) in einen Ausdruck mit adjektivischer Bedeutung verwandelt (*di Prussia* ≈ *prussiano*, *di paese* ≈ *paesano*). Damit Substantive oder Adjektive die prädikative Funktion von Verben übernehmen können, müssen sie die Verbindung mit einer *Kopula* eingehen. Diese stellt folglich einen Translativ dar, der Substantive und Adjektive in Verben umwandelt. Die Indices sind Translative, für die Ausgangs- und Zielkategorie gleich sind. Sie beschränken sich darauf, die Kategorie des Knotens anzuzeigen. Hierzu gehören z.B. der bestimmte Artikel vor einem Substantiv, Flexionsendungen und klitische Pronomina, während die betonten Pronomina von Tesnière zu den Substantiven gezählt werden.

4.4.2.2. Die generative Transformationsgrammatik und ihre Grundbegriffe anhand italienischer Beispiele

4.4.2.2.1. Oberflächen- und Tiefenstruktur

Die Erzeugung von Sätzen ist nach der ursprünglichen generativistischen Theorie (Standardtheorie) als Übertragung von Tiefenstrukturen (it. *strutture profonde*) in Oberflächenstrukturen (it. *strutture superficiali*) (= Transformation – it. *trasformazione*) beschreibbar (← Kap. 4.4.1.1.1). So weisen bspw. Aktiv- und Passivsätze unterschiedliche

Oberflächenstrukturen auf, während sie die gleiche Tiefenstruktur besitzen, z.B. „*La polizia arresta il ladro* und *il ladro viene arrestato dalla polizia.*"

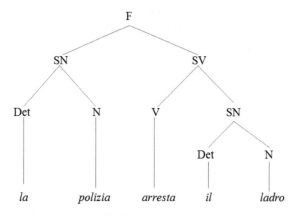

Die Herleitung eines Satzes aus einer kontextfreien Grammatik kann in Form eines Strukturbaums bzw. Baumdiagramms (it. *albero di derivazioni, diagramma ad albero* oder *indicatore sintagmatico* – engl. *tree diagram, branching diagramm* oder *phrase marker*) beschrieben werden (s.o.), der sich an die Struktur eines Stammbaums anlehnt, wie beim obigen Beispiel eines einfachen Satzes (it. *frase semplice*), wobei *F* für den Satz (it. *frase* – engl. *sentence*) steht, *Det* für den Artikel bzw. Determinator (it. *determinante* – engl. *determiner*), *N* für das Nomen (it. *sostantivo, nome* – engl. *noun*), *V* für das Verb (it. *verbo* – engl. *verb*), *SN* für Nominalphrase (it. *sintagma nominale* – engl. *noun phrase*) und *SV* für Verbalphrase (it. *sintagma verbale* – engl. *verb phrase*). Die Verbindungslinien des Baumdiagramms werden Zweige (it. *rami* – engl. *branches*) genannt. Die Schnittpunkte zweier Zweige bezeichnet man als Knoten (it. *nodo* – engl. *knot*). Kategorien, die von gleichen Knoten dominiert werden, bezeichnet man als Schwesterknoten (it. *nodi-sorelle*), während der sie dominierende Knoten als Mutterknoten (it. *nodo-madre*) bezeichnet wird. Die Schwesterknoten wiederum fungieren gegenüber dem Mutterknoten als sogenannte Tochterknoten (it. *nodi-sorelle*). Es existieren verzweigende und nicht verzweigende Knoten. Letztere werden auch als Terminalsymbole (it. *simboli terminali* – engl. *terminal symbols*) bezeichnet. Eine Kette von Terminalsymbolen, die ausschließlich von einem gleichen Knoten dominiert wird, wird als Konstituente (it. *costituente*) bezeichnet.

Die Struktur des Satzes lässt sich auch – etwas weniger übersichtlich – mithilfe eckiger Klammern darstellen (engl. *labelled bracketing*):

[$_F$ [$_{SN}$ [$_{Det}$ *la*] [$_N$ *polizia*]] [$_{SV}$ [$_V$ *arresta*] [$_{SN}$ [$_{Det}$ *il*] [$_N$ ladro]]]].

4.4.2.2.2. Syntaktische Prozesse

Syntaktische Prozesse betreffen nur Konstituenten (Syntagmen), niemals Wortketten. Für die Identifizierung von Konstituenten gibt es mehrere Möglichkeiten (vgl. Müller/Riemer 1998, 14f.). Hierzu gehören folgende Bereiche:

- Topikalisierung (it. *topicalizzazione*): Hierbei ist die Voranstellung von Konstituenten aus Gründen der besonderen Hervorhebung zu nennen (z.B. *Vado spesso a Genova.* → *A Genova vado spesso.*).

- Koordination (it. *coordinazione*): Sie ist nur in Bezug auf Konstituenten möglich (z.B. *Prendo un cappuccino e un'acqua minerale.*).

- Parenthese (it. *parentesi*): Parenthetische Ausdrücke (z.B. *penso*, *credo*) können nur an den Grenzen zwischen einzelnen Konstituenten eingeschoben werden (z.B. *Lorenzo va – credo – a Genova.*).

- Pronominalisierung (it. *pronominalizzazione*): Sie ist ebenfalls nur bei Konstituenten möglich (z.B. *Lorenzo vede un uomo strano e anche Tiberio lo vede.*).

4.4.2.2.3. Argumente und Prädikate

Die beiden Bezeichnungen Argument (it. *argomento*) und Prädikat (it. *predicato*) werden in der generativen Syntaxtheorie im Sinne der formalen Logik verstanden. Einfache Sätze bestehen aus einem Prädikat und einem Argument oder auch aus mehreren Argumenten. Letztere sind sogenannte referierende Ausdrücke, deren Aufgabe darin besteht, eine Entität, Person oder ein Objekt auszuwählen, über die bzw. das gesprochen wird. Die traditionelle Grammatik unterteilt die Wörter in Kategorien wie Nomen, Verb, Adjektiv, Adverb etc., wobei der Terminus *Prädikat* ausschließlich auf das Verb angewendet wird. In der Logik spielen diese grammatischen Kategorien keine so große Rolle: Hier werden Ausdrücke, welche Relationen zwischen referierenden Ausdrücken (Argumenten) definieren als *Prädikate* bezeichnet. Diese Relationen können ein- oder mehrstellig sein (vgl. Müller/Riemer 1998, 28f.). Intransitive Verben (z.B. *dormire*) sind einstellige Prädikate, da sie nur über ein Argument verfügen. Transitive Verben (z.B. *trovare*) haben zwei Argumente und werden daher als zweistellig bezeichnet. Ditransitive Verben (z.B. *dare*) schließlich sind dreistellig und verfügen über drei Argumente. Jedes Prädikat hat somit seine eigene Argumentenstruktur. Diese sagt nichts darüber aus, wie die Prädikate syntaktisch realisiert werden, sondern gibt lediglich Auskunft über die Anzahl der notwendigen Konstituenten. Nicht alle Argumente, die in der Argumentenstruktur eines Verbs existieren, werden realisiert, da sie automatisch mitverstanden werden. Man spricht in diesem Fall auch von impliziten Argumenten (it. *argomenti impliciti*). So muss bspw. das Subjekt im Passivsatz nicht unbedingt erscheinen (z.B. „*Gesù è stato tradito [da Giuda].*"). Nicht nur Verben verfügen über eine Argumentenstruktur, sondern auch Substantive, Adjektive oder Präpositionen (vgl. ebd., 30f.).

4.4.2.2.4. Die X-Bar-Theorie

Der Phrasenaufbau nach dem X-Bar-Schema stellt eine vereinfachte Version der Phrasen-Strukturregeln dar. Ausgangspunkt der von Chomsky (mit)entwickelten X-Bar-Theorie (it. *teoria X-barra*) ist die Annahme, dass alle syntaktischen Strukturen natürlicher Sprachen gemeinsamen, universellen Bauprinzipien unterliegen, d.h. die Kategorien Verbalphrase (*VP*), Nominalphrase (*NP*), Adjektivphrase (*AP*) und Präpositionalphrase (*PP*) sind nach universellen Strukturprinzipien aufgebaut. Hierzu gehören folgende Elemente:

- Phrasenkopf (it. *testa del sintagma*): Ein obligatorisches Element, dessen Argumentenstruktur den weiteren Aufbau der Phrase bestimmt.
- Komplement (it. *complemento*): Hierunter versteht man obligatorische Konstituenten. Sie hängen von der Argumentenstruktur des jeweiligen Phrasenkopfes ab.
- Spezifikator (engl. *specifier* – it. *specificatore*): Durch den Spezifikator wird die maximale Projektion abgeschlossen.
- Adjunkt (engl. *adjunct* – it. *aggiunto*): Hierunter versteht man optionale phrasale Konstituenten. Sie sind fakultativ und rekursiv, denn sie sind nicht von der Argumentenstruktur abhängig und außerdem uneingeschränkt wiederholbar.

Die Variable X kann durch N (Nomen), V (Verb), A (Adjektiv) etc. ersetzt werden. Insgesamt werden drei Positionen unterschieden, und zwar eine Kopf-Position, eine Komplement-Position sowie eine Spezifikator-Position. Die Kopf-Position bildet zusammen mit der Komplement-Position die Zwischenebene X'. Die Spezifikator-Position schließlich bildet zusammen mit der Zwischenebene X' die maximale Projektion XP. Der Kopf X° projiziert seine Merkmale auf die gesamte Phrase:

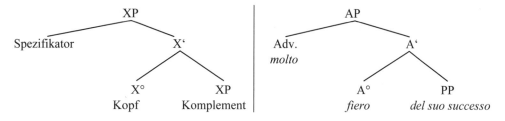

4.4.2.2.5. Die Rektions-und-Bindungs-Theorie

Die Rektions-und-Bindungs-Theorie (engl. *Government-And-Binding-Theory* – it. *teoria della reggenza e del legamento*) beschäftigt sich hauptsächlich mit syntaktischen Regeln. Es gibt insgesamt drei Stufen der syntaktischen Repräsentation, und zwar die Tiefenstruktur (it. *struttura profonda*), die Oberflächenstruktur (it. *struttura superficiale*) sowie die phonetische Form (it. *forma fonetica*) und die logische Form (it. *forma logica*). Die Tiefenstruktur ist eine direkte Projektion von Information aus dem Lexikon, die Oberflächenstruktur ist eine aus der Tiefenstruktur abgeleitete Zwischenebene und fungiert als *Input* sowohl für die phonetische Form als auch für die logische Form. Die logische Form wiederum ist eine aus der Oberflächenstruktur abgeleitete Repräsentationsebene. Die drei Stufen Oberflächenstruktur, Tiefenstruktur sowie die phonetische und logische Form stehen zueinander in Beziehung, durch eine Regel für eine einfache Bewegung, die „bewege α" (engl. *move* α – it. *muovi* α) genannt wird (vgl. Müller/Riemer 1998, 121–150). Zum Lexikon einer Sprache, z.B. des Italienischen, stehen sie durch das sogenannte Projektionsprinzip in Verbindung, wobei es bestimmte Regeln und Einschränkungen gibt.

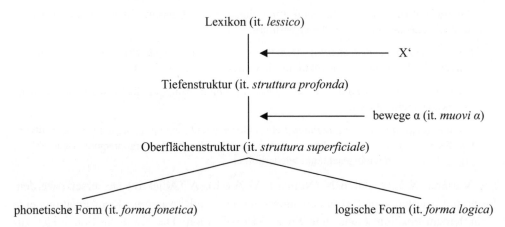

Mithilfe der X-Bar-Theorie werden die grammatischen Funktionen der lexikalischen Elemente definiert. Die Beziehungen der Bindung werden durch die Regeln des *c*-Kommandos (it. *comando di costituente*) festgelegt. Dieses beschreibt eine „zentrale, für syntaktische Prozesse relevante Relation zwischen zwei syntaktischen Knoten" (Müller/Riemer 1998, 246).

4.4.2.2.6. Das minimalistische Programm

Chomskys minimalistisches Programm (it. *programma minimalista*) – das zentrale Begriffe der generativen Transformationsgrammatik aufgibt (so z.B. die Oberflächen- und Tiefenstruktur) – versucht, die strukturellen Eigenschaften sprachlicher Systeme als direktes Ergebnis komplexer Interaktionen der Verarbeitungsmechanismen anderer kognitiver Systeme zu erklären.[33] Die Schnittstellen-Ebenen phonetische Form und logische

---

[33] Das minimalistische Programm wurde in der italienischen Forschung ohne größere zeitliche Verzögerung rezipiert, so z.B. durch den Linguisten Andrea Moro in seinem Aufsatz „Virtual Conceptual Necessity: la semplificazione della grammatica generativa nei primi anni novanta" (*Lingua e stile* 30, 637–674). Bezugnahmen auf das *programma minimalista* finden sich auch in Moros *Elementi di psicolinguistica generale* (2001).

Form sind nunmehr die einzigen Repräsentationsebenen, wobei sich die phonetische Form mit der artikulatorisch-perzeptiven Ebene verbindet, während die logische Form eine Verbindung mit der semantisch-konzeptuellen Ebene eingeht. Beide Ebenen sind für die lautliche und semantische Interpretation zuständig.

Die Unterschiede zwischen dem minimalistischen Programm und der Rektions-und-Bindungs-Theorie lassen sich anhand eines Schaubilds verdeutlichen.

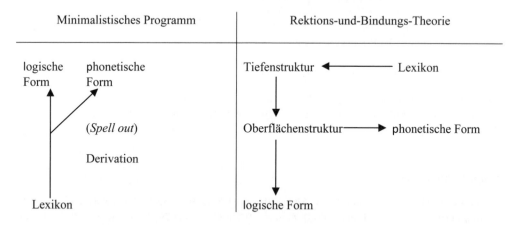

Bevor es zu einer sprachlichen Äußerung (z.B. „*Tiberio legge un libro.*") kommt, laufen zunächst eine Reihe unbewusster mentaler Prozesse ab, die die auf dem sprachlichen Wissen des Sprechers basierenden Elemente ineinanderfügen. Die Gesamtheit dieser Prozesse wird als *Derivation* bezeichnet.

Zur Artikulation des Satzes „*Tiberio legge un libro.*" wird dem mentalen Lexikon die syntaktisch noch ungeordnete Menge der für den Satz notwendigen Lexeme entnommen („Tiberio", „libro", „legge", „un"). Diese Operation wird nach der Theorie des minimalistischen Programms als *Numeration* bezeichnet. Die Lexeme werden dann im syntaktischen Generator geordnet. Dabei werden im Rahmen der Operation „select" zunächst jeweils zwei Elemente ausgewählt und miteinander verknüpft (Operation „merge"), sodass eine syntaktische Einheit entstehen kann (z.B. die Phrase *un libro*). Mithilfe der Operation „move" können einzelne Elemente noch verschoben werden. Nach dem Abschluss der Operationen „select" und „merge" ist auf mentaler Ebene eine syntaktisch strukturierte Form Σ entstanden, die durch die Operation „spell out" schließlich akustisch wahrnehmbar (= phonetische Form) und semantisch verständlich (= logische Form) artikuliert wird.

Numeration: „Tiberio", „legge", „libro", „un", INFL

Derivation:
- Select – „libro", „un"
- Merge – „libro", „un" → DP[*un libro*]
- Select – „legge", DP[*un libro*]
- Merge – „legge", DP[*un libro*] → V'[*legge* DP[*un libro*]]
- Select – „Tiberio", V'[*legge* DP[*un libro*]]
- Merge – „Tiberio", V'[*legge* DP[*un libro*]] → VP[*Tiberio* V'[*legge* DP[*un libro*]]]
- Select – INFL, VP[*Tiberio* V'[*legge* DP[*un libro*]]]
- Merge – INFL, VP[*Tiberio* V'[*legge* DP[*un libro*]]] → I'[INFL[VP[*Tiberio* V'[*legge* DP[*un libro*]]]]]
- Move – *Tiberio* → IP[*Tiberio* I'[INFL[VP[t V'[*legge* DP[*un libro*]]]]]]

DP = Determinierphrase (engl. *determiner phrase*); INFL = engl. *inflection* (auch „I"), d.h. die Tempus- (Präsens, Futur etc.) sowie die Kongruenzmerkmale (Person, Numerus usw.) des Verbs; IP = Inflektionsphrase (engl. *inflection phrase*).

Literaturhinweise

Ágel (2000); Alberti/Grayson (1964); Alberti/Patota (1996); Borgato (1983, 1994); Cook (1990); Fortunio (1979); Gabriel/Müller (2008); Genot (1978); Graffi (1979; 1988); King (1973); Köller (1988); Lo Piparo (1974); Müller/Riemer (1998); Poggi Salani (1988); Puglielli (1977); Radtke (1991); Rizzi (1990); Skytte (1990); Tesnière (1953, 1959, 1980, 2001); Trabalza (1963); Vitale (1955); Weber (1992).

Aufgaben

1) Konsultieren Sie Leon Battista Albertis *Grammatichetta* (Grayson 1964; Patota 1996) oder http://it.wikisource.org/wiki/Grammatica_della_lingua_toscana) und vergleichen Sie diese mit Giovan Francesco Fortunios *Regole grammaticali*.

   a) Wo liegen die Hauptunterschiede in der Struktur?

   b) Welche Bereiche der Sprache werden in den beiden Grammatiken beschrieben?

2) Gehen Sie auf die Homepage der *Accademia della Crusca* (http://www.accademia-dellacrusca.it) und registrieren Sie sich (kostenlos).

   a) Suchen Sie in der *Biblioteca virtuale* die digitalisierte Faksimileausgabe oder in Ihrer Universitätsbibliothek eine Originalausgabe von Buommatteis *Della lingua toscana* (1643 u. öfter) und untersuchen Sie anhand des fünften Kapitels die Auffassung des Verfassers in Bezug auf schriftliche und mündliche Sprachvorbilder.

   b) Suchen Sie in der *Biblioteca virtuale* die digitalisierte Faksimileausgabe oder in Ihrer Universitätsbibliothek eine Ausgabe von Salvadore Corticellis *Regole ed osservazioni della lingua toscana* (1745 u. öfter) und versuchen Sie, anhand des Vorwortes die zugrunde liegende sprachdidaktische Konzeption zu ermitteln.

3) Was versteht man unter einer Konstituente im Sinne der generativen Grammatik und wie kann man sie ermitteln?

5. Morphologie

5.1. Untersuchungsgegenstand der Morphologie

In der traditionellen Grammatik versteht man unter Morphologie allgemein die Formenlehre. Die Aufgaben der Morphologie bestehen vornehmlich darin, die Struktur und den Aufbau der Wörter (→ Kap. 5.3.2) zu untersuchen. Sie stützt sich dabei auf die sprachlichen Regularitäten, die auf einer strukturellen Ebene zwischen Phonologie und Syntax angesiedelt sind. Die morphologische Forschung befasst sich sowohl mit den Flexionsformen einer gegebenen Sprache als auch mit der Wortbildung in all ihrer Komplexität. Der Unterschied zwischen *Flexion* und *Wortbildung* besteht vor allem darin, dass durch Wortbildungsverfahren neue Wörter entstehen, während die Flexion zum einen die grammatischen Funktionen der Wörter im Satz zum Ausdruck bringt und zum anderen zur Bedeutungskonstituierung der Wörter beiträgt.

5.2. Wissenschaftsgeschichtlicher Überblick der Morphologie

Der Terminus *Morphologie* geht auf gr. μορφή ‚Gestalt', ‚Form' zurück. Der Indogermanist August Schleicher (1821–1868) führte ihn in die Sprachwissenschaft ein, doch erst der amerikanische Strukturalismus erhob die Morphologie zu einem eigenständigen Teilbereich der linguistischen Forschung, insbesondere Leonard Bloomfield (1887–1949) in seinem Werk *Language* (1933). In die italienische Grammatikographie wurde der Begriff *morfologia* am Ende des 19. Jahrhunderts aufgenommen. Erste Beispiele finden wir bspw. in Policarpo Petrocchis *Grammatica della lingua italiana* (1887, 9) und Ettore Piazzas *Grammatica italiana* (1897, 21). Bei Petrocchi werden unter dem Titel *Morfologia* lediglich die traditionellen grammatischen Kategorien (*Parti del discorso*) behandelt, während Piazza im Kapitel *Morfologia o teòrica delle forme* quasi eine Strukturanalyse liefert. Er behandelt die grammatischen Kategorien (*parti del discorso*), Wurzel (*radice*) und Endung (*desinenza*), Flexion (*flessione*) und Affixe (*affissi*). Die *parti del discorso* werden in veränderliche (*parti variabili*) und unveränderliche Teile (*parti invariabili*) untergliedert. Zur ersten Kategorie gehören die Wortarten Artikel, Nomen (bestehend aus Substantiv und Adjektiv), Pronomen und Verb. Zur zweiten zählen das Adverb, die Konjunktion sowie die Interjektion.

5.3. Die Morphologie in der modernen Linguistik

Morphologisch betrachtet enthält eine Sprache eine begrenzte Menge von einfachen Zeichen sowie ein System von Regeln zur Bildung von Strukturen und Formen morphologisch komplexer Wörter (vgl. Wandruszka 1998, 153). Die strukturalistische Linguistik des 20. Jahrhunderts hat eine Reihe von Begriffen zur Beschreibung morphologischer Strukturen hervorgebracht.

5.3.1. Grundbegriffe der modernen Morphologie

5.3.1.1. Morph

Ein Morph (it. *morfo*) ist eine minimale bedeutungstragende sprachliche Form, die durch Segmentierung (it. *segmentazione*) ermittelt wird und nicht vollständig in kleinere sprachliche Formen zerlegt werden kann. Ein Wort (→ Kap. 5.3.2) kann aus einem oder aber aus mehreren Morphen bestehen. Semantisch nicht weiter segmentierbar sind z.B. Präpositionen wie *a, con, da, di* oder invariable Substantive wie *bar, città, camion, computer, pus, peluche, tram, virtù* etc. Das it. Adjektiv *chiassoso* hingegen lässt sich in die drei Morphe *chiasso-* ('Krach') *-os-* ('reich an') und *-o* ('männlich') zerlegen.

5.3.1.2. Morphem

Unter einem Morphem ist eine Menge von Morphen zu verstehen, die einerseits bedeutungsähnlich sind und andererseits die gleiche Rolle im grammatischen System einer Sprache spielen. Man kann zwischen lexikalischen und grammatischen (bzw. funktionalen) Morphemen unterscheiden. Ein lexikalisches Morphem (it. *morfema lessicale*) ist bspw. {libr-}, während die Flexionsendungen {-o} (*libro*) und {-i} (*libri*) als grammatische Morpheme (it. *morfemi grammaticali*) fungieren, die den Singular oder Plural anzeigen. Morpheme können frei (it. *morfemi liberi*) oder gebunden (it. *morfemi legati*) sein. Freie grammatische Morpheme sind u.a. die Artikel (*il, la, lo, le, gli, i*), da sie vom zugehörigen lexikalischen Morphem (Substantiv) durch ein vorangestelltes Adjektiv getrennt werden können (*una giornata* → *una bella giornata*). Gebundene grammatische Morpheme sind z.B. verbale Flexionsendungen wie {-iamo} (*am*iamo, *ved*iamo, *fin*iamo) oder adjektivische Suffixe wie {-ibile} (*poss*ibile, *orr*ibile). Freie lexikalische Morpheme sind z.B. {bar}, {città} oder {tram}, während {teng-} (z.B. in der 1. Pers. Sg. Ind. *tengo* von *tenere*) oder {vad-} (z.B. in der 1. Pers. Sg. Ind. *vado* von *andare*) gebunden sind.

5.3.1.3. Allomorph

Bei einem Allomorph (it. *allomorfo*) handelt es sich um eine Variante eines Morphems. Bei den Formen *vengo, vieni* und *verrá* handelt es sich um Konjugationsformen desselben unregelmäßigen Verbs *venire*. Es liegt somit Bedeutungsgleichheit vor. Die Morphe *ven-*, *veng-*, *vien-* und *verr-* gehören zum gleichen Morphem {ven}. Sie sind somit Allomorphe (it. *allomorfi*) des gleichen Morphems.

5.3.1.4. Nullmorphem und Nullallomorph

Die Begriffe Nullmorphem (it. *morfema zero*) und Nullallomorph (it. *allomorfo zero*) sind in der Forschung nicht ganz unumstritten, denn es handelt sich um gedachte Hilfskonstruktionen.

Ein *Nullmorphem* ist ein in der Flexion zwar phonologisch (und graphemisch) nicht ausgedrücktes, inhaltlich aber vorhandenes Morphem. Es wird mithilfe des Zeichens „∅" dargestellt. So markiert bspw. das Morphem -*av*- in der Verbform *parlava* (*parl+av+a*) das Imperfekt, während das Morphem -*er*- in *parlerà* (*parl+er+à*) das Futur anzeigt. Das Präsens *parla* (*parl+∅+a*) verfügt über keine materielle Tempusmarkierung.

Vom *Nullallomorph* spricht man nur dann, wenn zum gleichen Morphem ein vom Nullallomorph verschiedenes, also tatsächlich realisiertes Allomorph existiert. So haben bspw. die maskulinen Fremdwörter *bus* (Pl. *bus*∅), *camion* (Pl. *camion*∅) keine besondere Pluralmarkierung, im Gegensatz zu *aereo* (Pl. *aerei*), *treno* (Pl. *treni*) mit dem Pluralmorphem {-i}.

5.3.1.5. Portemanteau-Morpheme

Portmanteau-Morpheme (it. *morfemi amalgamati*) sind Morpheme, die zwar eine morphologisch nicht weiter zerlegbare Einheit bilden, aber dennoch Bedeutungen bzw. grammatische Funktionen repräsentieren, die sonst in der Sprache morphologisch getrennt auftreten, z.B. die Verschmelzung von Artikel und Präposition (z.B. *al, alla, del, della, nel, nella, col, colla* etc.).

5.3.2. Was ist ein Wort?

5.3.2.1. Verschiedene Arten der Wortdefinition

Was ist überhaupt ein Wort? Während jeder Sprecher eine intuitive Vorstellung davon hat, was ein Wort (it. *parola*) ist, haben die Linguisten in der Regel große Schwierigkeiten, sich auf eine gemeinsame Wortdefinition zu einigen. Je weiter die sprachwissenschaftlichen Analysemethoden voranschreiten, desto schwieriger wird die Definition des Wortes.

5.3.2.1.1. Phonetische, phonologische, prosodische Wortdefinition

Im Rahmen einer Definition auf Basis der Lautebene werden Wörter als Lautfolgen betrachtet, die durch Grenzsignale wie z.B. Pausen voneinander abgehoben sein können. Wörter lassen sich bspw. auf der Ebene der *Phonologie* (/amiko/), der *Phonetik* ([aˈmiko]) sowie der *Prosodie* [_ _ˈ_]) analysieren, wobei im Italienischen Wörter unter bestimmten Voraussetzungen beim Sprechen miteinander verschmolzen werden (z.B. bei der Elision), sodass die Wortgrenzen nicht mehr eindeutig hörbar sind: [laˈmiko] (*l'amico*). Im Laufe der Sprachgeschichte kann es zu spontanen Umdeutungen der Wortgrenzen kommen, wie z.B. bei dem Substantiv *lavello* (< lat. LABELLUM ‚kleines Opferbecken'), das in der Toskana von der Sprachgemeinschaft fälschlicherweise in die Bestandteile bestimter Artikel *lo* (mit Elision) + *avello* (*l'avello*) zerlegt wurde. Außerhalb der Toskana ist die lautliche Entwicklung hingegen regelmäßig verlaufen. Interessant ist ferner die unterschiedliche semantische Entwicklung der beiden italienischen Ausdrücke *lavello* ‚Spülbecken' und *avello* ‚Grab'.

5.3.2.1.2. Graphematische Wortdefinition

Auf graphematischer Ebene kann ein Wort als Buchstabengruppe zwischen zwei Trenn- bzw. Leerzeichen definiert werden (it. *la festa*). In mittelalterlichen Texten fehlt dieses markante Merkmal sehr häufig, z.B. im *Indovinello veronese* (← Kap. 2.5.2.1):

separebabouesalbaprataliaarabaetalboversoriotenebaetnegrosemenseminaba

Bei angehängten Pronomina entfällt das Kriterium der Leerzeichen auch im modernen Italienischen. So besteht die graphemische Einheit *arrividerci* aus insgesamt drei Wörtern (*a + rividere + ci*).

5.3.2.1.3. Semantische Wortdefinition

Ein Wort ist auf semantischer Ebene der formale Ausdruck einer bestimmten Inhalts- bzw. Sinneinheit. Die Bedeutung von Wörtern wird allerdings von ihrem jeweiligen Äußerungskontext determiniert. So hat das Substantiv *uomo* in dem Satz „*L'uomo distrugge la terra.*" eine andere Bedeutung als in dem Satz „*L'uomo cerca una donna.*" Auch Syntagmen können als semantisch determinierte Wörter fungieren, so z.B. der philosophische Ausdruck *essere-nel-mondo* (< ‚In-der-Welt-sein', Martin Heidegger). Einigen Funktionswörtern (Artikel, Pronomina, Präpositionen) lässt sich keine eigene lexikalische Bedeutung zuordnen, sondern allenfalls eine grammatische.

5.3.2.1.4. Morphosyntaktische Wortdefinition

In der Morphologie wird das Wort als freies Morphem (← Kap. 5.3.1.2) betrachtet. Es ist daher eine sprachliche Einheit, die einerseits eine eigene Bedeutung hat und andererseits in ungebundener Form vorkommen kann. Es kann zusätzlich nach in der Grammatik festgelegten Regeln durch Prä- oder Suffixe erweitert werden (*tempo* → *tempaccio*; *tempo* → *contrattempo*). Ein Wort kann darüber hinaus über Flexionsendungen verfügen (*il temp_o_ – i temp_i_*; *cant_are_*: *cant_o_, cant_i_, cant_a_* etc.). In der Linguistik gebraucht man in diesem Zusammenhang auch den Terminus Lexem (it. *lessema*) oder auch lexikalisches Wort (it. *parola lessicale*). Hiermit wird eine Gruppe sogenannter syntaktischer Wörter bezeichnet, die sich einige wesentliche Merkmale wie z.B. Grundbedeutung und Wortart teilen. So konstituieren *cantare, canto, canti, canta, cantiamo, cantate* und *cantano* zusammen ein Lexem. Gleiches gilt für *il cantante* und *i cantanti*, während *cantare* und *il cantante* zwei verschiedene Lexeme darstellen.

Man kann Wörter als sprachliche Einheiten bezeichnen, die sich an der Grenze zwischen Morphologie und Syntax befinden. Auf dieser Grundlage können wir die Wörter in *Simplicia* (→ Kap. 5.3.2.2.1), *Derivate* (→ Kap. 5.3.2.2.2) und *Komposita* (→ Kap. 5.3.2.2.3) unterteilen.

5.3.2.2. Einfache, abgeleitete und zusammengesetzte Wörter

5.3.2.2.1. Simplex

Ein Simplex (it. *parola semplice*) ist ein einfaches, d.h. nicht zusammengesetztes oder abgeleitetes grammatisches Wort, dessen Stamm aus genau aus einer Wurzel besteht.[1] *Simplicia* können ein Flexionssuffix zur Genus- und Numerusmarkierung enthalten, das allerdings nicht immer eindeutig ist. Im Falle des Substantivs *amico* steht das Flexionssuffix *-o* für „maskulin" und „Singular". Das invariable feminine Substantiv *crisi* hingegen hat kein Flexionssuffix. Ein Simplex (z.B. *capo*) kann als Ausgangspunkt (Basis, Derivationsbasis) zur Bildung komplexer Wörter im Rahmen von Derivationen (z.B. *caporale*) und Kompositionen (z.B. *capostazione*) dienen. Eine kleinere Gruppe von italienischen *Simplicia* ist invariabel. Aus einer Konstituentenanalyse geht hervor, dass die Wörter mit der Wortwurzel identisch sind und somit nicht weiter segmentiert werden können. Italienische Substantive, die auf betontem Vokal enden, sind entweder durch Apokope entstanden (lat. CIVITATEM > alttosk. *cittade* > it. *città*; lat. FELICITATEM > alttosk. *felicitade* > it. *felicità*) oder aber Fremdwörter exotischer Herkunft (*bambù*,

---

[1] Unter *Wortwurzel* (it. *tema radicale*) versteht man den morphologisch nicht weiter zerlegbaren Wortkern. Die Wurzel erhält man durch Abtrennen sämtlicher Wortbildungselemente (z.B. *ri|ved|ono*). Den Stamm eines Wortes bekommt man durch Abtrennen der Flexionsendungen (z.B. *rived|ono*).

caucciù, tabù). Die maskulinen Wörter auf *-a* haben unterschiedliche Entstehungswege. Während *vaglia* eine Substantivierung des Konjunktiv Präsens von *valere* ist, handelt es sich bei *cinema* um eine Kürzung (→ Kap. 5.4.2.3) von *cinematografo* (< fr. *cinematographe*). *Gorilla* geht auf frz. *gorille* zurück. Die femininen Substantive auf *-o* sind fast immer aus Kürzungen hervorgegangen, z.B. *dinamo* < *macchina dinamoelettrica*; *moto* < *motocicletta*; *foto* < *fotografia*. Lediglich *biro* geht auf einen Eigennamen zurück, und zwar auf den aus Ungarn stammenden Erfinder des Kugelschreibers, László József Bíró (1899–1985). Bei den maskulinen Substantiven auf *-i* handelt es sich entweder um Gräzismen (*analisi, metropoli*) oder um Entlehnungen aus anderen Sprachen (*brindisi* < dt. *bring dir's*; *bisturi* < frz. *bistouri*).

5.3.2.2.2. Derivat

Ein Derivat (Ableitung) ist ein Wort, das so segmentiert werden kann, dass mindestens eine der Konstituenten des Stamms ein Derivationsaffix ist (→ Kap. 5.4.2.1). Das Substantiv *globalizzazione* geht auf das von dem Adjektiv *globale* abgeleitete Verb *globalizzare* zurück und weist daher zwei Derivationsaffixe (in diesem Fall Derivationssuffixe) auf:

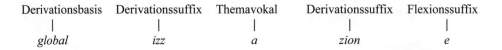

Derivationsbasis	Derivationssuffix	Themavokal	Derivationssuffix	Flexionssuffix
global	*izz*	*a*	*zion*	*e*

5.3.2.2.3. Kompositum

Bei den Komposita (it. *parole composte*) handelt es sich um Wörter, welche so zerlegt werden können, dass jede Konstituente des Stamms eine Wurzel enthält (z.B. *cavatappi*) (→ Kap. 5.4.2.2).

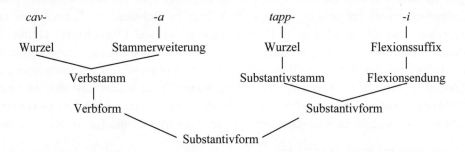

Die Komposita verhalten sich hinsichtlich ihrer Flexion höchst unterschiedlich. Grundsätzlich invariabel sind bspw. Substantive, die aus der Verbindung Verb + Verb sowie Verb + Adverb hervorgegangen sind, während die Kombination Präposition oder Adverb + Substantiv sowohl variable als auch invariable Substantive hervorgebracht hat. Invariable Substantive wie *doposcuola* oder *senzatetto* sind zwar durchsichtig und können problemlos in ihre etymologischen Konstituenten zerlegt werden, doch eine Segmentierung in freie und gebundene Morpheme ist nicht möglich. Bei der Verbindung Substantiv + Substantiv wird lediglich die letzte Komponente im Plural flektiert (z.B. *la ferrovia – le ferrovie*). Dies gilt in den meisten Fällen auch für die Kombination Adjektiv + Substantiv (z.B. *il bassorilievo – i bassorilievi*), während bei Substantiv-Adjektiv-Komposita beide Komponenten flektiert werden (z.B. la *cassaforte – le casseforti*). Die Wörter dieser Gruppe besitzen folglich zwei Flexionsaffixe. Es gibt allerdings auch Adjektiv-Substantiv-Komposita, bei denen die Adjektivkomponente ebenfalls flektiert wird (*la mezzaluna – le mezzelune, la mezzanotte – le mezzenotti*; aber: *il mezzogiorno – i mezzogiorni*).

5.4. Flexion und Wortbildung

5.4.1. Flexion

5.4.1.1. Definition der Flexion

Bei der Flexion (it. *flessione*) handelt es sich um die Änderung der Wortgestalt zum Ausdruck der grammatischen (und pragmatischen) Funktion eines Wortes innerhalb eines Satzes oder Satzgefüges. Es gibt flektierbare und nicht flektierbare Wörter. Zur ersten Gruppe zählen Artikel, Substantive, Adjektive, Pronomina und Verben. Die Änderung der Wortgestalt erfolgt über Flexionsaffixe, d.h. über Suffixe, die an den Wortstamm angehängt werden. Sie bestimmen die Deklination (it. *declinazione*) bei den Substantiven, die Konjugation (it. *coniugazione*) bei den Verben und die Komparation (it. *comparazione*) bei den Adjektiven. Bei Substantiven haben die Flexionsaffixe eine genusanzeigende, bei den Adjektiven hingegen eine genusbestimmende Funktion, wobei es eine Reihe von Sonderfällen gibt.

5.4.1.2. Deklination der Substantive und Adjektive

Als Deklination bezeichnet man die Beugung von Artikeln, Substantiven, Adjektiven und Pronomina zur Markierung des Kasus (z.B. im Lateinischen, nicht aber im Italienischen) sowie von Numerus und Genus (*il mio libro scolastico – i miei libri scolastici*). Die generischen grammatischen Kategorien des italienischen Substantivs sind Numerus und Genus, die spezifischen Kategorien Singular, Plural, Maskulinum, Femininum. Beim Adjektiv unterscheiden wir bei den generischen Kategorien Numerus, Genus und

Grad, bei den spezifischen Kategorien Singular, Plural, Maskulinum, Femininum, Positiv, Komparativ, Superlativ.

SUBSTANTIV	ADJEKTIV	GENERISCH	SPEZIFISCH
+	+	Numerus	Singular, Plural
+	+	Genus	Maskulinum, Femininum
−	+	*Grad*	*Positiv, Komparativ, Superlativ*

Der Numerus der Substantive ist normalerweise frei wählbar, abgesehen von *Pluralia tantum*[2] (*i dintorni, i viveri, gli occhiali* etc.) und *Singularia tantum*[3] (*la sete, la salute, il Sud* etc.), während sich das Adjektiv automatisch nach dem Substantiv richtet, auf welches es sich bezieht. Während den Substantiven das Genus innewohnt, d.h. diese maskulin oder feminin sind, können Adjektive je nach Erforderlichkeit in die maskuline oder feminine Form gebracht werden. Die häufigsten Flexionsmuster bei den Substantiven sind X-*o* – X-*i* (Maskulina; z.B. *ragazzo* – *ragazzi*), X-*a* – X-*e* (Feminina; z.B. *ragazza* – *ragazze*) und X-*e* – X-*i* (maskulin/feminin; z.B. *insegnante* – *insegnanti*).[4] Eine Ausnahme stellt das Muster X-*a* – X-*i* (Maskulina; z.B. *poeta* – *poeti*) dar. Weitere Sonderfälle sind die Muster X-*a* – X-*i* (Feminina, z.B. *l'arma* – *le armi*) sowie X-*o* – X-*i*/-*a* (Maskulina im Sg.; Maskulina oder Feminina im Pl.; *il braccio* – *i bracci*/*le braccia*) dar.[5]

5.4.1.3. Konjugation der Verben

Bei der Konjugation handelt es sich um die Beugung von Verben, z.B. durch die Veränderung des Wortstamms oder durch das Anhängen von Affixen (it. *affissi*) zur Markierung von Person, Numerus, Aspekt, Aktionsart, Tempus/Zeit, *Genus Verbi* (Aktiv – Passiv) und Modus (*giocare: gioco, giochi …; giocavo, giocavi … che io giochi* etc.). Es wird zwischen finiten und infiniten Verbformen unterschieden. Zu Letzteren gehören Infinitiv, Partizip und Gerundium. Das finite Verb verfügt über generische und spezifische grammatische Kategorien.

---

[2] Substantive, die nur im Pl. vorkommen.
[3] Substantive, die nur im Sg. vorkommen.
[4] Substantive auf -*e* können sowohl maskulin (*il pane, il presidente, il caporale* etc.) als auch feminin (*la voce, la luce, la pelle* etc.) sein. Ausschlaggebend ist in vielen Fällen das Genus des lateinischen Etymons.
[5] Bei *bracci* und *braccia* liegt eine semantische Differenzierung vor. Die maskuline Form bezieht sich auf die Arme eines Flusses, die feminine hingegen auf die Arme eines Menschen. Die Gruppe von Substantiven mit doppelten Pluralformen (mit gleicher oder unterschiedlicher Bedeutung) geht auf Neutra des Lateinischen zurück (lat. BRACCHIUM – BRACCHIA; lat. GENUCULUM – GENUCULA > it. *ginocchio – le ginocchia* oder *i ginocchi*).

GENERISCH	SPEZIFISCH
Person	1., 2., 3.
Numerus	Singular und Plural
Tempus	Präsens, Imperfekt, Präteritum, Futur, Konditional, zusammengesetzte Tempora (*passato prossimo, trapassato remoto*)
Modus	Indikativ, Konjunktiv, Imperativ
Genus verbi	Aktiv und Passiv

5.4.2. Wortbildung

Bei der Wortbildung handelt es sich um Verfahren und Gesetzmäßigkeiten im Zusammenhang mit der Bildung neuer komplexer Wörter auf der Grundlage bereits vorhandener lexikalischer Einheiten durch Derivation, Komposition und einige weitere Verfahren sowie durch Wortkürzung (vgl. Grossmann/Rainer 2004, 1–30).

5.4.2.1. Derivation

Bei der Derivation[6] werden mithilfe von Affigierung (it. *affissazione*), d.h. Suffigierung (it. *suffissazione*: cena + -one → cen<u>one</u>), Präfigierung (it. *prefissazione*: sotto + valutare → <u>sotto</u>valutare) und Parasynthese (it. *parasintesi*: in + grande + -ire → <u>ingrandire</u>) neue lexikalische Einheiten gebildet. Ein Sonderfall der Derivation ist die Alteration (it. *alterazione*), bei der die Grundbedeutung der Ableitungsbasis semantisch modifiziert wird (libro → libr<u>accio</u>; bello → bell<u>ino</u>; cantare → cant<u>icch</u>iare etc.).

5.4.2.1.1. Substantiv → Substantiv

Die desubstantivische Substantivierung (S → S) erfolgt durch Präfigierung, Suffigierung und Motion/Movierung (it. *mozione*). Letztere ist ein Sonderfall der Suffigierung und bezieht sich auf die Ableitung weiblicher Bezeichnungen von männlichen (z.B. medico → medich<u>essa</u>; poeta → poet<u>essa</u>; elefante → elefant<u>essa</u>; leone → leon<u>essa</u>).

Schwarze (1995, 495–499) unterscheidet in Abhängigkeit von inhaltlichen Aspekten folgende Nominalpräfixe:

– Lokalisierung und Richtung (<u>ante</u>guerra, <u>pre</u>allarme, <u>dopo</u>guerra, <u>retro</u>terra etc.)

– Grad, Zahl und Größe (<u>super</u>mercato, <u>mini</u>gonna etc.)

– Negativität (<u>in</u>successo, <u>senza</u>tetto, <u>mal</u>tempo etc.)

---

[6] Vgl. diesbezüglich auch Dardano 2009.

Schwarze (1995, 499f.) unterteilt die desubstantivische Substantivierung ferner in eine umkategorisierende und in eine spezifizierende Derivation. Bei Ersterer gehört das Derivat systematisch einer anderen semantischen Kategorie an als die Basis (z.B. *giornale* ‚Zeitung'→ *giornalaio* ‚Zeitungsverkäufer'), bei Letzterer gehört das Derivat systematisch derselben semantischen Kategorie an wie die Basis (z.B. *fiore* ‚Blume' → *fiorellino* ‚Blümchen'). Eine Zeitung ist etwas anderes als ein Zeitungsverkäufer (= Veränderung der semantischen Kategorie), während ein Blümchen eine Blume mit der Eigenschaft „klein" ist (= Beibehaltung der semantischen Kategorie). In Bezug auf die Veränderung der semantischen Kategorie wird zwischen einem Tätigkeitsmodell und einem Modell der Gegenstandskonstitution differenziert.

Kategorien des Tätigkeitsmodells

– Gegenstand der Tätigkeit → Person, welche die Tätigkeit ausübt (z.B. *benzina* → *benzinaio*; *giornale* → *giornalista*)

– Gegenstand der Tätigkeit → Ort der Tätigkeit (z.B. *biglietto* → *biglietteria*; *libro* → *libreria*)

– Instrument der Tätigkeit → Art der Handlung (z.B. *bastone* → *bastonata*; *occhio* → *occhiata*)

– Person, welche die Tätigkeit ausübt → Ort der Tätigkeit (z.B. *rettore* → *rettorato*)

– Bewertetes Lebewesen → Bewertung der Handlung (z.B. *porco* → *porcheria*; *fesso* → *fesseria*)

Relationen der Gegenstandskonstitution

– Einfacher Gegenstand → kollektiver Gegenstand (z.B. *olivo* → *oliveto*; *frutta* → *frutteto*)

– Gegenstand → kollektive Substanz (z.B. *legno* → *legname*; *foglia* → *fogliame*)

– Gegenstand → Lokal (z.B. *bagaglio* → *bagagliaio*; *grano* → *granaio*)

– Behälter → Portion (z.B. *cucchiaio* → *cuchiaiata*; *forchetta* → *forchettata*)

Das Modell der Gegenstandseigenschaften befindet sich in einem Konkurrenzverhältnis zur syntaktischen Erweiterung des Substantivs mithilfe von Adjektiven.

Semantische Derivationsmuster

– Diminutive: Gegenstand → als klein oder lieb bewerteter Gegenstand (z.B. *mano* → *manina*)

– Augmentative: Gegenstand → als groß bewerteter Gegenstand (z.B. *donna* → *donnone*)

– Pejorative: Gegenstand → als schlecht bewerteter Gegenstand (z.B. *tempo* → *tempaccio*)

– Lebewesen → anhand seines Geschlechts klassifiziertes Lebewesen (z.B. *studente* → *studentessa*; *strega* → *stregone*).

5.4.2.1.2. Verb → Substantiv

Die deverbale Substantivierung (V → S) erfolgt mittels Derivationssuffix (z.B. *impedire → impedimento*) oder durch das Anfügen eines nominalen Flexionssuffixes (z.B. *arrivare → arrivo*).

5.4.2.1.3. Adjektiv → Substantiv

Die deadjektivische Substantivierung (Adj → S) geschieht durch Suffigierung (z.B. *grande → grandezza*) oder durch syntaktische Umkategorisierung, indem das Adjektiv mit einem Artikel versehen wird (*bello → il bello*: „*il bello è che ...*"; *grande → un grande*: „Al Pacino, *un grande del* cine ...").

5.4.2.1.4. Sonstige Derivationsbasen → Substantiv

Im Bereich der sonstigen Derivationsbasen für die Substantivierung finden wir Zahlen und Ziffern (z.B. *sette → il sette*), einige Adverbien (z.B. *bene → il bene*; *male → il male*) sowie Syntagmen (*me ne frego → menefregismo*).

5.4.2.1.5. Verb → Verb

Die deverbale Bildung von Verben geschieht mithilfe von Prä- und Suffigierung, wobei Schwarze (1995, 550) im Bereich der Verbalpräfixe zwischen einem Modell der Ereignisabfolge (z.B. *leggere → rileggere*), der Zustandsveränderung (z.B. *calmare → ricalmare*) sowie der gerichteten Bewegung (z.B. *portare → apportare*) unterscheidet. Die deverbalen Verbderivate gehören alle der *a*-Konjugation an (z.B. *ridere → ridacchiare*; *tossire → tossicchiare*; *dormire → dormicchiare*; *piovere → piovigginare*). Durch die Suffigierung wird die Basis semantisch modifiziert, und zwar häufig im Sinne einer Intensitätsminderung.

5.4.2.1.6. Substantiv → Verb

Die desubstantivische Bildung von Verben (S → V) kann mit oder ohne Derivationssuffix erfolgen. Im ersten Fall werden die verbalen Flexionssuffixe einfach an die substantivische Basis angefügt (z.B. *numero → numerare*), während im zweiten Fall ein besonderes Derivationssuffix an die Basis angehängt wird (z.B. *atomo → atomizzare*; *persona → personificare*).

> Bei der Derivation, die ohne Derivationssuffix und ohne Präfigierung stattfindet, unterscheidet Schwarze (1995, 559) vier semantische Typen:
>
> – Abstrakter Gegenstand → Art der Tätigkeit (x-*are* = einen Gegenstand y mit x versehen; z.B. *privilegio* → *privilegiare*)
>
> – Als Instrument gebrauchter Gegenstand → Art der Tätigkeit (z.B. *pettine* → *pettinare*)
>
> – Die Tätigkeit ausübende Person → Art der Tätigkeit (z.B. *filosofo* → *filosofare*)
>
> – Reine Verbalisierungen (z.B. *azione* → *azionare*)

5.4.2.1.7. Adjektiv → Verb

Die deadjektivische Verbalisierung (Adj → V) ist mit (z.B. *normale* → *normalizzare*) und ohne Derivationssuffix (z.B. *attivo* → *attivare*) möglich.

5.4.2.1.8. Adjektiv → Adjektiv

Die deadjektivische Adjektivierung (Adj → Adj) geschieht in den meisten Fällen durch Präfigierung, nur selten mittels Suffigierung. Die Ableitung mittels Präfix lässt sich in einen relationalen (z.B. *scolare* → *prescolare*; *linguistico* → *metalinguistico*) und einen modifizierenden Typus (z.B. *utile* → *inutile*) untergliedern.

5.4.2.1.9. Substantiv → Adjektiv

Die desubstantivische Adjektivierung (S → Adj) erfolgt fast ausschließlich durch Suffigierung (z.B. *pericolo* → *pericoloso*; *pancia* → *panciuto*).

5.4.2.1.10. Adjektiv → Adverb

Die Ableitung der Adverbien aus Adjektiven erfolgt stets von der weiblichen Adjektivform, mittels Derivationssuffix *-mente* (*rapido, -a* → *rapidamente*).

5.4.2.2. Komposition

Unter Komposition (it. *composizione*) versteht man die Bildung eines neuen Wortes durch die Verbindung mindestens zweier selbstständig vorkommender lexikalischer Einheiten. Eine der Komponenten fungiert als Determinans, die andere als Determinatum. Die von Schwarze (1995, 606) *Modifikator* (Mod) genannte Komponente ist das Determinans, welches das Determinatum näher bestimmt: ‚*Was für eine Art Zug? – Ein Güterzug.*' (it. *treno merci*); ‚*Was für eine Art Bus? – Ein Schulbus.*' (it. *scuolabus*) etc. Im Gegensatz zum Deutschen, wo das Determinans stets vor dem Determinatum steht, ist die Folge im Italienischen nicht festgelegt. Im Kompositum *treno merci* wird die erste Komponente durch die zweite näher bestimmt, während bei *scuolabus* die zweite Komponente durch die erste definiert wird.[7] Einige Komposita werden durch Präpositionen verbunden (z.B. *macchina da scrivere*), andere nicht (z.B. *ufficio traduzioni*). Komposita können mithilfe verschiedener Wortarten gebildet werden: Substantiv + Substantiv (z.B. *capostazione*), Substantiv + Adjektiv (z.B. *mezzanotte*), Verb + Substantiv (z.B. *portalettere*) und Adjektiv + Adjektiv (z.B. *agrodolce*). Bei der Verbindung zwischen Substantiv und Adjektiv kann das Adjektiv sowohl an erster (z.B. *bassorilievo*) als auch an zweiter Stelle (z.B. *barbablu*) stehen, während sich bei der Kombination aus Verb und Substantiv Letzteres stets an zweiter Position befindet (z.B. *lavastoviglie, portalettere*).[8]

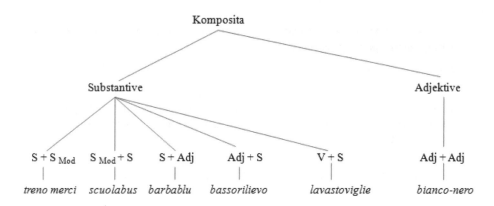

5.4.2.3. Wortkürzung

Neben der Derivation und der Komposition kennt die moderne italienische Sprache einige weitere Verfahren zur Bildung neuer Wörter, und zwar die Rückbildung durch das Weglassen von Ableitungs- oder Flexionsmorphemen (*accusa* ← *accusare*) sowie

---

[7] Man spricht in diesem Falle von *endozentrischen Komposita* (it. *composti endocentrici*). Sie weisen einen Kopf (it. *testa*) auf. Ein *treno merci* ist ein Zug (= Kopf des Kompositums), keine Ware.

[8] Derartige Komposita werden als *exozentrische Komposita* (it. *composti esocentrici*) bezeichnet. Sie weisen keinen Kopf (it. *testa*) auf. Ein *portalettere* ist kein Brief, sondern eine Person, die Briefe austrägt. Weder das Verb *portare* noch das Substantiv *lettera* erfüllt die Funktion des Kopfs.

verschiedene Formen der Wortkürzung, d.h. die Bildung von Siglen (it. *sigle*) (z.B. Bolzano → BZ oder Agrigento → AG) und Akronymen (it. *acronimi*) (*Azienda sanitaria locale* → ASL), die Reduzierung lexikalischer Einheiten auf Kopf- (*bici* ← *bicicletta*) oder Endwörter (*bus* ← *autobus*) sowie die Bildung von sogenannten Kofferwörtern (it. *sincrasie, parole macedonia, composti aplologici*). Letztere bestehen aus mindestens zwei Wörtern, die zu einem inhaltlich neuen Begriff verschmelzen, wobei einzelne Wortsegmente getilgt werden können: z.B. *musicassetta* ← *musica + cassetta*; *cantautore* ← *cantante + autore*.

Literaturhinweise

Boer/Scalise (1978); Boström (1972); Costabile (1973); Dardano (1978; 1996); Drigo (1982); Grossmann/Rainer (2004); Krenn (1996); Scalise/Ceresa/Drigo (1983); Schwarze (1995); Seewald (1996); Zuffi (1981).

Aufgaben

1) Nehmen Sie eine morphologische Segmentierung folgender Substantive vor: *colazione, impressionismo, portalettere, amicizia*.

2) Welche morphologischen Unterschiede bestehen zwischen dem alttoskanischen Substantiv *cittade* und seiner neuitalienischen Entsprechung *città*?

3) Suchen Sie in einer aktuellen italienischen Tageszeitung nach neuen Ableitungen, Komposita und Wortkürzungen und finden Sie deren Bedeutung mithilfe virtueller und analoger Wörterbücher heraus.

4) Identifizieren Sie in den folgenden italienischen Komposita jeweils Determinans und Determinatum: *capolinea, strada maestra, letto a castello, lavastoviglie*.

6. Syntax (deskriptive Betrachtung)

6.1. Untersuchungsgegenstand der Syntax

Die Syntax (it. *sintassi* – gr. σύνταξις < σύν ‚zusammen' + ταξις ‚Ordnung') ist ein Teilbereich der Grammatik und beschäftigt sich gemäß vieler in der einschlägigen Fachliteratur anzutreffender Definitionen mit dem Bau und der Gliederung von Sätzen im System einer Sprache. Dürscheid (^{4}2007, 12) weist jedoch – zu Recht – auf die Unvollständigkeit dieser Definition hin, denn „in der Syntax geht es nicht nur um die Analyse von Sätzen, Untersuchungsgegenstand der Syntax sind alle sprachlichen Strukturen, deren gemeinsames Merkmal es ist, dass es sich um Verbindungen oberhalb der Wortebene handelt." Wandruszka (1997, 19) versteht die Syntax einer natürlichen Sprache als „System von Regeln zur Bildung komplexer Ausdrucksstrukturen – Sätze oder Satzglieder – mittels verschiedener Arten von Wörtern und Wortformen." Ferner betrachtet er die Syntax als einen speziellen Teil des Inhalts sprachlicher Zeichen und Zeichenfolgen.

Syntaktische Phänomene können aus einem deskriptiven und einem theoretischen Blickwinkel (← Kap. 4.4) betrachtet werden.

6.2. Wissenschaftsgeschichtlicher Überblick der Syntax

6.2.1. Die griechische und lateinische Tradition der Syntax

Eine Schwachstelle der *Technē grammatikē* des Dionysios Thrax bestand zweifelsohne in der Ausklammerung der Syntax. Diese Lücke wurde schließlich von Apollonios Dyskolos (it. *Apollonio Discolo*) gefüllt. Er lebte im 2. Jahrhundert n.Chr. in Alexandria und verfasste als Erster ein Werk über Syntax. Marcus Terentius Varros *De lingua Latina* – die zweifelsohne einen Höhepunkt antiker lateinischer Sprachtheorie darstellt – bestand aus den drei Hauptteilen Etymologie, Morphologie und Syntax. Der Syntax-Teil ist leider verloren gegangen, doch aus einem erhalten gebliebenen Fragment ist erkennbar, dass Syntax für Varro offenbar das Gleiche bedeutete wie für die Stoiker, nämlich Aussagenlogik. Priscians *Institutiones grammaticae* (6. Jh. n.Chr.) sind in Bezug auf die Behandlung der Syntax stark von Apollonius Dyskolos beeinflusst (vgl. Jungen/Lohnstein 2007, 51ff.).

6.2.2. Geschichte der Syntax in Italien

6.2.2.1. Die Behandlung der Syntax in den Grammatiken des 16. bis 19. Jahrhunderts

In der italienischen Grammatikographie des 16. und 17. Jahrhunderts spielte die Syntax keine große Rolle.[1] Die Diskussion über syntaktische Phänomene etablierte sich erst im 18. Jahrhundert, als Reaktion auf neue sprachphilosophische Konzepte, die einen Bezug zwischen der Wortstellung und den durch die Sprache zum Ausdruck gebrachten Gefühlen herstellten. In der französischen Grammatikographie und Sprachphilosophie wurde im 18. Jahrhundert bspw. eine teils polemische Inversionen-Kontroverse ausgetragen. In den italienischen Grammatiken ist von der ideologischen Auseinandersetzung um die Wortstellung im Nachbarland nur wenig zu spüren.

Ludovico Antonio Muratori macht sich in seinem Traktat *Della perfetta poesia italiana* (1706) Gedanken über die „natürliche Wortstellung".

Salvadore Corticelli widmet das *Libro secondo* seiner *Regole ed osservazioni della lingua Toscana* (1745) der Syntax („Della costruzione toscana"). Er unterscheidet dabei zwischen *costruzione semplice* und *costruzione figurata*: „La costruzione semplice, o sia regolare, è quella, che segue l'ordine naturale [...] La figurata è quella, che si allontana dall'ordine naturale, e dalle comuni regole della Grammatica [...]" (173).

Francesco Soave befasst sich im *Parte IV.* seiner *Grammatica ragionata* (1771) in fünf Kapiteln mit Fragen der italienischen Syntax („Della sintassi"). Er differenziert zwischen der *costruzione semplice* und der *costruzione inversa*. Die Forderung einer Festsetzung der natürlichen Wortfolge von diversen Sprachphilosophen im Zusammenhang mit der Inversionen-Kontroverse betrachtet Soave (Parte IV. Della sintassi. Cap. II.) skeptisch: „A me pare che il vero ordine naturale debba esser quello di far nascere in chi ci ascolta l''idee degli oggetti, delle loro qualità, e delle loro relazioni con quella medesima successione con cui le acquisterebbono da sé medesimi osservandoli co' proprj sensi."[2]

Carlo Antonio Vanzon vertritt in seiner *Grammatica ragionata della lingua italiana* (^{2}1834) die Auffassung, dass die *costruzione diretta* der Anordnung der Ideen entspricht, die zum Ausdruck gebracht werden sollen („Nella costruzione diretta, la disposizione delle parole segue l'ordine naturale delle idee nostre [...]"; 377). Ihr steht die *costruzione inversa* bzw. *figurata* gegenüber („La costruzione *inversa* o *figurata* allontanandosi in gran parte da quell'ordine, non prende norma che dall'armonia, o dalla maggiore o minor forza che vogliasi dar all'espressione, secondo che il soggetto, che si tratta, richiede uno stile più o meno sostenuto."; ebd.).

---

[1] Vgl. diesbezüglich auch die Untersuchung von Poggiogalli (1999) zur Syntax in den Grammatiken des 16. Jahrhunderts.

[2] Zit. aus der digitalisierten Version der *Biblioteca Italiana* (*Università degli Studi di Roma „La Sapienza"*); http://www.bibliotecaitaliana.it.

6.2.2.2. Die Beschäftigung mit der Syntax seit dem späten 19. Jahrhundert

Raffaello Fornaciari veröffentlichte 1881 unter dem Titel *Sintassi italiana dell'uso moderno* die erste Monographie zur italienischen Syntax der Gegenwartssprache. Die Darstellung gliedert sich in drei Teile (*Parte prima – Uso delle parti del discorso; Parte seconda – Uso della proposizione; Parte terza – La collocazione delle parole*). Seit dem Ende des 19. Jahrhunderts sind auch einige Studien zur kontrastiven Syntax erschienen.Verglichen wurde das Italienische vorzugsweise mit anderen romanischen Sprachen oder mit dem Lateinischen. 1893 publizierte Giovanni Gelosi *La sintassi francese esposta per esempi e raffrontata colla sintassi italiana*. Alfonso Nieri brachte 1922 seine *Sintassi italiana in corrispondenza alla sintassi latina* heraus. Das Sprachenpaar Italienisch – Latein bildet auch heute noch ein bevorzugtes Objekt der kontrastiven Analyse. Aus dem Jahre 1996 stammt Eduardo Lombardi Vallauris *La sintassi dell'informazione. Uno studio sulle frasi complesse tra latino e italiano*. Zwei Jahre später erschien Michele Loporcaros gesamtromanische Untersuchung *Sintassi comparata dell'accordo participale romanzo*. Abgesehen von der Rezeption ausländischer Syntaxtheorien (Valenztheorie, Generativistik etc.; vgl. die Übersicht in ← Kap. 4.4) sind in den vergangenen Jahrzehnten eine Reihe deskriptiv orientierter Arbeiten zur italienischen Syntax erschienen, z.B. Mattino (1960), Devoto (1974), Cinque (1979), Graffi (1994), Cecchetto (1996), Donati (2000), Garigliano (2002), Albinati (2002), Pintacuda (2007). Daneben hat sich die italienische Syntaxforschung auch mit sprachhistorischen Aspekten befasst, z.B. in Form von Dissertationen wie Elisabetta Mauronis Untersuchung *L'ordine nei romanzi storici italiani dell'Ottocento* (2004).

6.3. Syntaktische Kategorien

Unter einer syntaktischen Kategorie versteht Dürscheid (^{4}2007, 19) „eine Menge von sprachlichen Einheiten, die bestimmte Eigenschaften gemeinsam haben und deren Eigenschaften relevant sind für die Beschreibung syntaktischer Strukturen." Hierzu zählen die Klassifikation der Wortarten, die Flexionskategorien sowie Konstituenten und Phrasen. Die Klassifikation der Wortarten basiert auf morphologischen Kriterien (flektierbar vs. nicht flektierbar), auf syntaktischen Kriterien (und zwar die Satzgliedfunktion, die syntaktischen Eigenschaften von Wörtern und ihre Kombinierbarkeit) sowie auf semantischen Kriterien. Die Flexionskategorien umfassen die Bereiche Deklination und Konjugation, die eine wichtige Funktion erfüllen, indem sie das Miteinanderauftreten der Wörter im Satz regeln und aus Wortgruppen syntaktische Einheiten bilden. Erst die formale Übereinstimmung (verbale Kongruenz) von Subjekt (*Lorenzo*) und Prädikat (*studia*) verwandelt die Wortreihe *Lorenzo – studiare – Storia dell'arte* in einen wohlgeformten italienischen Satz: „*Lorenzo studia Storia dell'arte*." („L. studiert Kunstgeschichte.'). Neben der verbalen Kongruenz gibt es auch eine nominale (*i nuovi libri*) sowie eine prädikative (*lui è italiano*; *lei è italiana*).

6.4. Der Satz als syntaktische Einheit und die Klassifikation von Sätzen

6.4.1. Satzbegriff

Der Hauptgegenstand der Syntax ist der Satz (it. *frase, periodo, proposizione*), den man als Wortfolge, d.h. als eine aus mehreren Wörtern bestehende sprachliche Einheit, definieren kann, die eine Aussage, Frage oder Aufforderung enthält. Es muss an dieser Stelle betont werden, dass in der Linguistik bislang keine einheitliche Satzdefinition existiert.[3] Im Italienischen existieren u.a. die Begriffe *frase, proposizione* und *enunciato*. In Bezug auf das Deutsche gibt es hinsichtlich des italienischen Satzbegriffs folgende begrifflich-terminologische Äquivalenzen:

ITALIENISCH	DEUTSCH
frase	‚Satz'
proposizione	‚Satz'
periodo	‚Satz'
sintagma[4]	‚Phrase'
enunciato	‚Äußerung'

6.4.2. Einfache und zusammengesetzte Sätze

Traditionellerweise wird zwischen einfachem (it. *frase semplice*) und zusammengesetztem Satz (it. *frase complessa*) unterschieden. Bei der erstgenannten Kategorie handelt es sich um Sätze, denen ein einziges Verb (Prädikat) zugrunde liegt, welches in finiter Form auftritt (z.B. „*Lorenzo legge un libro.*"). Hierunter fallen auch Sätze, in denen ein Modalverb mit einem Verb im Infinitiv kombiniert wird (z.B. „*Lorenzo vuole leggere tutto il libro oggi pomeriggio.*"). Ein *einfacher Satz* besteht also stets aus einem ein- oder mehrteiligen Prädikat. Unter einem *zusammengesetzten Satz* hingegen ist ein Satz zu verstehen, in dem mehr als ein finites Verb vorkommt und der sich aus Teilsätzen zusammensetzt. Wenn die Teilsätze eines zusammengesetzten Satzes gleichgeordnet sind, werden sie als Hauptsätze (it. *frasi principali, frasi reggenti, proposizioni principali*) definiert (z.B. „*Lorenzo guarda la TV e Tiberio guarda dalla finestra.*"). Den gesamten Satz bezeichnet man als Parataxe (it. *paratassi*). Im Falle einer Über- und Unterordnung spricht man von Hypotaxe (it. *ipotassi*), wobei ein Teilsatz als Hauptsatz

---

[3] Vgl. auch Dürscheid [4]2007, 57.
[4] Vgl. Kap. 4.3.2.2.

fungiert, der andere als Nebensatz (it. *frase dipendente, proposizione subordinata*). Letzterer dient einer näheren Bestimmung des Hauptsatzes (z.B. „*Lorenzo, che è un vero e proprio topo di biblioteca, vuole leggere tutto il libro oggi pomeriggio.*"). Nebensätze lassen sich semantisch in Kausal-, Konditional-, Final-, Konsekutiv-, Konzessiv-, Adversativ-, Temporal- und Modalsätze untergliedern.

6.4.3. Der Satz als kommunikative Einheit

6.4.3.1. Proposition

Der Satz ist nicht nur eine grammatisch-syntaktische Größe, sondern auch eine pragmatisch kommunikative, und kann somit als kleinste selbstständige, in sich abgeschlossene Sinneinheit der Rede bezeichnet werden, die im Rahmen eines kommunikativen Handlungszusammenhangs geäußert wird. Dementsprechend versteht man unter einer Äußerung (it. *enunciato*) die tatsächliche Verwendung eines Satzes. Als Proposition (it. *proposizione*) bezeichnet man in der deutschen Sprachwissenschaft hingegen den Inhalt eines Satzes, mit anderen Worten, den durch einen Satz ausgedrückten Sachverhalt. Sie ist also das, was in einem geäußerten Satz im Rahmen eines bestimmten Kontextes über gewisse Gegenstände oder Sachverhalte ausgesagt wird (z.B. *oggi piove* oder *qui fa molto freddo*). Ein Satz kann mehrere Propositionen ausdrücken, während eine Proposition ihrerseits durch verschiedene Sätze zum Ausdruck gebracht werden kann:

Satz 1 (Proposition A): *La mucca mangia l'erba.*
Satz 2 (Proposition A): *L'erba viene mangiata dalla mucca.*

6.4.3.2. Das Prinzip der Grammatikalität und der Akzeptabilität

Um kommunikativ wirksam zu sein, muss ein Satz dem Prinzip der Grammatikalität sowie der Akzeptabilität entsprechen. Die Grammatikalität wird bspw. verletzt, wenn die Wörter in der falschen Reihenfolge erscheinen (z.B. **la mangia mucca l'erba* oder **l'erba mangiata viene mucca dalla*). Zur grammatikalischen Korrektheit gehört nicht nur die Wortstellung, sondern auch die Kongruenz der Wörter. Oder anders ausgedückt, die Form eines Wortes steht in direkter Abhängigkeit zu der Form anderer Wörter. So erfordert der Singular des Subjekts *la mucca* die dritte Person Singular des Prädikats (z.B. *mangia*). Grammatisch einwandfreien Sätzen kann es aus semantischen oder sachbedingten Gründen dennoch an Akzeptabilität fehlen (z.B. **l'erba mangia la mucca* oder **la mucca viene mangiata dall'erba*).

6.4.3.3. Klassifikation von Satzarten

Der Klassifikation von Satzarten liegt die emotionale und kommunikative Einstellung des Sprechers gegenüber dem im Satz geäußerten Sachverhalt zugrunde (vgl. Dürscheid ⁴2007, 63f.). Es werden für gewöhnlich Aussagesätze (Deklarativsätze – it. *frasi dichiarative/enunciative*), Fragesätze (Interrogativsätze – it. *frasi interrogative*), Aufforderungssätze (Imperativsätze – it. *frasi imperative*), Wunschsätze (Optativsätze – it. *frasi ottative*) sowie Ausrufesätze (Exklamativsätze – it. *frasi esclamative*) unterschieden.

- *Aussagesätze* enthalten Aussagen, die als tatsächlich (*„Tiberio è molto stanco dopo quel lungo viaggio."*) oder möglich (*„Tiberio sarà molto staco dopo quel lungo viaggio."*) dargestellt werden.
- *Fragesätze* lassen sich in Entscheidungsfragesätze (*„Vieni ache tu?"*), Alternativ- (*„Vieni anche tu o rimani a casa?"*) und Ergänzungsfragesätze (*„Perché non vieni con noi?"*) untergliedern.
- *Imperativsätze* können im Italienischen oft aus nur einem Verb (*„Vieni!"*; *„Guarda!"*; *„Venga!"*; *„Guardi!"*) oder aus längeren syntaktischen Einheiten (*„Pulisciti il naso!"*; *„Vieni qua!"*; *„Non abbiate paura!"*) bestehen. Das Verb steht dabei stets vor dem Objekt (*„Portami il libro!"*) oder vor dem Adverb (*„Parla piano!"*).
- *Wunschsätze* können sich sowohl auf reale (*„Che finalmente venisse!"*) als auch auf irreale Wünsche (*„Non fosse mai venuto!"*) beziehen.
- *Ausrufesätze*, in denen die Emotionen des Sprechers zum Ausduck gebracht werden, können ein Verb enthalten (*„Com'è alto!"*), müssen es aber nicht (*„Che casino!"*).

6.5. Die Wortstellung im italienischen Aussagesatz

6.5.1. Die Position von Subjekt, Objekt und Prädikat

Die besondere Aufmerksamkeit gilt der Wortstellung (it. *ordine delle parole, ordine dei costituenti*) innerhalb des Aussagesatzes in Bezug auf die Anordnung von Subjekt, Objekt und Prädikat. Diese Anordnung basiert auf bestimmten Regeln, die wiederum in der Grammatik fixiert sind und auf den Verlust der lateinischen Kasusendungen zurückgeführt werden können. Alle natürlichen Sprachen lassen sich typologisch nach der normalen Anordnung von Subjekt (it. *soggetto*), Objekt (it. *oggetto*) und Prädikat (it. *predicato*) entsprechend einem aus diesen drei Bestandteilen bestehenden Aussagesatz einteilen. Das Italienische bspw. gehört zu den sogenannten *SPO-Sprachen* (mit der Folge *Subjekt – Prädikat – Objekt*): il gatto (S) mangia (P) il topo (O). Von dieser strikten Systematik kann in einer Reihe von Fällen abgewichen werden (*sintassi inversa*), u.a., wenn bestimmte Gefühle zum Ausdruck gebracht werden sollen oder auf dem Gebiet der Dichtersprache.

6.5.2. Abweichungen von der normalen Wortstellung

Ein Charakteristikum der italienischen Sprache im Bereich der Abweichung von der üblichen Wortstellung ist bspw. die sogenannte *dislocazione a sinistra*, bei der ein Teil des Satzes vorangestellt bzw. gegenüber der normalen Position nach links versetzt wird, um ihn besonders hervorzuheben. So können wir bspw. die gewohnte Wortstellung verändern und „*A tutti regaleremo un giocattolino.*" sagen, statt „*Regaleremo un giocattolino a tutti.*" Während üblicherweise das direkte Objekt dem indirekten Objekt vorangeht, ist im Rahmen der *dislocazione a sinistra* ein Positionswechsel eingetreten. Neben der *dislocazione a sinistra* existiert auch eine *dislocazione a destra*, bei der es ebenfalls darum geht, ein Satzelement besonders hervorzuheben. In der normalen, d.h. unmarkierten, Form sagen wir „*Mangio il panino.*", während im Falle der Markierung die Umstellung zu „*Il panino, lo mangio.*" erfolgt, wobei es zu einer Wiederaufnahme durch ein Pronomen kommt (vgl. auch Dardano/Trifone 1997, 695 und 707).

Literaturhinweise

Bottari (1996); Dardano (1996); Di Domenico (1997); Dürscheid (^{4}2007); Elia/Martinelli/ D'Agostino (1981), Forniciari (1974); Gabriel/Meisenburg (2007, 184–231); Graffi (1994); Radford (1977); Stati (1977); Vanelli (1988); Wandruszka (1997).

Aufgaben

1) Welches syntaktische Phänomen finden wir in dem Satz „*Sao ko kelle terre, per kelle fini que ki contene, trenta anni le possette parte sancti Benedicti.*" der altkampanischen Schwurformel von 960?

2) Suchen Sie in *Google Bücher* oder in Ihrer Universitätsbibliothek nach einer Ausgabe von Muratoris *Della perfetta poesia italiana* (1706) und versuchen Sie herauszufinden, was der Autor unter der „natürlichen Wortstellung" versteht.

3) Suchen Sie in Ihrer Seminar- oder Universitätsbibliothek nach einer Ausgabe von Soaves *Gramatica* [sic!] *ragionata*.[5]

   a) Lesen Sie das Kapitel „Della sintassi".

   b) Was versteht Soave unter den Begriffen *costruzione semplice, costruzione inversa* und *figure gramaticali* [sic!]?

4) Suchen Sie in Ihrer Seminar- oder Universitätsbibliothek nach einer Ausgabe von Fornaciaris *Sintassi italiana dell'uso moderno* (1881; Reprintausgabe 1974) oder konsultieren Sie eine digitalisierte Ausgabe in der *Biblioteca virtuale* (*Accademia della Crusca*) oder in *Google Bücher*.

---

[5] In der *Biblioteca Italiana* der *Università degli studi di Roma* „La Sapienza" finden Sie eine digitalisierte Fassung unter der folgenden Adresse: http://www.bibliotecaitaliana.it/xtf/view?docId=bibit000873/bibit000873.xml.

a) Was versteht Fornaciari unter den Begriffen *sintassi diretta* und *sintassi inversa*?

b) Welche Regeln beschreibt Fornaciari in Bezug auf die Position des Adjektivs?

c) Stimmen die Regeln noch mit denen der heutigen Sprache überein?

5) Was versteht man unter dem Begriff *dislocazione a sinistra*?

7. Semantik

7.1. Untersuchungsgegenstand der Semantik

Die Semantik (it. *semantica*, aus gr. σημαίνειν ‚bezeichnen', ‚anzeigen') ist ein Teilbereich der Semiotik (it. *semiotica*) und befasst sich mit der Bedeutung sprachlicher Zeichen, die aus drei verschiedenen Relationen hervorgeht (vgl. Coseriu 1975; Eco 1984/1996; Linke/Nussbaumer/Portmann ⁵2004, 149–192). Die Bedeutung sprachlicher Zeichen ist abhängig von der Beziehung zur außersprachlichen Umwelt (= Referenz des sprachlichen Zeichens), von der Beziehung zu anderen sprachlichen Zeichen (= Regeln des Gebrauchs sprachlicher Zeichen) sowie von der Ausdrucksabsicht des Sprechers (= das Gemeinte). Die Semantik lässt sich grob in die vier Teilbereiche Wortsemantik, Satzsemantik, Textsemantik und Diskurssemantik untergliedern.

- Die *Wortsemantik* ist sowohl ein Teil der lexikalischen Semantik als auch ein Teil der semantischen Interpretation, welche die Relationen zwischen Wörtern und der realen Welt definiert.
- Die *Satzsemantik* untersucht, wie aus der Bedeutung einzelner Wörter durch ein festes Inventar an Verknüpfungsregeln die Bedeutung von größeren syntaktischen Einheiten Phrasen, Satzgliedern, Teilsätzen und ganzen Sätzen hervorgeht. Die Interpretation eines Satzes muss dabei auf einer Analyse seiner syntaktischen Struktur aufgebaut werden.
- Die *Textsemantik* konzentriert sich auf die Analyse der Kombination von Sätzen als reelle oder hypothetische Sachverhalte zu Erzählungs-, Beschreibungs- oder Argumentationszusammenhängen.
- Die *Diskurssemantik* arbeitet auf der Ebene von Texten verschiedener Personen, die zueinander in Beziehung stehen (Diskussion, Unterhaltung, Lehrveranstaltung etc.).

7.2. Wissenschaftsgeschichtlicher Überblick der Semantik

7.2.1. Etappen der Entwicklung der Semantik

7.2.1.1. Entstehung des linguistischen Semantikbegriffs

Als Begründer der modernen Semantik gilt der französische Philologe Michel Jules Alfred Bréal (1832–1915), mit seinem Aufsatz *Essai de Sémantique* (1897). In seinem *Cours de linguistique générale* (1916) geht auch Bréals Schüler Ferdinand de Saussure auf semantische Fragestellungen ein. Er unterscheidet zwischen einem Lautbild (*signifiant*) und einer gedanklichen Vorstellung (*signifié*). Jedes sprachliche Zeichen erhält darüber hinaus seinen Wert durch den Bezug auf andere sprachliche Zeichen. Der sprachhistorisch ausgerichtete Germanist Jost Trier (1894–1970) entwickelte 1931 die lexikalische Feldtheorie: Wenn ein einzelnes Wort eine semantische Veränderung erfährt, dann ändert sich schließlich die ganze Struktur des lexikalischen Feldes. Der amerikanische Strukturalismus hat unter dem Einfluss des Behaviorismus eine eher negative Grundeinstellung gegenüber der Semantik entwickelt, was auch in Leonard Bloomfields *Language* (1933) zum Ausdruck kommt.

7.2.1.2. Strukturelle Semantik

Eine strukturelle Semantik entwickelte sich in Europa seit den 1950er- und 1960er-Jahren. Der aus Ungarn stammende, aber vor allem in England lehrende Stephen Ullmann (1914–1976) publizierte Werke wie *The Principles of Semantics* (1951), *Précis de sémantique française* (1952) sowie *Semantics. An Introduction to the Science of Meaning* (1962). Der britische Linguist John Lyons (*1932) brachte 1964 seine *Structural Semantics* heraus. 1966 erschien Bernard Pottiers (*1924) *Sémantique e syntaxe*. Die strukturalistisch orientierten Linguisten übertrugen das im Rahmen der Phonologie entdeckte Prinzip der distinktiven Merkmale auf die Semantik.[1]

7.2.1.3. Generative Semantik

In Amerika machte sich in den 1960er-Jahren der Einfluss der Generativistik auch bei der semantischen Betrachtung der Sprache bemerkbar. Jarrold J. Katz und Jerry A. Fodor veröffentlichten 1963 in der Fachzeitschrift *Language* den Artikel „The Structure of a Semantik Theory", in dem eine komponentielle Semantik (it. *semantica componenziale*) vorgestellt wird. Allerdings hat sich dieser Ansatz in der Generativistik nicht etablieren können. Die lexikalische Semantik ging schließlich in der Satzsemantik auf (vgl. Blank 2001, 25–29).

7.2.1.4. Prototypensemantik

Die Ende der 1960er-Jahre von der Psychologin Eleanor Rosch (*1938) entwickelte Prototypensemantik (it. *semantica dei prototipi*) sorgte für einen kognitiven Paradigmenwechsel in der Linguistik (vgl. Blank 2001, 44). Rosch hatte im Rahmen ihrer Untersuchungen herausgefunden, dass die Menschen bei der Kategorisierung von Objekten des Alltags weniger nach abstrakten Kriterien vorgehen, sondern sich vielmehr an repräsentativen Vertretern (sogenannten Prototypen) in ihrer Umwelt orientieren. So ist bspw. in Mitteleuropa der typische Vertreter für „Obst" der Apfel oder für „Vogel" der Spatz.

---

[1] Zur Kritik an der strukturellen Semantik vgl. Blank 2001, 18ff.

7.2.2. Semantische Forschung in Italien

Der Begriff *semantica* ist in italienischen Publikationen des frühen 20. Jahrhunderts noch selten. Abgesehen von Francesco Ribezzos *Etimologia e semantica* (1915) handelt es sich zumeist um philosophische Abhandlungen. Benvenuto Terracinis *Glottologia* (1956) enthält einen Band mit dem Titel *Introduzione allo studio della semantica*. In den 1960er-Jahren ist ein starker Anstieg von Publikationen zum Thema zu verzeichnen. Neben genuin italienischen Werken wie Tullio de Mauros *Introduzione alla semantica* (1965) kam eine Reihe italienischer Übersetzungen von Arbeiten des europäischen und amerikanischen Strukturalismus auf den Markt sowie zahlreiche italienische Monographien, in denen diese Theorien rezipiert werden. Zu nennen wären in diesem Zusammenhang Pierre Guiraud, *La semantica* (1966); Luigi Rosiello, *La semantica moderna e l'opera di Stephen Ullmann* (1966); Viggo Brøndal, *Teoria delle preposizioni. Introduzione a una semantica razionale* (1967) und Algirdas Julien Greimas, *La semantica strutturale. Ricerca di metodo* (1969). Auch in den 1970er-Jahren war das Interesse an semantischen Fragestellungen ungebrochen. Tullio de Mauro publizierte 1971 *Senso e significato. Studi di semantica teorica e storica*, 1975 erschienen Stephen Ullmanns *La semantica. Introduzione alla scienza del significato* sowie Georges Mounins *Guida alla semantica*. Einen wichtigen Beitrag vonseiten der italienischen Forschung stellt Gaetano Berrutos *La semantica* (1976) dar. Im selben Jahr erschien *Lo strutturalismo applicato alla semantica* von Salvatore Floro di Zenzo. 1977 kamen sowohl Stephen Ullmanns *Principi di semantica* als auch Annarita Pugliellis *La linguistica generativo-trasformazionale. Dalla sintassi alla semantica* auf den Markt. Ein weiteres Werk zur generativen Semantik brachte Guglielmo Cinque unter dem Titel *La semantica generativa* (1979) heraus.

7.3. Die lexikalische Semantik unter besonderer Berücksichtigung der Wortsemantik

Die lexikalische Semantik beschäftigt sich sowohl mit der Bedeutung von Wörtern als auch mit der inneren Strukturierung des Wortschatzes insgesamt. Die Wortsemantik ist sowohl Teil der lexikalischen Semantik als auch Teil der semantischen Interpretation, welche die Relationen zwischen den Wörtern und der realen Welt definiert.

7.3.1. Grundbegriffe der lexikalischen Semantik

7.3.1.1. Denotation und Konnotation

Unter der Denotation (it. *denotazione*) versteht man die neutrale, kontext- und situationsunabhängige, Grundbedeutung eines sprachlichen Ausdrucks, während die

Konnotation (it. *connotazione*) kontext- und situationsabhängig ist. Aus denotativer Sicht bezieht sich it. *volpe* auf das Säugetier (*„Guarda, una volpe!"*). Unter konnotativem Aspekt versteht man darunter hingegen eine schlaue Person (*„Sei proprio una volpe!"*).

7.3.1.2. Intension und Extension

Der begriffliche Inhalt eines sprachlichen Ausdrucks (wie bspw. in einem Wörterbuch) wird als seine Intension (it. *intensione*) bezeichnet. So besteht der begriffliche Inhalt des italienischen Substantivs *uomo* aus den Inhalten [+Mann] und [+Mensch]. Unter der Extension (it. *estensione*) eines sprachlichen Ausdrucks ist die Menge aller Menschen, Dinge, Sachverhalte etc. zu verstehen, auf die mit dem betreffenden Ausdruck Bezug genommen werden kann. So verweist bspw. das italienische Substantiv *attore* prinzipiell auf sämtliche italienischen und nicht italienischen Schauspieler der Vergangenheit sowie der Gegenwart.

7.3.1.3. Sem und Semem

Unter einem Sem (it. *sema*) versteht man das kleinste distinktive semantische Merkmal der Bedeutung eines Wortes.[2] Seme sind elementare Bedeutungselemente, die zum Aufbau der Bedeutung eines einfachen Wortes dienen. Der Begriff des Sems beruht auf der Annahme, dass man die Bedeutung von Wörtern (*Lexemen*) als eine Kombination solcher Seme beschreiben kann. Jedes Wort sollte dann eine Kombination von Semen aufweisen, die es in mindestens einem dieser Seme von anderen Wörtern unterscheidet. Die Bedeutung eines Wortes lässt sich dann im Rahmen einer *Komponentenanalyse* als eine bestimmte Konfiguration seiner Seme darstellen. Das wohl typischste Beispiel für eine Komponentenanalyse von Bernard Pottier, die hier für das Italienische adaptiert worden ist, bezieht sich auf die Seme von Sitzgelegenheiten:

Seme Lexeme	Sem 1 „zum Sitzen"	Sem 2 „auf Füßen"	Sem 3 „nur für eine Person"	Sem 4 „mit Rückenlehne"	Sem 5 „mit Armlehnen"
divano	+	+	-	+	+
poltrona	+	+	+	+	+
sedia	+	+	+	+	+/-
sgabello	+	+	+	-	-
cuscino	+	-	+	-	-

---

[2] Der Begriff wurde durch die französischen Linguisten Algirdas Julien Greimas (1917–1992) und Bernard Pottier (*1924) theoretisch ausgebaut.

Unter einem Semem (it. *semema*) versteht man die Gesamtbedeutung von Wörtern, die als Kombination von Semen (d.h. von semantischen Merkmalen) auftritt. Das Semem ist somit eine hierarchisch geordnete Struktur, bestehend aus den Semen des Wortes, die sich von dem Semem eines bedeutungsverwandten Wortes in wenigstens einem Sem unterscheiden sollte. Zum Semem des Substantivs *ragazza* gehören u.a. die Seme [menschlich], [jung] und [weiblich], während zum Semem des Substantivs *ragazzo* die Seme [menschlich], [jung], [männlich] etc. gehören. Die beiden Wörter unterscheiden sich durch die Seme [männlich] und [weiblich].

7.3.2. Semantische Relationen

Zu den semantischen Relationen gehören Synonymie, Antonymie, Homonymie, Polysemie, Hyponymie, Hyperonymie und Kohyperonymie sowie die Meronymie.

7.3.2.1. Synonymie

Unter Synonymie (it. *sinonimia* – gr. συνωνυμία, aus συνώνυμος ‚gleichnamig', ‚gleichbedeutend') versteht man die Bedeutungsgleichheit oder zumindest die Ähnlichkeit der Bedeutung von Wörtern.[3]

7.3.2.1.1. Echte und partielle Synonymie

Echte Synonymie ist eher selten. In den meisten Fällen handelt es sich um eine partielle Synonymie. Zur Verdeutlichung der Problematik verweist Dardano (1996, 86–88) auf *porzione*, *sezione* und *frazione*, bei denen die Synonymie lediglich auf der gemeinsamen Bedeutung „Teil von etwas" beruht (*una porzione del tutto* = *una sezione del tutto* = *una frazione del tutto*). Bei der konkreten Verwendung der Wörter stößt die Synonymie jedoch schnell an ihre Grenzen: *una porzione di torta* vs. **una sezione di torta* oder **una*

---

[3] In Italien finden sich die ersten Hinweise auf die Auseinandersetzung mit Synonymie in Abhandlungen zur Rhetorik aus dem 16. Jahrhundert, z.B. in Orazio Toscanellas *Applicamento de i precetti della invenzione, disposizione, et elocuzione [...] Sinonimi posti sotto regole* (1575). Im Jahre 1733 erschienen in Venedig die *Sinonimi, ed aggiunti italiani raccolti dal padre Carlo Costanzo Rabbi [...] con in fine un trattato de' sinonimi, degli aggiunti, e delle similitudini*. Im 19. Jahrhundert nahm die Beschäftigung mit Synonymen durch Grammatiker und Lexikographen stark zu. Giuseppe Grassis *Saggio intorno ai sinonimi della lingua italiana* (1821) wurde während des gesamten 19. Jahrhunderts immer wieder neu aufgelegt. 1825 publizierte Lorenzo Nesi sein *Dizionario ortologico pratico della lingua italiana [...] ad aggiunto un saggio sull'uso dei sinonimi*. Fünf Jahre später folgte Niccolò Tommaseos *Nuovo dizionario de' sinonimi della lingua italiana*, das sogar bis ins frühe 20. Jahrhundert zahlreiche Neuauflagen erlebte.

frazione di torta; *una sezione di dell'ufficio* vs. **una porzione dell'ufficio* oder **una frazione dell'ufficio*. Gewisse Aspekte der konnotativen Bedeutung sorgen dafür, dass zwei Wörter trotz gleicher denotativer Bedeutung (← Kap. 7.3.1.1) nicht den Anforderungen strikter Synonymie (it. *sinonimia assoluta*) genügen, so z.B. die Differenz zwischen Fachwort und Laienwort (*cefalea, emicrania – mal di testa*), zwischen Fremdwort und Übersetzung (*penalty – calcio di rigore*) oder die regionale Differenzierung bestimmter Wörter (*panino – pagnotta – rosetta*).

7.3.2.1.2. Geosynonyme

Eine charakteristische Erscheinung in der italienischen Sprache sind vor allem die sogenannten Geosynonyme (it. *geosinonimi*), d.h. ursprünglich dialektale Ausdrücke, die in die Standardsprache (oder zumindest in das *italiano regionale*) Eingang gefunden und jeweils die gleiche oder annähernd gleiche Bedeutung haben:

cappuccino	*cappuccio*			‚geschäumter Milchkaffee'
coccomero	*melone*	*anguria*		‚Melone', ‚Wassermelone'
gruccia	*stampella*			‚Krücke', ‚Bügel'
marinare	*bigiare*	*far sega*	*far filone*	‚(Schule) schwänzen'
padrino	*santolo*			‚Taufpate'
schiaffo	*sberla*	*ceffone*	*sganassone*	‚Ohrfeige'
serranda	*tapparella*	*persiana*	*saracinesca*	‚Rolladen'
cacio	*formaggio*			‚Käse'

7.3.2.2. Antonymie

Unter Antonymie (it. *antonimia*) versteht man im Allgemeinen die Gegensätzlichkeit von Wortbedeutungen. Einfache Gegensatzpaare sind bspw.:

grande	*piccolo*
giovane (in Bezug auf das Lebensalter)	*vecchio*
nuovo (in Bezug auf das Alter von Dingen)	*vecchio*
bello	*brutto*
lungo (räumlich)	*corto*
lungo (zeitlich)	*breve*
ricco	*povero*
ricchezza	*povertà*
amico	*nemico*

Auf lexikalischer Ebene können unterschiedliche Formen von Antonymie unterschieden werden (graduelle Antonymie, Komplementarität, Inkompatibilität sowie konverse und reverse Relation).

7.3.2.2.1. Graduelle Antonymie

Eine graduelle Antonymie (it. *antonimia graduale*) liegt dann vor, wenn zwei Wörter einen Gegensatz zwischen zwei Polen bezeichnen, wobei es aber noch diverse Abstufungen gibt. Aus der Negation des einen Wortes des Wortpaars folgt daher nicht automatisch, dass die Opposition auch auf das zweite Wort des Wortpaars zutrifft. Die Adjektive *freddo* und *caldo* bspw. sind graduell antonym, da es zwischen ihnen auch diverse Abstufungen wie *fresco*, *tiepido* gibt, wobei die Relationen nicht ganz unproblematisch sind:

‚heiß'	‚warm'	‚lauwarm'	‚frisch'	‚kalt'	‚eiskalt'
(molto) caldo	*caldo*	*tiepido*	*fresco*	*freddo*	*gelido*

7.3.2.2.2. Komplementarität

Von Komplementarität (it. *complementarietà*) spricht man, wenn ein Bedeutungsgegensatz zwischen zwei Wörtern existiert und dieser gleichzeitig aus der Negation des einen Wortes resultiert. Man spricht in diesem Fall auch von kontradiktorischer Antonymie (it. *antonimia controddittoria*). Wenn man bspw. nicht steigerbare Adjektive aus oppositionellen Relationen wie *sposato – celibe* oder *sposata – nubile* in prädikativen Ausdrücken (z.B. *Mario è sposato – Lorenzo è celibe*; *Maria è sposata – Lorenza è nubile*) verwendet, dann teilen sie die Grundmenge der Objekte, auf die sie Anwendung finden, in zwei komplementäre Teilmengen. Doch im Bereich der Komplementarität gibt es gewisse Unsicherheiten. Wenn bspw. ein menschliches Wesen nicht *maschile* (‚männlich') ist, geht man automatisch davon aus, dass es *femminile* (‚weiblich') ist. Da aber auch Hermaphroditen existieren, bei denen das Geschlecht nicht eindeutig bestimmt werden kann, ist die Antonymie nicht absolut. Das Gegensatzpaar *vita* (‚Leben') und *morte* (‚Tod') scheint zunächst etwas eindeutiger zu sein, wobei aufgrund der Existenz des medizinisch-juristischen Ausdrucks *morte apparente* (‚Scheintod') auch hier eine graduelle Antonymie angenommen werden müsste.

7.3.2.2.3. Inkompatibilität

Inkompatibilität (it. *incompatibilità*) liegt bei zwei Wörtern vor, deren Relation auf dem Prinzip der Kohyponymie beruht. Die Substantive *passero* (‚Spatz'), *fringuello* (‚Fink') und *cincia* (‚Meise') sind bspw. Kohyponyme des Oberbegriffs *uccello* (‚Vogel'), die sich in einem konkreten Satzzusammenhang allerdings gegenseitig ausschließen: *passero = uccello; fringuello = uccello; cincia = uccello;* aber: *fringuello ≠ passero ≠ cincia*.

7.3.2.2.4. Konverse und reverse Relation

Bei einer konversen Relation (it. *relazione conversa*) bezeichnen zwei Wörter zwar denselben Vorgang, betrachten ihn aber aus zwei verschiedenen Blickwinkeln. So beschreiben die Verben *comprare* (,kaufen') und *vendere* (,verkaufen') gleichermaßen den Akt eines Handels, unterscheiden sich aber aufgrund ihrer Perspektive. Eine reverse Relation liegt vor, wenn zwei Lexeme inkompatibel sind. Dies ist z.B. dann der Fall, wenn beide Wörter ein bestimmtes Geschehen bezeichnen, wobei das eine Wort den Anfang eines bestimmten Geschehens bezeichnet, das andere hingegen das Ende, z.B. *comminciare, iniziare* (,beginnen') und *finire, terminare* (,beenden').

7.3.2.3. Homonymie

Als Homonym (it. *omonimo*) wird ein Wort bezeichnet, das für verschiedene Begriffe stehen kann. Im Falle von Homonymie handelt es sich um zwei oder mehr Wörter, die zwar den gleichen Signifikanten (it. *significante*) haben, nicht jedoch das gleiche Signifikat (it. *significato*). Sie gehören nicht selten zu völlig verschiedenen semantischen Feldern (it. *campi semantici*). Homonyme sind aus ursprünglich verschiedenen Morphemen entstanden, die gleichlautend (homophon) geworden sind, z.B. $_1$*zecca* ,Zecke' (< langob. *zekka*), und $_2$*zecca* ,Münzprägeanstalt' (< arab. *sikkah*) oder *lama*:

la lama$_1$	,Klinge'	Entlehnung aus frz. *lame* (< mlat. LAMINAM ,Metallplatte')
la lama$_2$	,Sumpfland'	< lat. LAMA(M)
la lama$_3$	,Lama'	Entlehnung aus dem Quechua über sp. *llama*
il lama$_4$	,buddhistischer Priester'	Entlehnung aus dem Tibetanischen

7.3.2.4. Polysemie

Unter Polysemie (it. *polisemia*) versteht man ein Wort, das infolge der Ausdifferenzierung eines gemeinsamen semantischen Kontextes für verschiedene Begriffe steht. Ein Signifikant hat mehrere Signifikate, die aber miteinander in Verbindung stehen. Ein gewisses Maß an Polysemie stellt in natürlichen Sprachen den Normalfall dar. So bedeutet das Substantiv *appunto* sowohl ,Notiz' als auch ,Vorwurf'. Zwischen homonymen Wörtern kann bisweilen ein direkter etymologischer Zusammenhang bestehen. In diesem Fall ist der Übergang zur Polysemie fließend, wenn es sich um die gleiche Wortklasse handelt (z.B. bei *calcolo* und *credenza*). Im Falle von *appunto* hingegen geht das Adverb auf das Syntagma *a punto* (mit phonosyntaktischer Verdoppelung) zurück, während es sich beim Substantiv um eine Rückbildung auf der Grundlage des parasynthetischen Verbs *appuntare* (< *a* + *punto* + *-are*) handelt. Daneben können auch phonetischmorphologischer Wandel oder sprachliche Entlehnungen (z.B. bei *lama*) zu Homonymie führen:

il calcolo₁	‚Berechnung', ‚Kalkulation'	Entlehnung aus lat. CALCULUM ‚Steinchen', ‚Rechensteinchen'
il calcolo₂	‚Stein' (z.B. *calcolo biliare* ‚Gallenstein')	s.o.
la credenza₁	‚Glaube'	Ableitung von *credere* ‚glauben' (vgl. auch mlat. *credentia*)
la credenza₂	‚Küchenschrank', ‚Anrichte'	Im Mittelalter bezog sich der Ausdruck auf das Vorkosten von angerichteten Speisen für hochgestellte Persönlichkeiten aus dem Bereich des Klerus und des Adels durch ihre Untergebenen.

7.3.2.5. Hyponymie, Hyperonymie und Kohyponymie

Bei Hyponymie (it. *iponimia*) handelt es sich um den Unterbegriff, bei Hyperonymie (it. *iperonimia*) um den Oberbegriff. Kohyponyme sind unterschiedliche Begriffe mit einem gemeinsamen Oberbegriff:

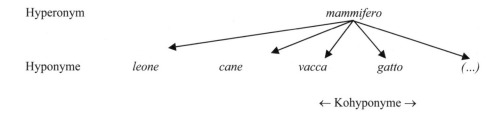

Einige Wörter können sowohl als Hyperonym als auch als Hyponym fungieren, z.B. ‚Hund' als Unterbegriff zu Säugetier und als Oberbegriff zu ‚Dackel'; ‚Schäferhund','Pudel', ‚Mastino', ‚Mops' als Hyponyme zu *Hund* und Kohyponyme zueinander:

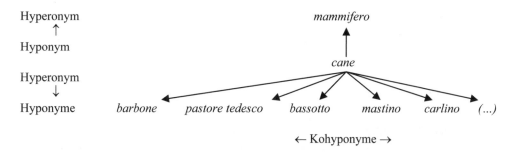

7.3.2.6. Meronymie

Unter Meronymie (it. *meronimia*) versteht man eine hierarchische Teil-Ganzes-Beziehung, etwa im Bereich der Bezeichnung der Körperteile. Bei der Meronymie handelt es sich folglich um eine lexikalische Unterordnungsbeziehung, die sich deutlich von der Hyponymie unterscheidet: „Die Hyponymie beschreibt die Beziehung zwischen einem Oberbegriff und einer Gruppe *ähnlicher* Elemente [...] Bei der Meronymie geht es es um Beziehungen zwischen *kontigen* Elementen [...]" (Blank 2001, 33):

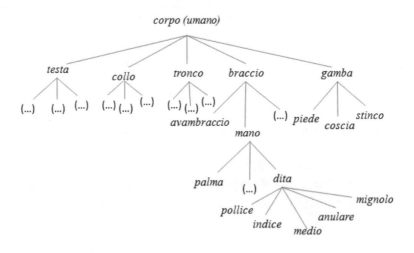

Literaturhinweise

Berruto (1976); Blank (2001); Casadei (2003); Castagnotto (1971); Chierchia (1997); Coseriu (1975); De Mauro (1970); Greimas (2000); Guiraud (1966); Löbner (2003); Gambarara (1999); Thomaßen (2004); Stechow/Wunderlich (1991).

Aufgaben

1) Nennen Sie die denotative und konnotative Bedeutung von *maiale* und *asino*.

2) Gehen Sie ins Internet, besuchen Sie dort die Homepage von *Virgilio parole* (http://parole.virgilio.it/parolecgi/ControlServletParole) und suchen Sie die Synonyme und Antonyme der folgenden Wörter: *amico, buono, caldo, caro*.

3) Ordnen Sie die folgenden Wörter nach Hyperonymen, Hyponymen und Kohyponymen: *giardiniera, fuoristrada, camion, autovettura, utilitaria, berlina*.

4) Untersuchen Sie anhand eines einsprachigen Wörterbuchs (z.B. ZINGARELLI) die Polysemie der Substantive *uomo, blocco* und *nipote*.

5) Lesen Sie den in NZZ Folio 10/2002 erschienen Artikel „Das Experiment – Die Eskimos und der Schnee" über Eleonor Rosch und die Prototypensemantik:
http://www.nzzfolio.ch/www/d80bd71b-b264-4db4-afd0-277884b93470/showarticle/
44ddbdb6-48b6-4880-81c5-19789c448854.aspx.

8. Pragmatik

8.1. Untersuchungsgegenstand und Grundbegriffe der Pragmatik

Die Pragmatik (it. *pragmatica*) erforscht sprachliches Handeln sowie die Verwendung von Sprache, d.h. den Gebrauch von sprachlichen Ausdrücken (Wörtern, Phrasen, Sätzen) und ihre tatsächliche Bedeutung in Abhängigkeit vom jeweiligen Kontext (vgl. Dardano/Trifone 1997, 488–489; Linke/Nussbaumer/Portmann ^{5}2004, 193–232). Der Ausdruck *Pragmatik* geht auf die Zeichentheorie von Charles W. Morris (1903–1979) zurück, der darunter das Verhältnis zwischen Zeichen und Zeichenbenutzer versteht. Die Pragmatik lässt sich in die folgenden Teilgebiete untergliedern: Deixis (it. *deissi*), Präsupposition (it. *presupposizione*), Sprechakte (it. *atti linguistici*), konversationelle Implikaturen (it. *implicature conversazionali*) sowie Konversations- und Gesprächsanalyse (it. *analisi della conversazione*).

8.1.1. Deixis

Unter Deixis (it. *deissi* – vgl. gr. δείκνυμι ‚zeigen') – die teils der Semantik und teils der Pragmatik zugeordnet wird – versteht man sowohl den Vorgang des Referierens auf Situationselemente als auch die Funktion sprachlicher Ausdrücke in Abhängigkeit vom jeweiligen Äußerungskontext (vgl. Dardano/Trifone 1997, 493–494). Als deiktisch werden jene Ausdrücke bezeichnet, die auf die personellen, temporalen oder lokalen Charakteristika der Sprechsituation verweisen. Das Zentrum jeder Deixis ist der Sprecher, der auf Personen, Dinge etc. verweist (*Ich-Hier-Jetzt-Origo*). Im linguistischen Sinne geht der Terminus auf Karl Bühlers *Sprachtheorie* (1934) zurück (vgl. Bühler 1982, 102–140).

Verschiedene Arten der Deixis:

- *Lokale Deixis* (it. *deissi spaziale*): Mithilfe von Ortsadverbien (*qui, qua, lì, là*) kann auch mit Bezug auf den Sprecher bzw. Hörer auf Näheres und Ferneres verwiesen werden.
- *Temporale Deixis* (it. *deissi temporale*): Sie stellt einen Bezug zum Äußerungszeitpunkt her (*prima, dopo, adesso*). Zu diesem Bereich gehören auch die Tempusformen.
- *Personaldeixis* (it. *deissi personale*): Um zu wissen, auf wen oder was sich diese Deixis bezieht, muss bekannt sein, wer Sprecher und wer Hörer ist. Die Personaldeixis grammatikalisiert die Rollen im Rahmen der Interaktion und manifestiert sich in erster Linie bei den Personal- und Possessivpronomina der ersten und zweiten Person (*io, tu* etc.).
- *Textdeixis/Diskursdeixis* (it. *deissi del discorso/deissi testuale*): Sie bezieht sich auf vorangehende bzw. nachfolgende Elemente eines Textes (*come avevo già detto prima*).
- *Soziale Deixis* (it. *deissi sociale*): Sie bezieht sich auf den sozialen Status der Kommunikationsteilnehmer (*Lei, tu*).

8.1.2. Präsupposition

Sowohl in der Pragmatik als auch in der Logik versteht man unter einer Präsupposition (it. *presupposizione*) die implizite Voraussetzung einer Aussage. Sie umschreibt das, was ein Satz an Information enthält, ohne dass diese Information explizit im Satz genannt wird. Beispielsweise unterstellt man bei dem Satz *„L'attuale Re di Francia è calvo."*, dass *gegenwärtig* ein französischer König existiert. Die Aussage impliziert die Existenz eines französischen Königs nicht, sondern setzt sie voraus. Wenn es nun keinen König gibt, dann ist sie im Prinzip nicht falsch, sondern es fehlt ihr vielmehr der Wahrheitsgehalt, mit anderen Worten, die Existenz oder Nichtexistenz des Königs ist innerhalb des Satzes nicht Teil der eigentlichen Aussage (it. *proposizione*). Präsuppositionen hängen voneinander ab, folglich kann die Nichtexistenz einer Präsupposition die Existenz der anderen beeinflussen. Ist die Präsupposition *Frankreich hat derzeit einen König* hinfällig, so trifft dies in gleichem Maße auf die Präsupposition *Frankreichs derzeitiger König ist kahl* zu.

8.1.3. Sprechakte

8.1.3.1. Sprechen und Handeln

Man stelle sich folgende Szene in einem öffentlichen Verkehrsmittel vor: Ein Fahrgast mit Fensterplatz richtet sich mit der Frage *„Scusi, scende?"* an seinen Mitreisenden. Der Mitreisende antwortet: *„No! Un momento."*, steht auf und lässt den Fahrgast mit Fensterplatz vorbei, denn er hat – beinahe unabhängig vom Wortlaut des Fragestellers – intuitiv erfasst, dass dieser aussteigen wollte und hat dementsprechend reagiert. Folglich haben beide Gesprächspartner die Bedeutung des Sprechakts erkannt und in adäquates Handeln umgesetzt. Um ein Missverständnis handelt es sich offensichtlich in folgendem Fall: Der Fahrgast mit Fensterplatz fragt seinen Mitreisenden: *„Scusi, scende?"* Dieser antwortet: *„No!"* und bleibt sitzen. Er hat die Frage nicht als Bitte oder Wunsch aufgenommen und dementsprechend reagiert, d.h. er hat von der Möglichkeit Gebrauch gemacht, die Frage mit *sì* oder *no* zu beantworten. Gesprächspartner scheinen bisweilen bestimmte Sprechakte auszuführen, wobei in Wirklichkeit ein anderer als der zunächst vermutete Akt zum Einsatz kommt. Mit diesen und ähnlichen Phänomenen sprachlicher Kommunikation befasst sich die Sprechakttheorie (it. *teoria degli atti linguistici*).

8.1.3.2. Die Sprechakttheorie: Wissenschaftsgeschichtlicher Überblick

Die Sprechakttheorie entstand um 1955 und geht auf John L. Austin (1911–1960) und dessen Vorlesungsreihe mit dem Titel *How To Do Things With Words* (it. *Come fare cose con le parole*) zurück, die 1962 posthum veröffentlicht wurde (vgl. Dardano/Trifone 1997, 489–490; Jungen/Lohnstein 2006, 24f.).

Der Sprechakt bei John L. Austin:

- Der *lokutionäre/lokutive Akt* (engl. *locutionary act* – it. *locuzione/atto locutorio/atto locutivo*) bezieht sich auf das Hervorbringen von Äußerungen auf phonetischer, syntaktischer und semantischer Ebene (phonetischer Akt: engl. *phonetic act* – it. *atto fonetico*; phatischer Akt: engl. *phatic act* – it. *atto fatico*; rhetischer Akt: engl. *rhetic act* – it. *atto retico*).

- Der *illokutionäre/illokutive Akt* (engl. *illocutionary act* – it. *illocuzione/atto illocutorio/atto illocutivo*) umfasst den Vollzug einer Äußerung im Rahmen ihrer kommunikativen Geltung in Form einer Frage, Bitte, Warnung, Empfehlung oder einer Drohung.

- Unter dem *perlokutionären/perlokutiven Akt* (engl. *perlocutionary act* – it. *perlocuzione/atto perlocutorio/atto perlocutivo*) versteht man das Bewirken der vom Sprecher beabsichtigten und beim Hörer auch tatsächlich eingetretenen Wirkung der Äußerung (überzeugen, umstimmen, verärgern, verunsichern, kränken oder trösten).

Austins Schüler John R. Searle (*1932) publizierte 1969 das Werk *Speech Acts*. Seine Theorie basiert auf der Annahme, dass mithilfe einer sprachlichen Äußerung (it. *enunciato performativo*) nicht nur Sachverhalte beschrieben oder Tatsachen behauptet werden können, sondern, dass sie auch dazu eingesetzt werden, um Handlungen zu vollziehen.

Der Sprechakt bei John R. Searle:

- Der *Äußerungsakt* (engl. *utterance act*) basiert auf der Produktion von Äußerungen nach den Regeln der Phonologie und Grammatik einer Sprache.

- Der *propositionale Akt* (engl. *propositional act*) setzt sich aus dem Referenzakt und dem Prädikationsakt zusammen. Während sich der Sprecher mit dem *Referenzakt* auf bestimmte Dinge, Sachverhalte oder Personen bezieht, werden diesen mithilfe des *Prädikationsakts* bestimmte Eigenschaften zugeschrieben.

- Der *illokutionäre Akt* bezeichnet – in Analogie zu Austin – die Realisierung einer Äußerung im Rahmen ihrer kommunikativen Geltung. Die Illokution wird in fünf Klassen unterteilt (s.u.).

- Der *perlokutionäre Akt* entspricht wie bei Austin dem Bewirken der vom Sprecher beabsichtigten und beim Hörer auch tatsächlich eingetretenen Wirkung der Äußerung.

Illokutionäre Klassen nach John R. Searle:

- *Repräsentativa/Assertiva* (engl. *assertives* – it. *rappresentativi/assertivi*): Der Sprecher behauptet, teilt mit oder berichtet, d.h. er sagt, wie sich etwas verhält.

- *Direktiva* (engl. *directives* – it. *direttivi*): Der Sprecher bittet, befiehlt, rät, d.h. er möchte jemanden zu einer Handlung bzw. zur Unterlassung einer Handlung bewegen.

- *Kommissiva* (engl. *commissives* – it. *commissivi*): Der Sprecher verspricht, vereinbart, bietet an oder droht, d.h. er möchte sich selbst auf eine Handlung bzw. Unterlassung einer Handlung festlegen.

- *Expressiva* (engl. *expressives* – it. *espresivi*): Der Sprecher dankt, grüßt, beglückwünscht oder klagt, d.h. er bringt die eigene Gefühlslage zum Ausdruck.

- *Deklarativa* (engl. *declaratives* – it. *dichiarativi*): Der Sprecher ernennt, entlässt, tauft, d.h. er ist kraft seines Amtes als Präsident, Chef oder Priester in der Lage, mit dem Sprechakt Zustände und Situationen seiner Mitmenschen entsprechend dem Gesagten zu verändern.

8.1.3.3. Die Rezeption der Sprechakttheorie in Italien

Austins Werk *How To Do Things With Words* erschien 1974 in italienischer Übersetzung und leitete eine intensive Auseinandersetzung mit der Sprechakttheorie ein. Marina Sbisà (1989) hat sich mit Austins Klassifikationen der Illokution auseinandergesetzt und daraufhin eine eigene Klassifizierung von Sprechakten durchgeführt.[1]

Die Klassifizierung der Sprechakte nach Marina Sbisà:

- *Esercitivi*: Der Sprecher übt auf den Kommunikationspartner Einfluss aus, indem er ihn etwas machen lässt. Hier kommen Verben des Befehlens, Anordnens oder des Verbietens zum Einsatz (*ordinare, comandare, dare istruzioni, vietare* etc.).

- *Commissivi*: Der mit einer bestimmten Macht ausgestattete Sprecher veranlasst den Kommunikationspartner etwas zu tun, und zwar mithilfe von Verben des Versprechens, Schwörens oder Garantierens (*promettere, giurare, garantire* etc.).

- *Verdittivi*: Der mit Wissen oder Macht ausgestattete Sprecher bringt den Gesprächspartner dazu, etwas zu tun, indem bewertet, beurteilt, beschrieben oder analysiert wird (*valutare, giudicare, descrivere, analizzare*).

- *Comportativi*: Der mit einem bestimmten Wissen ausgestattete Sprecher gesteht dem Gesprächspartner zu, etwas zu tun. Dies kann durch Entschuldigungen, Danksagungen oder Flüche geschehen (*chiedere scusa, ringraziare, maledire*).

---

[1] Auf der Homepage von Marina Sbisà (http://www2.units.it/sbisama/it/?file=scritti.htm) finden Sie eine Reihe von Artikeln zur Pragmatik. Einen guten Überblick über die italienische Pragmalinguistik bietet Held 2010, 59–82.

8.1.4. Konversationelle Implikaturen

Von großer Bedeutung für die Weiterentwicklung der Sprechakttheorie waren die Arbeiten des englischen Sprachphilosophen Herbert Paul Grice (1913–1988), der auch in Italien rezipiert worden ist. Seine Bedeutung für die Linguistik basiert vor allem auf der Entwicklung der Begriffe konversationelle Implikatur und Kooperationsprinzip. Grices Ansatz stützt sich auf eine intentionsbasierte Theorie der „Bedeutung von Sprache" unter Umgehung von Kategorien wie *Code* oder *Konvention*. Grice unterscheidet zwischen Implikatur und wörtlicher Bedeutung. Unter *Implikatur* (engl. *implicature* – it. *implicatura*) versteht er einen Bedeutungsaspekt, welcher durch die Äußerung zwar kommuniziert, vom Sprecher aber lediglich angedeutet wird. Durch die Implikatur wird ein Sprecher in die Lage versetzt, mehr kommunizieren zu können, als er zu sagen gewillt ist. Als Implikaturen gelten alle Folgerungen, die nicht konventionell, d.h. gewohnheitsmäßig aus der wörtlichen Bedeutung eines Satzes resultieren. Grice unterscheidet zwischen konversationellen (it. *implicature conversazionali*) und konventionellen Implikaturen (it. *implicature convenzionali*). Bei der erstgenannten Kategorie geht es um etwas, das zwar nicht gesagt wird, aber mithilfe des Gesprächskontextes verständlich ist, während Letztere Bestandteile der konventionellen Bedeutung sind (z.B. *Luigi è italiano, per questo è molto musicale*). Die Implikatur ist konventionell, weil sie auf der konventionellen Bedeutung von *per questo* ‚deshalb' basiert. Wenn hingegen die Person A die Person B fragt: „*Conosci Bendicò?*" und diese erwidert „*Amo Il Gattopardo*", dann kann A mithilfe von sogenannten Kommunikationsmaximen[2] (it. *massime conversazionali*) schließen, dass B Bendicò bekannt ist.[3] Es liegt folglich eine konversationelle Implikatur vor (vgl. auch Dardano/Trifone 1997, 491–493).

8.1.5. Konversations- und Gesprächsanalyse

Im Rahmen der Konversationsanalyse (it. *analisi della conversazione*), die in den 60er-Jahren des 20. Jahrhunderts unter dem Einfluss der Ethnomethodologie (it. *etnometodologia*) von Harold Garfinkel (*1917) in den Vereinigten Staaten von Amerika entwickelt worden war, werden vor allem Alltagsgespräche im Hinblick auf Regeln und Verfahren untersucht, mit denen die Kommunikationsteilnehmer ihre Interaktion gestalten. Bei der ethnomethodologischen Vorgehensweise geht es darum, abstrakte

---

[2] Es handelt sich hierbei um kommunikative Konventionen (*Kooperationsprinzipien*), denen Hörer und Sprecher normalerweise folgen: die Maxime der Quantität („Mache deinen Beitrag zur Kommunikation so informativ wie erforderlich."), der Qualität („Versuche deinen Beitrag zur Kommunikation so zu machen, dass er wahr ist."), der Relation („Mache deinen Beitrag relevant.") sowie der Modalität („Sei klar und deutlich.").

[3] *Il Gattopardo* ist der Titel des bekannten Romans von Tommaso di Lampedusa (1896–1957), der 1958 posthum erschienen ist. *Bendicò* ist der Name eines Hundes, der in dem Roman vorkommt.

Theorien über die soziale Wirklichkeit zu vermeiden. Ziel ist es vielmehr herauszufinden, mithilfe welcher alltagspraktischen Handlungen sich soziale Wirklichkeit konstituiert. Die Ethnomethodologie stützt sich im Wesentlichen auf zwei Begriffe, die das Verständnis des sozialen Handelns maßgeblich beeinflussen, und zwar die Indexikalität (it. *indicalità*) sowie die Reflexivität (it. *riflessività*). Der *Indexikalitätsbegriff* besagt, dass keine Äußerung eine von ihrem Kontext unabhängige Bedeutung besitzen kann. Der *Reflexivitätsbegriff* bezieht sich darauf, dass eine Äußerung nur auf sich selbst zurückgeführt werden kann, da außerhalb von ihr keine objektive Wirklichkeit existiert.

Harold Garfinkels ethnomethodologische Annahmen:

– Die Sprache ist insgesamt ungenau und reich an indexikalen Ausdrücken, die in Abhängigkeit zum jeweiligen kommunikativen Kontext stehen.

– Diese indexikalen Ausdrücke werden von den Kommunikationsteilnehmern im Laufe ihrer sozialen Interaktion kontinuierlich interpretiert.

– Damit die soziale Interaktion reibungslos vonstatten geht, müssen die Teilnehmer auf der Basis von Vertrauen in korrekte Interpretationsleistungen der übrigen Teilnehmer agieren.

– Die Interaktionsteilnehmer interpretieren die Phänomene immer so, dass für sie dabei ein nachvollziehbarer Sinn entsteht, d.h. es findet eine kontinuierliche sinnhafte Normalisierung statt.

– Diese sinnhafte Normalisierung wird von den Kommunikationsteilnehmern interaktiv hergestellt, aktiv aufrechterhalten sowie bisweilen sozial eingefordert.

Die *Gesprächsanalyse* entstand in den 70er-Jahren des 20. Jahrhunderts auf der Grundlage der Konversationsanalyse (vgl. Linke/Nussbaumer/Portmann [5]2004, 293–334). Ihr Untersuchungsgegenstand ist vor allem aus die Analyse gesprochener, in der Regel dialogischer Sprache. Sie befasst sich mit Fragen der Gesprächsorganisation. Die Gesprächsanalyse ist zwar eine eigenständige Forschungsdisziplin, steht aber in enger Verbindung sowohl zur Sprechakttheorie als auch zur Textlinguistik (→ Kap. 9). Aufgezeichnete Gespräche können neben der Untersuchung der Organisation von Gesprächen auch zur linguistischen Analyse der gesprochenen Sprache herangezogen werden. Gespräche lassen sich nach Makro-, Meso- und Mikroebene gliedern. Zur Makroebene zählen Gesprächseröffnung, Gesprächsmitte und Gesprächsbeendigung. Die Mesoebene betrifft Sprecherwechsel, Gesprächsschritt sowie Gesprächssequenz. Die Mikroebene umfasst sprechaktinterne Elemente wie Syntax, Lexikon und Prosodie. Wichtig zur Steuerung von Gesprächen sind sogenannte Gliederungssignale (it. *segnali discorsivi*), d.h. vor allem *Turn-taking*-Signale (beim Sprecherwechsel), Kontaktsignale, Überbrückungssignale, Korrektursignale, Interjektionen sowie Abtönungspartikeln, die wir an dieser Stelle kurz vorstellen möchten (die Beispiele stammen aus Koch/Oesterreicher 1990, 54–68):

Turn-taking-Signale	A [ancora . e volevo B [dài Luciano vorrei u/eh usare un minuto solo per B [dire quel che hai detto tu [...]
Kontaktsignale	A [senti un po' ma allora [...]
Überbrückungsphänomene	A [[...] quelli non divertono . ma son<u>o</u> ... gustosi a vederli più A [che altri [...]
Korrektursignale	A [le scuole a Napoli si chiusero per la questione dell<u>e</u> cioè A [c'erano o non c'erano . ma insomma noi eravamo sfollati tutti
Interjektionen	A [la speranza mia io ci ho questo figliolo in letto <boh> si A [starà a vedere <eh> qualche santo ci aiuterà
Abtönung	A [e un etto di prosciutto crudo no mi dia pure B [<nostran o parma>[4]

(Zeichenerklärung: . = kurze Pause; ... = längere Pause; -<u>o</u> = Dehnung; [...] = Auslassung)

Im Internet stehen unterschiedliche Korpora mit aufgezeichneten italienischen Gesprächen zur Verfügung, z.B. CLIPS[5] (*Corpora e Lessici dell'Italiano Parlato e Scritto*) oder BADIP[6] (*banca dati dell'italiano parlato*).

Literaturhinweise

Alston (2000); Austin (1962, 1972, 1974); Brinker/Sager (2001); Ernst (2002); Garfinkel (1967); Grice (1975, 1993); Held (2010, 59–82); Henne/Rehbock (2001); Hindelang (1994, 2000); Klein/Diekmannshenke (1996); Linke/Nussbaumer/Portmann (2004, 293–334); Renzi/Salvi/Cardinaletti (1995); Renzi (1993); Sbisà (1989, 2007); Searle (1969, 1979, 1982, 1992); Ulkan (1993); Wunderlich (1976).

Aufgaben

1) Identifizieren Sie den lokutionären, illokutionären und perlokutionären Akt nach der Theorie von John L. Austin in der folgenden kommunikativen Situation: A und B befinden sich in einem Raum. A sagt zu B: „*Fa freddo.*" Daraufhin geht B zum Fenster und schließt es.

2) Um welche illokutionäre Klasse nach der Theorie von John R. Searle handelt es sich bei der Formel des Priesters „Vi dichiaro marito e moglie."?

---

[4] Passage im Dialekt.
[5] Vgl. http://www.clips.unina.it/it/.
[6] Vgl. http://badip.uni-graz.at/.

3) Lesen Sie den folgenden Gesprächsauszug und versuchen Sie, unterschiedliche Gliederungssignale zu identifizieren:

>A: *ciao come va*
>B: *bene te*
>A: *bene*
>B: *che fai*
>A: *mah senti che fai oggi*
>B: *vado in discoteca*
>A: *ah a che ora*
>B: *alle tre e mezzo*
>A: *ahah allora niente e torni*
>B: *torno verso le sette sette sette e mezzo torno*
>A: *ah allora niente*
>B: *dimmi*
>A: *volevo sapere se vieni al cinema*
>[…][7]

4) Womit beschäftigt sich die Ethnomethodologie?

5) Worin besteht die Indexikalität der Äußerung „*Fa freddo.*" in Frage 1) nach der Theorie von Harold Garfinkel?

---

[7] Quelle: BADIP.

9. Textlinguistik

9.1. Untersuchungsgegenstand der Textlinguistik

Während sich die strukturalistische Linguistik und generative Transformationsgrammatik auf den Satz als größte linguistische Bezugseinheit beschränken, beschäftigt sich die Textlinguistik (it. *linguistica testuale*) mit satzübergreifenden sprachlichen Strukturen (Transphrastik). Es sei an dieser Stelle darauf hingewiesen, dass mittlerweile eine Vielzahl textlinguistischer Ansätze existiert. Einen einheitlichen Textbegriff gibt es bislang nicht. Er ist abhängig vom jeweiligen theoretischen Ansatz (vgl. Sowinski 1983; Linke/Nussbaumer/Portmann ^{5}2004, 241–292). Das Verstehen schriftlich und mündlich produzierter Texte scheint auf den ersten Blick eine Selbstverständlichkeit zu sein. In Wahrheit handelt es sich jedoch um einen äußerst komplexen Vorgang. Mit der Analyse von Texten beschäftigen sich daher die verschiedensten wissenschaftlichen Disziplinen. Zu nennen wären neben der Linguistik in diesem Zusammenhang die Psychologie, die Philosophie, die Biologie und die Informatik.

9.2. Wissenschaftsgeschichtlicher Überblick Textlinguistik

In den 20er- und 30er-Jahren des 20. Jahrhunderts wurde von Vertretern der Prager Schule die Thema-Rhema-Theorie in die Wege geleitet. In den 1960er-Jahren entstanden in den USA, in Frankreich und Deutschland unabhängig voneinander unterschiedliche linguistische Ansätze zur Beschreibung satzübergreifender, transphrastischer Strukturen. Zwischen 1962 und 1964 verfasste Roland Harweg (*1934) seine von Strukturalismus und Generativistik beeinflusste Habilitationsschrift mit dem Titel *Pronomina und Textkonstitution*, die 1968 in erster Auflage zur Veröffentlichung kam. Darin zeigt er auf, wie ersetzende Elemente (*Substituentia*) und zu ersetzende Elemente (*Substituenda*) bei der Textkonstitution zusammenwirken. Textuelle Aspekte spielen auch in Harald Weinrichs (*1927) *Tempus* (1964) eine entscheidende Rolle. Der Terminus *Textlinguistik* wurde offensichtlich 1967 von Weinrich geprägt. Ihr bis heute dominantes theoretisches Fundament erhielt die Textlinguistik durch De Beaugrande/Dressler und deren *Einführung in die Textlinguistik* (1981) mit ihren sieben Textualitätskriterien *Kohäsion, Kohärenz, Intentionalität, Akzeptabilität, Informativität, Situationalität* und *Intertextualität* (→ Kap. 9.4.2.3).

9.3. Die Rezeption der Textlinguistik in Italien

Die Rezeption der Textlinguistik erfolgte in Italien in der ersten Hälfte der 70er-Jahre des 20. Jahrhunderts. Zu den Pionieren in Italien gehörten bspw. Bice Garavelli Mortara

(1974) und Maria-Elisabeth Conte (1977). Die Etablierung der seinerzeit noch jungen sprachwissenschaftlichen Teildisziplin erfolgte in den 1980er-Jahren und manifestierte sich bspw. in Form des *XV. Congresso internazionale di studi*, der im Mai 1981 in Santa Margherita Ligure (bei Genua) stattfand und der Textlinguistik gewidmet war. In der Folgezeit kamen zahlreiche Publikationen mit textlinguistischer Thematik auf den Markt, z.B. Tonfoni (1983), De Beaugrande/Dressler (1984), Conte (1988). Auch in den Italienischunterricht sowie in die Fremdsprachendidaktik haben textlinguistische Fragestellungen Eingang gefunden, z.B. in Form von Werken wie *Comprendere e produrre un testo scritto. Guida alla linguistica testuale nella scuola d'obbligo* (1990) von Eynard/Frandino/Perego sowie *La lingua italiana. Moduli di educazione linguistica e testuale* (2004) von Marcello Sensini. Relevant sind die Erkenntnisse der Textlinguistik mittlerweile auch im Bereich der Fremdsprachendidaktik sowie der Übersetzungswissenschaft, z.B. Roberta Monaco, *Educazione linguistica e educazione testuale. La didassi del testo letterario nella didattica della lingua francese* (1990) oder Roberto Menin, *Teoria della traduzione e linguistica testuale* (1996). Seit den 1990er-Jahren sind ferner zahlreiche Doktorarbeiten mit textlinguistischer Themenstellung eingereicht worden. Zu nennen wären in diesem Zusammenhang etwa *Coerenza testuale. Un approccio cognitivo* (1998) von Claudia Soria, *Il discorso riportato come rappresentazione e riproduzione di discorsi. Una prospettiva testuale* (1998) von Emilia M. Calaresu sowie *L'esemplificazione nei testi scientifici. Strategia testuale e segnali linguistici* (1999) von Mauro Angeloni.

9.4. Texttheorien

9.4.1. Textbegriffe

Der Textbegriff ist abhängig von der ihm zugrunde liegenden Texttheorie. So versteht bspw. die traditionelle linguistische Texttheorie (it. *teoria testuale*) unter einem Text in der Regel eine sprachliche Information, die sich über mehr als einen Satz erstreckt, während etwa die systemische Texttheorie (it. *teoria sistemica*) von einem funktionalen Kriterium ausgeht, das auf der kommunikativen Einbettung des betreffenden Textes basiert (→ Kap. 9.4.2). Unter Texten versteht man nach linguistischer Auffassung in der Regel eine mündliche oder schriftliche Folge von Sätzen, die miteinander syntaktisch und semantisch verbunden sind, eine besondere kommunikative Funktion erfüllen sowie durch eindeutige Grenzen gekennzeichnet sind. Die meisten textlinguistischen Theorien basieren auf diversen Formen der Wiederaufnahme von Textkonstituenten (→ Kap. 9.4.3). Die explizite Wiederaufnahme basiert auf der Referenzidentität bestimmter sprachlicher Ausdrücke in aufeinanderfolgenden Sätzen eines Textes, wobei Personen, Gegenstände, Sachverhalte, Ereignisse, Handlungen, Vorstellungen usw. gleichermaßen als Referenzträger fungieren können. Diese Wiederaufnahme erfolgt z.B. durch die

Wiederholung desselben Substantivs, durch andere Substantive bzw. substantivische Wortgruppen sowie durch Personalpronomina. Bei der impliziten Wiederaufnahme hingegen besteht keine Referenzidentität der Ausdrücke.

9.4.2. Die systemische Texttheorie und ihre Grundbegriffe

9.4.2.1. Der systemische Textbegriff

Ein Text wird im Rahmen des systemischen Ansatzes als Resultat der sprachlichen Handlung und der menschlichen Kognition aufgefasst, wobei sehr unterschiedliche Längen von Texten möglich sind, die von der Affirmation *sì* über einen Vortrag bis zum Roman reichen können.

9.4.2.2. Textverstehen

Der systemische Ansatz des Textverstehens unterscheidet zwischen dem Systemtyp des Textverstehens (= Kognition) auf der einen Seite, und dem Systemrahmen (= Kommunikation) auf der anderen (vgl. Strohner 1990, 15–59). Unter der Kognition ist die Informationsverarbeitung zu verstehen, die aus mehreren Phasen besteht. Die Verstehensprozesse vollziehen sich perzeptuell, syntaktisch, semantisch und pragmatisch. Das Ziel *perzeptueller Verstehensprozesse*, die durch den Informationsträger bestimmt werden, ist das Erkennen der Information. Die *syntaktischen Verstehensprozesse* betreffen die sequentiell angeordneten Informationen der Sprache. Die *semantischen Verstehensprozesse* untergliedern sich in das Codeverstehen (Zuordnung der Informationsquelle), das Referenzverstehen (Zuordnung des aktivierten Wissens zur vermuteten externen Informationsquelle) sowie in das Sinnverstehen (Bestimmung der Relevanz der Information). Bei den *pragmatischen Verstehensprozessen* geht es um das Urteil über die soziale Wichtigkeit der Information. Das Objekt des Textverstehens ist der sogenannte situierte Text, in kognitiver Hinsicht die Information und in kommunikativer Hinsicht die Nachricht.

9.4.2.3. Kontext und Szene

Die Situierung des Textes setzt sich zusammen aus einem sprachlichen Teil (= Kontext, der in anderen Texttheorien auch als Ko-Text bezeichnet wird) und einem nicht sprachlichen Teil (= Szene). Die Szene wiederum gliedert sich in einen sozialen sowie einen lokalen Teil. Unter der sogenannten sozialen Szene sind die für die Kommunikation – zu der das Textverstehen gehört – relevanten Personen zu verstehen, insbesondere der

Textproduzent sowie andere Anwesende. Gerade bei der mündlichen Kommunikation befindet sich der Sprecher meistens im Wahrnehmungsbereich des Hörers und wird damit zu einem wichtigen Teil der Situation. Eine Ausnahme bildet die mündliche Kommunikation mithilfe technischer Medien. Bei der schriftlichen Kommunikation liegt bspw. kein unmittelbarer Kontakt vor, da die Vermittlung der Einwirkung des Produzenten auf den Rezipienten ausschließlich über den Text und das dazugehörige Medium erfolgt. Als lokale Szene wird die Menge der räumlichen Aspekte der Kommunikationssituation bezeichnet, z.B. ein Zimmer, ein Hörsaal, ein öffentlicher Platz etc. Ein Text enthält normalerweise perzeptuelle Informationen (= die Erkennung der einzelnen Textkomponenten), syntaktische Informationen (= strukturelle Relationen zwischen den einzelnen Textkomponenten), semantische Informationen (= die Herstellung einer Verbindung zwischen Text und Textwelt) sowie pragmatische Informationen (= der Teil der Textinformation, welcher Produzent und Rezipient miteinander verbindet) als Voraussetzung für kommunikative Verständigung (vgl. Strohner 1990, 66–83).

9.4.3. Linguistische texttheoretische Ansätze und ihre Grundbegriffe

9.4.3.1. Thema und Rhema

Das sogenannte Thema-Rhema-Konzept bildete aus wissenschaftsgeschichtlicher Sicht eine Vorstufe zur späteren Textlinguistik. Vilém Mathesius (1882–1945) führte 1929 den Begriff der funktionalen Satzperspektive (it. *prospettiva funzionale della frase*) ein. Ein Satz lässt sich gemäß dieser Theorie hinsichtlich seines Mitteilungswertes in zwei Teile untergliedern. Das Thema ist der Ausgangspunkt der Aussage, während das Rhema den Kern der Aussage darstellt. Die Ausarbeitung und Weiterentwicklung dieser Theorie erfolgte in den 60er-Jahren des 20. Jahrhunderts durch František Daneš (*1919) im Zusammenhang mit der semantischen Analyse von Textstrukturen. Das *Thema* ist das, worüber etwas mitgeteilt wird (die bekannte Information), das *Rhema* ist das, was über das Thema mitgeteilt wird (die neue, nicht zuvor erwähnte oder aus dem Text- bzw. Situationszusammenhang ableitbare Information). Die thematischen Relationen werden als *thematische Progression* bezeichnet, wobei Daneš insgesamt fünf Typen unterscheidet (vgl. Brinker [4]1997, 48–51):

- Bei der einfachen linearen Progression wird das Rhema (R) des ersten Satzes zum Thema (T) des zweiten Satzes etc., z.B. *Luca* (T_1) *ha comprato un libro* (R_1). *Il libro* ($T_2 = R_1$) *è sul tavolo. Il tavolo* ($T_3 = R_2$) etc.

- Bei der Progression mit abgeleiteten Themen werden die Themen der einzelnen Sätze von einem sogenannten „Hyperthema" abgeleitet: „O nonna mia, che <u>orecchie</u> grandi che avete! Gli è per sentirci meglio, bambina mia. O nonna mia, che <u>occhioni</u> grandi che avete! Gli è per vederci meglio, bambina mia. O nonna mia, che <u>denti</u> grandi che avete! Gli è per mangiarti meglio." Das Hyperthema dieses Textausschnitts aus *Cappuccetto Rosso* (*Rotkäppchen*) ist bspw. „*la faccia*".

- Bei der Progression mit einem durchlaufenden Thema bleibt das Thema in einer Satzfolge konstant, denn in den einzelnen Sätzen wird jeweils nur ein neues Rhema hinzugefügt, z.B. *Questo gioco* (T_1) *è molto interessante* (R_1). *È* (T_1) *un regalo di mio fratello* (R_2). *Si trova* (T_1) *sul tavolo* (R_3) ...

- Die Progression mit einem gespaltenen Thema beruht darauf, dass das Rhema eines Satzes in mehrere Themen zerlegt wird, z.B. *Davanti alla casa* (T_1) *sono due uomini* ($R_1 = R_1' + R_1''$). *L'uno* ($T_2' = R_1'$) *sta fumando* (R_2'); *l'altro* ($T_2'' = R_1''$) *sta bevendo* (R_2'').

- Die Progression mit einem thematischen Sprung basiert darauf, dass ein Glied der thematischen Kette, das aus dem jeweiligen Kontext leicht zu ergänzen ist, ausgelassen wird: „[...] L'appartamento (T_1) è completamente arredato (R_1) [...]. Lenzuola (T_2), coperte (T_3), asciugamani (T_3), utensili di cucina (T_3), piatti, bicchieri, posate [...]" (Auszug aus einer Anzeige bei *ebay*). Der Sprung von *appartamento* zu *lenzuola, coperte, asciugamani, utensili di cucina* etc. ist ohne Störung der semantischen Kohärenz möglich, da das Thema „arredamento" aus „appartamento" zu erschließen ist.

9.4.3.2. Isotopie

Die Grundidee für das Isotopie-Konzept formulierte der französische Linguist Algirdas Julien Greimas (1917–1992) in seinem Werk *Sémantique structurale* (1966), das bereits drei Jahre später unter dem Titel *La semantica strutturale: ricerca di metodo* in italienischer Übersetzung vorlag. Unter Isotopie (it. *isotopia*) versteht Greimas ein Konzept, welches versucht, Textverknüpfungen unter semantischen Gesichtspunkten anzugehen. Der Begriff – der den Naturwissenschaften entlehnt ist – kommt aus dem Griechischen: ἴσος (*isos*) ‚gleich' und τόπος (*tópos*) ‚Ort': „[...] *Io abito in un palazzo al secondo piano. La mia casa è formata da otto stanze: tre camere da letto, due bagni, una cucina [...]*." Wörter wie *palazzo, casa, stanza, camera da letto, bagno, cucina* etc. können, wenn sie im selben Text vorkommen, eine Isotopie mit dem semantischen Merkmal (+ wohnen) bilden.

9.4.3.3. Die sieben Kriterien der Textualität

Die weiteste Verbreitung hat die textlinguistische Konzeption von De Beaugrande/ Dressler (1981, 3) gefunden. Maßgeblich sind bis heute die von den beiden Autoren aufgestellten sieben Kriterien der Textualität (it. *testualità*):

- *Kohäsion* (it. *coesione*): Der formal-korrekte Zusammenhang, d.h. die grammatische Verknüpfung von Textelementen (d.h. von Sätzen, Teilsätzen und sonstigen Redeeinheiten) zu einer sinnvollen Einheit auf der Oberfläche.

- *Kohärenz* (it. *coerenza*): Der Zusammenhang oder die inhaltliche Zusammengehörigkeit von Einheiten eines gesprochenen oder geschriebenen Textes bzw. die inhaltliche (d.h. semantisch-logische) Organisation eines Textes.
- *Intentionalität* (it. *intenzionalità*): Der Textproduzent muss mit seinem Text eine bestimmte Absicht verfolgen.
- *Akzeptabilität* (it. *accettabilità*): Die Fähigkeit des Empfängers, den Text als solchen zu verstehen. Dies führt zur Pragmatik (← Kap. 8), deren Aufgabengebiet das Verhältnis zwischen Sprache und Anwender ist.
- *Informativität* (it. *informatività*): Der Informationsgehalt des Textes.
- *Situationalität* (it. *situazionalità*): Ort und Zeit der Textproduktion und -rezeption.
- *Intertextualität* (it. *intertestualità*): Das Verhältnis eines Textes zu anderen Texten in Bezug auf die Textsorte, Bezugnahme, Zitat, Parodie etc.

9.4.3.4. Kontext, Ko-Text und Paratext

Je nach textlinguistischer Schule werden bestimmte Ausdrücke für unterschiedliche Konzepte eingesetzt. So bezieht sich der Terminus *Kontext* bei einigen Theorien auf innertextliche Faktoren, bei anderen auf außertextliche. Insofern kann eine Differenzierung zwischen Kontext und Ko-Text zur Vermeidung von missverständlichen Zuordnungen beitragen, wobei der Begriff *Kontext* (it. *contesto*) für die Menge aller situativen, kulturellen und sonstigen Parameter steht, die für das Verständnis einer Äußerung oder eines Textes von Bedeutung sein können, während unter *Ko-Text* (it. *co-testo*) die unmittelbare textuelle Umgebung eines sprachlichen Ausdrucks oder Textes verstanden wird. Der Begriff des *Paratextes* (frz. *paratexte* – it. *paratesto*) – der in enger Verbindung zur Intertextualität (it. *intertestualità*) steht – wurde 1987 von dem französischen Linguisten Gérard Genette (*1930) eingeführt, um einen den Haupttext lenkenden, ergänzenden, kommentierenden oder begleitenden Text zu bezeichnen. Das kann bspw. ein Vorwort, Nachwort, Geleitwort, eine Widmung oder auch eine Fußnote sein (vgl. Demaria/Fedriga 2001). Der Paratext kann hinsichtlich seiner Distanz zum Haupttext in *Peritext* (it. *peritesto*) (z.B. Angaben auf dem Schutzumschlag, Titel, Gattungsangabe, Vor- und Nachwort) und *Epitext* (it. *epitesto*) (Textergänzungen, z.B. durch Interviews des Autors zum Text) unterteilt werden.

9.5. Die Textfunktion

Mithilfe eines Textes kann der Textproduzent sich ausdrücken oder darstellen (sich psychisch entlasten), er kann Kontakt mit Partnern aufnehmen oder erhalten, Informationen von Partnern ermitteln oder an sie vermitteln sowie, durch Steuerung, seine Kommunikationspartner veranlassen, etwas zu tun. Zwischen den vier genannten Grundtypen bestehen fließende Übergänge, sodass eine Abgrenzung dieser Funktionstypen nur mithilfe eines Dominanzkriteriums möglich zu sein scheint. Aus einem bloßen Kontakttext (Begrüßen) kann sich unter Umständen ein Informationsgespräch entwickeln, wenn es einem der Interaktionspartner einfällt, beiläufig noch bestimmte Informationen zu vermitteln. Eine Sonderstellung nimmt bei den kommunikativen Textfunktionen das Bemühen der Kommunikationspartner ein, mithilfe von Texten eine ästhetische Wirkung zu erzielen. Das gesamte System des Produzierens und Lesens von Texten lässt sich als Kommunikation mit Texten beschreiben, wobei die geschriebene Sprache dabei das Instrument darstellt. Im Unterschied zur gesprochenen Kommunikation ist die Kommunikation mit geschriebenen Texten eine *Einwegkommunikation*. Beim Schreiben verschlüsselt der Textproduzent seine Wissensstruktur, die beim Lesen wieder entschlüsselt wird. Durch das Verarbeiten der Informationen gelangt der Leser zu einer eigenen Wissensstruktur. Sowohl beim Enkodieren als auch beim Dekodieren kann es allerdings zu einem Informationsverlust kommen. Die Gründe hierfür sind vielfältig. Die Sprachcodes von Produzent und Leser sind bspw. nur teilweise deckungsgleich, der Leser kann aufgrund fehlenden Vorwissens möglicherweise eine Schlussfolgerung nicht vollziehen oder der Textproduzent drückt sich ungenau aus. In Abhängigkeit vom kommunikativen Kontext können wir unterschiedliche Arten der Textfunktion unterscheiden (vgl. Brinker ^{4}1997, 100–121):

– *Informationsfunktion* (it. *funzione informativa*): Der Emittent gibt dem Rezipienten zu verstehen, dass er ihm ein Wissen vermitteln bzw. ihn über etwas informieren will.

– *Appellfunktion* (it. *funzione appellativa*): Der Emittent gibt dem Rezipienten zu verstehen, dass er ihn dazu bewegen will, eine bestimmte Einstellung einer Sache gegenüber einzunehmen.

– *Obligationsfunktion* (it. *funzione obbligante*): Der Emittent gibt dem Rezipienten zu verstehen, dass er sich ihm gegenüber dazu verpflichtet, eine bestimmte Handlung zu vollziehen.

– *Kontaktfunktion* (it. *funzione contattiva*): Der Emittent gibt dem Rezipienten zu verstehen, dass es ihm um die persönliche Beziehung zum Rezipienten geht.

– *Deklarationsfunktion* (it. *funzione dichiarativa*): Der Emittent gibt dem Rezipienten zu verstehen, dass der Text eine neue Realität schafft.

9.6. Textsorten

Wir haben festgestellt, dass Texte immer in abgrenzbare Kommunikationssituationen eingebettet sind, die letztendlich den Rahmen für die Textsorten bilden, während situative Faktoren die Ausprägung der Textstruktur beeinflussen (vgl. Brinker ^{4}1997, 126–143). Die Kommunikationssituationen sind wiederum bestimmten gesellschaftlichen Bereichen (Alltagswelt, Recht, Kunst, Wissenschaft, Religion, Handel etc.) zugeordnet, für die jeweils spezifische Handlungs- und Bewertungsnormen gelten. Die

Handlungsbereiche nach dem Rollenverhältnis zwischen Kommunikationspartnern können privater, offizieller oder öffentlicher Art sein. Es kommt zur Herausbildung von bereichsspezifischen sprachlichen und kommunikativen Mustern. Es gibt dabei Textsorten, die für bestimmte Bereiche besonders typisch sind, z.B. der Liebesbrief (privat), Verordnungen (offiziell) und Nachrichten (öffentlich).

Das Ziel der Textklassifikation besteht vor allem in einer Reduktion der unendlichen Vielfalt realer Texte auf eine überschaubare Menge von Grundtypen, wodurch die kommunikative Praxis sowie gesellschaftliche Beziehungen und Strukturen durchschaubarer werden sollen. Textsorten können sowohl nach formalen als auch nach kommunikativen Kriterien klassifiziert werden. Die Kritik an einer Beschränkung auf textinterne Merkmale betrifft vor allem die Tatsache, dass diese keinen Aufschluss über das kommunikative Funktionieren von Texten geben. Daher ist es notwendig, das Textmusterwissen zu den Zielen und Strategien der Kommunikationspartner in Beziehung zu setzen, etwa so wie die folgende Textsortenklassifikation, die bspw. auf funktionalen Gesichtspunkten basiert:

– Belehrende (= kognitive) Texte: wissenschaftliche und populärwissenschaftliche Texte, Erläuterungen etc.

– Regelnde (= normative) Texte: z.B. Gesetzestexte.

– Mitteilende (= informative) Texte: Meldung, Nachricht, Kommentar (Mischform, die sowohl berichtet als auch eine Meinung äußert), Beschreibung, Bericht, Protokoll, Erörterung (Mischform, die sowohl argumentiert als auch kommentiert).

– Auffordernde (= appellative) Texte: Werbetexte, politische Propaganda, Aufrufe, Annoncen, Einladungen.

– Unterhaltende (= trivial-narrative) Texte: Romane, Reisebeschreibungen, Erlebniserzählungen.

– Poetisch-deutende (= ästhetisch-kreative) Texte: Epik, Dramatik, Lyrik.

Das kommunikative Ziel bspw. im Zusammenhang mit einem defekten Auto ist eine Reparatur, an deren Ende ein fahrbereites, instandgesetztes Auto zur Verfügung steht. Zur Realisierung des Ziels stehen verschiedene Möglichkeiten zur Verfügung:

– Anruf in einer Werkstatt mit der Bitte um einen Termin für die Reparatur (Textsorte: Telefongespräch),

– Schriftliche Mitteilung an die Werkstatt (Textsorte: Sachbrief, E-Mail),

– Fahrt zur Werkstatt und Erörterung des Problems mit dem Meister, einem Monteur oder Verwaltungsangestellten (Textsorte: Dienstleistungsgespräch),

– Reparatur durch den Fahrzeughalter selbst (wenn die entsprechenden Fähigkeiten und Voraussetzungen gegeben sind), d.h. ohne Text.

Texte mit unterschiedlichen kommunikativen Funktionen sind nicht nur in ganz unterschiedliche Situationen eingebettet, sondern sie unterscheiden sich darüber hinaus durch spezifische Verfahren, die vom Textproduzenten und -rezipienten eingesetzt werden müssen, wenn die Kommunikation erfolgreich verlaufen soll. Dazu sind strategische Verfahrensschritte in Bezug auf die Gestaltung des Textes notwendig. Typische Textstrukturierungsmuster können sich im Rahmen der Veränderung gesellschaftlicher Aufgabenstellungen und Bedürfnisse ebenfalls ändern. Die linguistische Texttypologie muss daher offen sein für Veränderungen und darf sich nicht an starre Systematisierungsversuche klammern. Zur Bestimmung der Textfunktion können inner- und außertextliche Kriterien herangezogen werden. Zu den sogenannten textuellen Indikatoren gehören u.a. die grammatischen Strukturen, die Art des Textthemas, Auswahl und Anordnung der Teilthemen, die thematischen Entfaltungsmuster, die deskriptiv, narrativ, argumentativ etc. sein können, die sprachlich-stilistische Ausformung, die thematische Einstellung, welche funktionspräzisierend bzw. modifizierend sein kann, nicht sprachliche Mittel, z.B. Graphiken, Bilder, Tabellen. Texte können nach bestimmten strukturellen Kriterien klassifiziert werden. Hierzu gehören das sogenannte Textthema sowie die Form der Themenentfaltung. In Bezug auf das Textthema spielt die zeitliche Fixierung des Themas (temporale Orientierung) bezüglich des Sprechzeitpunkts eine wichtige Rolle, z.B. bei der Textsorte Horoskop. Ein weiterer wichtiger Aspekt ist die Relation zwischen dem Emittenten oder Rezipienten und dem Thema (lokale Orientierung). So ist z.B. bei der Werbeanzeige der Emittent das Thema. Bei einer Stellenanzeige hingegen ist das Thema der Rezipient. Bei einem Zeitungskommentar wiederum befindet sich das Thema außerhalb der Kommunikationspartner. Die Themenentfaltung erfolgt deskriptiv, narrativ, explikativ oder argumentativ, wobei keine hundertprozentige Übereinstimmung zwischen den Grundformen der thematischen Entfaltung und den jeweiligen Textfunktionen besteht. Außerdem werden in verschiedenen Textsorten unterschiedliche Formen der Entfaltung in unterschiedlicher Gewichtung eingesetzt. Zu den Domänen der deskriptiven Themenentfaltung gehören informative Textsorten wie Nachricht, Bericht etc., während die Domäne der explikativen Themenentfaltung die kognitiven Textsorten Lehrbuch, wissenschaftlicher Artikel sind. Die Domäne der argumentativen Themenentfaltung wiederum sind appellative Textsorten, wie etwa der Kommentar oder der Werbetext.

Literaturhinweise

Andorno (2003); Brinker (^{4}1997); Conte (1977, 1988); De Beaugrande/Dressler (1981, 1984); Demaria (2001); Gansel/Jürgens (2002); Garavelli Mortara (1974); Genette (1987, 1989, 1992); Greimas (1969); Große (1974); Gülich/Raible (1977); Harweg (1979); Heinemann/Heinemann (2002); Lavinio (1990); Luraghi/Venier (2009); Pratesi (2000); Rolf (1993); Sowinski (1983); Tonfoni (1983); Vater (1992).

Aufgaben

1) Lesen Sie in Sowinski (1983, 19ff.) das zweite Kapitel „Zur Geschichte der Textlinguistik" sowie in De Beaugrande/Dressler (1981) das erste Kapitel „Grundbegriffe".

2) Welche Theorie betrachtet Äußerungen wie „*No!*" oder „*Vieni!*" als Texte?

3) Erklären Sie den Unterschied zwischen Kontext, Ko-Text und Paratext.

4) Gehen Sie auf die Internetseite „Esercizi di linguistica testuale" von Luca Manzoni: http://www.atuttascuola.it/collaborazione/manzoni/italiano/linguistica_testuale/index.htm.

   a) Lesen Sie die Einführung „Un po' di linguistica testuale" und machen Sie sich mit der italienischen Fachterminologie vertraut.

   b) Versuchen Sie, die Übungsaufgaben zur Textualität („Esercizi di linguistica testuale") zu lösen und überprüfen Sie Ihre Ergebnisse mithilfe der angegebenen Lösungen („Soluzioni degli Esercizi di linguistica testuale").

5) Welche Art von Textualität besteht zwischen einem Roman und seiner Parodie?

10. Dialektologie

10.1. Untersuchungsgegenstand der Dialektologie

Die Dialektologie (it. *dialettologia*) befasst sich mit der Phonetik, Grammatik und Lexik von Dialekten, mit deren Typologisierung sowie mit dem Verhältnis von Dialekt und Hochsprache im soziokommunikativen Kontext.

10.2. Wissenschaftsgeschichtlicher Überblick der Dialektologie

10.2.1. Dialektbegriff

In der italienischen Sprache ist der Ausdruck *dialetto* erstmals in Benedetto Varchis *Ercolano* (1570) belegt, um die Sprachsituation im antiken Griechenland zu beschreiben. Zur Bezeichnung der regionalen Varietäten, die heute als Dialekte bezeichnet werden, verwendete Varchi noch den Ausdruck *lingua* (*lingua veneziana*, *lingua siciliana* etc.). Die Dichotomie *lingua – dialetto* war den Sprachgelehrten der frühen Neuzeit unbekannt.

10.2.2. Von der historisch-vergleichenden Dialektforschung zur soziolinguistischen Dialektologie

Die Beschäftigung mit den italienischen Dialekten auf wissenschaftlicher Ebene setzte in der zweiten Hälfte des 19. Jahrhunderts ein. Grundlage war die Entdeckung sogenannter Lautgesetze im Zusammenhang mit der Entwicklung der historisch-vergleichenden Sprachwissenschaft. Mit der Sprachgeographie konnte die Dialektforschung im 20. Jh. zwar ihre Datenbasis erweitern, blieb methodisch aber weitgehend der Tradition des späten 19. Jahrhunderts verhaftet. Seit dem späten 20. Jahrhundert wandte sich die dialektologische Forschung – in Anlehnung an die amerikanische *urban dialectology* – schließlich der Erforschung der sprachlichen Variation in sozialen und kommunikativen Kontexten zu (→ Kap. 11). Der Fokus verschob sich von den ländlichen Mundarten zu den komplexen Verhältnissen in städtischen Gebieten.

10.2.3. Dialekte als Gegenstand metasprachlicher Reflexion und Beschreibung in vorwissenschaftlicher Zeit

10.2.3.1. Die dialektale Gliederung Italiens in Dantes *De vulgari eloquentia*

Eine erste Auseinandersetzung mit der diatopischen Variation in Italien finden wir bereits in Dantes Traktat *De vulgari eloquentia* aus dem frühen 14. Jahrhundert (vgl. Grassi/Sobrero/Telmon 1997, 71ff.; Prill 1999, 94ff.). Bei seiner Suche nach dem *volgare illustre* unterscheidet Dante insgesamt 14 Dialekte, die beschrieben und bewertet werden. Dante weist darüber hinaus am Beispiel Bolognas auf diatopische Unterschiede innerhalb ein- und derselben Stadt hin.

10.2.3.2. Dialektgrammatiken, Dialektwörterbücher und dialekttheoretische Traktate vom 17. bis zum 19. Jahrhundert

Im frühen 17. Jahrhundert wurden dialektale Varietäten bereits in sprachtheoretischen Schriften thematisiert. Den Anfang machte Giovanni Ambrosio Biffi (gest. 1619) mit seinem *Varon milanes. De la lengua de Milan e Priscian de Milan de la parnonzia Milanesa* (1606). Im Jahre 1622 veröffentlichte Adriano Banchieri (1568–1634) seinen *Discorso della lingua bolognese*, während Partenio Tosco in seiner Schrift *L'eccellenza della lingua napoletana con la maggioranza alla toscana* (1662) die Vorzüge seines heimatlichen Dialekts gegenüber dem Italienischen in den Vordergrund rückte. Der aus den Abruzzen stammende Wirtschaftsphilosoph Ferdinando Galiani (1728–1787) brachte 1779 seine Grammatik mit dem Titel *Del dialetto napoletano* heraus.

Neben Grammatiken und metasprachlichen Abhandlungen wurden in vielen Regionen Italiens Dialektwörterbücher verfasst. Ovidio Montalbani (1601–1672) veröffentlichte 1660 seinen *Vocabulista bolognese*, Paolo Campelli (1643–1713) brachte 1702 sein *Perfettissimo Dittionario delle parole scelte di Spoleto non dipendenti da altre lingue d'Italia* heraus. Michele Del Bono publizierte zwischen 1751 und 1754 in Palermo sein dreibändiges *Dizionario siciliano italiano latino*. In Sizilien wurden im 18. Jahrhundert außerdem zwei etymologische Dialektwörterbücher veröffentlicht, und zwar Giuseppe Vincis *Etymologicum Siculum* (1759) sowie Michele Pasqualinos fünfbändiges *Vocabolario etimologico siciliano-italiano* (1785–1795). 1783 erschien in Turin das *Vocabolario piemontese del medico Maurizio Pipino*. Im 19. Jahrhundert nahm die Publikation von Dialektwörterbüchern mit der Zielsprache Italienisch stetig zu. Stellvertretend verweisen wir auf folgende Werke: Giovanni Battista Ferrari, *Vocabolario reggiano-italiano* (1832); Vincenzo Mortillaro, *Nuovo dizionario siciliano – italiano* (1838–1844); Pietro Monti, *Vocabolario dei dialetti della città e diocesi di Como* (1843); Carlo Malaspina, *Vocabolario parmigiano – italiano* (1856–1859); Francesco Cherubini, *Vocabolario milanese* (1839–1856) und Giuseppe Boerio, *Dizionario del dialetto veneziano* (1829). Es sei an dieser Stelle darauf hingewiesen, dass die Zielsetzung der Dialektwörterbücher höchst unterschiedlich war. Neben der Dokumentation des dialektalen Lexikons spielte die Vermittlung der italienischen Standardsprache eine immer wichtigere Rolle, so z.B. in Domenico Contursis *Dizionario domestico italo-napoletano ossia esercitazioni pratiche di lingua ordinate per categorie alle scuole elementari, agli asili d'infanzia ed alle famiglie* (²1868).

10.2.4. Die italienischen Dialekte als Gegenstand metasprachlicher Beschreibung durch deutsche Italienreisende des 18. und 19. Jahrhunderts

Die deutschen Italienreisenden waren keine Linguisten, dennoch enthalten einige der Reisebeschreibungen des späten 18. sowie des 19. Jahrhunderts interessante Beobachtungen zu einzelnen Dialekten. Johann Heinrich Bartels *Briefe über Kalabrien und Sizilien* (1787) enthalten bspw. eine ästhetische Wertung des Sizilianischen, einen Vergleich mit der italienischen Literatursprache, Wortlisten (Italienisch – Sizilianisch), eine Liste mit Syntagmen und Phraseologismen (Italienisch – Sizilianisch), Textproben, einige lautliche Merkmale sowie einige Wörter und idiomatische Wendungen aus der Alltagskommunikation. Ähnlich strukturiert sind Friedrich Münters *Nachrichten von Neapel und Sicilien* (1790). Eine Beschreibung der gesamten italienischen Sprachlandschaft auf geradezu höchstem Niveau zeigt Carl Ludwig Fernow im dritten Band seiner *Römischen Studien* (1808), in dem zahlreiche italienische Dialekte beschrieben werden.

10.2.5. Die Anfänge der wissenschaftlichen Erforschung italienischer Dialekte im 19. Jahrhundert

Der Beginn der wissenschaftlichen Dialektologie wird bei Graziadio Isaia Ascoli (1829–1907) angesetzt, der sich – als Gegner der Theorien Manzonis – an der Schlussphase der *Questione della lingua* beteiligte und 1873 die bis heute existierende Fachzeitschrift *Archivio Glottologico Italiano* gründete (vgl. Grassi/Sobrero/Telmon 1997, 47–55). In der italienischen Forschung unterscheidet man zwischen einer *dialettologia preascoliana* und einer *dialettologia postascoliana*. Bernardino Biondelli (1804–1886), der in seinem *Saggio sui dialetti gallo-italici* (1853–1856) bereits eine typologische Gliederung der norditalienischen Mundarten vorgenommen hatte, wird noch der *dialettologia preascoliana* zugerechnet (vgl. ebd., 33–47).

In der zweiten Hälfte des 19. Jahrhunderts stießen vor allem die Dialekte Süditaliens auf das Interesse deutscher und anderer europäischer Gelehrter, die sich zunächst auf schriftliche Informationsquellen stützten, aber zunehmend die gesprochenen Mundarten mit einbezogen. Der Schulmeister Christian Friedrich Wentrup publizierte seine Aufsätze „Beiträge zur Kenntniss [sic!] der Neapolitanischen Mundart" (1855) und „Beiträge zur Kenntniss [sic!] der sicilianischen Mundart" (1859). Letztere wurden 1880 unter dem Titel „Beiträge zur Kenntniss [sic!] des sicilianischen Dialektes" erneut veröffentlicht. Eine Dominanz schriftlicher Dialektalität gab es sowohl bei Eugène Pariselles *Ueber die Sprachformen der ältesten sicilianischen Chroniken* (1883) sowie bei Matthias Hüllens *Vocalismus des Alt- und Neusicilianischen Dialektes* (1884). Eduard Böhmer führte für seinen Artikel „Zur sizilianischen Aussprache", der 1878 in den *Romanischen Studien* publiziert wurde, erstmals Untersuchungen anhand der gesprochenen Mundarten durch. Wichtig war in diesem Zusammenhang die Zusammenarbeit mit Giuseppe Pitrè und Salvatore Salomone-Marino, von denen er sich folkloristische Texte vorlesen ließ. Im Kern ist bereits ein soziolinguistischer Ansatz erkennbar, da Böhmer auf die Informationen volkstümlicher Informanten (z.B. einer Wäscherin und eines Kutschers) zurückgriff. Auch der Straßburger Romanist Heinrich Schneegans zog für seine Dissertation *Laute und Lautentwicklung des sicilianischen Dialects* (1888) die gesprochenen Mundarten heran. Zur selben Zeit erschienen vermehrt Monographien sizilianischer Autoren, z.B. Giuseppe Pitrès *Grammatica Siciliana – un saggio completo del dialetto e delle parlate siciliane* (1875) und Corrado Avolios *Introduzione allo studio del dialetto siciliano* (1882). Luigi Pirandello, der spätere Literaturnobelpreisträger, veröffentlichte 1891 in Bonn seine Dissertation *Laute und Lautentwicklung der Mundart von Girgenti*.[1]

10.2.6. Die Sprachgeographie des 20. und 21. Jahrhunderts

Die Sprachgeographie (it. *linguistica spaziale*) stellt ein Teilgebiet der Dialektologie dar (vgl. Tagliavini 1973, 18–26). Ihr Ziel ist es, sprachliche Erscheinungsformen unter dem Aspekt ihrer geographischen Verbreitung zu analysieren und darzustellen. Im Zentrum des Interesses stehen phonetisch-phonologische, morphologische und lexikalische Fragen. Als Basis dienen Sammlungen sowohl von Erhebungen zur Bezeichnung von Gegenständen und Begriffen als auch von frei gesprochenen Texten, sogenannten Ethnotexten (it. *etnotesti*), die von den Exploratoren (it. *raccoglitori*) mithilfe ausgewählter Informanten (it. *informatori*) zusammengetragen werden. Die auf diese Weise zutage geförderten Forschungsergebnisse werden schließlich in Form von Sprachkarten in Sprachatlanten (it. *atlanti linguistici*) dargestellt. Neben den gesamtitalienischen Sprachatlanten wurden gegen Ende des 20. Jahrhunderts zahlreiche regionale Sprachatlanten mit unterschiedlicher thematischer Schwerpunktsetzung realisiert (z.B. mit volkskundlicher, lexikalischer, morphosyntaktischer oder geographischer Ausrichtung). Eine zunehmende Rolle in der modernen Dialektgeographie spielt auch der italienisch-dialektale Sprachkontakt (vgl. Grassi/Sobrero/Telmon 1997, 326–347).

---

[1] *Girgenti* ist die alte Bezeichnung für *Agrigento*. Unter dem Titel *La parlata di Girgenti* erschien die Arbeit 1981 in italienischer Übersetzung.

10.2.6.1. Der *Atlante linguistico italiano*

Das Projekt des *Atlante linguistico italiano* (ALI) wurde 1924 von Matteo Bartoli (1873–1946) in Angriff genommen. Als Hauptexplorator war Ugo Pellis (1882–1943) tätig, der zwischen 1925 und 1940 mehr als 700 Befragungen durchführte. Die Arbeit an dem Sprachatlas wurde 1940 – nach dem Eintritt Italiens in den Zweiten Weltkrieg – unterbrochen und erst 1952 unter der Leitung Benvenuto Terracinis (1886–1968) fortgeführt. Die Datensammlung war zwar bereits 1965 abgeschlossen, dennoch dauerte es noch bis 1995, bis der erste Band unter der Leitung von Lorenzo Massobrio in Druck gehen konnte.

10.2.6.2. Der *Sprach- und Sachatlas Italiens und der Südschweiz*

Zwischen 1928 und 1940 erschien in Zofingen (Schweiz) unter der Leitung der beiden Dialektologen Karl Jaberg (1877–1958) und Jacob Jud (1882–1952) der *Sprach- und Sachatlas Italiens und der Südschweiz* (*Atlante linguistico ed etnografico dell'Italia e della Svizzera meridionale*), der heute vor allem unter seinem italienischen Kürzel AIS (*Atlante italo-svizzero*) bekannt ist. Als Exploratoren waren Paul Scheuermeier (Tessin, Nord- und Mittelitalien), Gerhard Rohlfs (Süditalien) und Max Leopold Wagner (Sardinien) tätig. Aus dem Titel geht hervor, dass es nicht nur um dialektales Sprachmaterial geht, sondern auch um ländliche Sachkultur, die sich an der Bewegung *Wörter und Sachen*[2] orientiert.

Die einzelnen Bände des AIS sind unterschiedlichen Themengebieten gewidmet:
– Bd. 1: *Familie – menschlicher Körper* (1928)
– Bd. 2: *Handwerk u. Handwerkszeug, Handel, Zahlen, Zeit u. Raum, Himmelskörper, Wetter, Metalle* (1929)
– Bd. 3: *Mineralien, Bodengestaltung u. Gewässer, Tiere, Jagd u. Fischerei, Waldbau u. Holzhauergeräte, Pflanzen* (1930)
– Bd. 4: *Schlaf u. Toilette, Krankheit u. Heilung, moral. Eigenschaften u. Affekte, soziales u. relig. Leben* (1932)
– Bd. 5: *Haus u. Hausrat, Speisen, Essen u. Trinken* (1933)
– Bd. 6: *Gross- u. Kleinviehzucht, Bienen- u. Seidenraupenzucht, Weide- u. Alpwirtschaft, Wagen, Joch u. Geschirr* (1935)
– Bd. 7: *Ackerbau* (1937)
– Bd. 8: *Körbe, Hanf u. Flachsverarbeitung, Spinnen u. Weben* (1940)

---

[2] Es handelte sich um eine Gegenbewegung zu den strikten Lautgesetzen der Junggrammatiker. Initiator war Rudolf Meringer (1859–1931), der ab 1909 die gleichnamige Zeitschrift *Wörter und Sachen* herausgab, die bis 1944 erschien.

10.2.6.3. Moderne Regionalatlanten italienischer Dialekte im Überblick

Einen Vorläufer der modernen Regionalatlanten bildet Gino Bottiglionis zwischen 1933 und 1942 publizierter (und aus politischer Sicht nicht ganz unbedenklicher) *Atlante linguistico etnografico italiano della Corsica* (ALEIC). Seit den 1960er-Jahren sind zahlreiche Atlasprojekte realisiert oder in Angriff genommen worden:

– Auf der Basis der von Ugo Pellis für den ALI erhobenen Sprachdaten publizierten Benvenuto Terracini und Temistocle Franceschi 1964 den *Saggio di un Atlante linguistico della Sardegna* (ALS).

– *Atlante storico-linguistico-etnografico friulano* (ASLEF) unter der Leitung von Giovan Battista Pellegrini (1921–2007): Der sechsbändige Atlas wurde zwischen 1972 und 1986 veröffentlicht. Es handelt sich um die erste vollständige Publikation dieser Art.

– *Atlante Lessicale Toscano* (ALT) unter der Leitung von Gabriella Giacomelli (1931–2002): Das 1973 begonnene Projekt ist 2001 von Simonetta Montemagni, Matilde Paoli und Eugenio Picchi in elektronischer Form publiziert worden. Die elektronische Ausgabe umfasst das Textkorpus des toskanischen Wortschatzes basierend auf Umfragen, die in 224 Ortschaften mithilfe von 2.193 Informanten durchgeführt wurden (http://serverdbt.ilc.cnr.it/altweb/inizio_interrogazione.htm).

– *Atlante Linguistico della Campania* (ALCam) unter der Leitung von Edgar Radtke (Universität Heidelberg), in Zusammenarbeit mit Rosanna Sornicola (Universität Neapel): Ziel dieses 1990 initiierten dialektologischen Projekts ist die Dokumentation der sprachlichen Variation in der Region Kampanien. Dabei wird versucht, ein möglichst vollständiges Dialektprofil der Region Kampanien darzustellen. Es sollen nicht nur die Basisdialekte, sondern auch diejenigen Varietäten des Italienischen Beachtung finden, die vom Dialekt beeinflusst sind, wie etwa das Regionalitalienische (it. *italiano regionale*). Daneben schenkt das Projekt Kontaktphänomenen zwischen verschiedenen Varietäten besondere Aufmerksamkeit. Hierzu gehören neben den kampanischen Basisdialekten die italienische Nationalsprache, alloglotte Einflüsse (etwa Albanisch in Greci), romanische Dialekte (gallo-italische Kolonien im Cilento, der Einfluss venetischer Sprachkolonien in Nordkampanien etc.), angrenzende und außerkampanische Varietäten sowie Kontaktvarietäten auf der Grundlage der Migrantenvarietäten außerhalb der Europäischen Union. Besonderer Wert wird auf die Darstellung der Dynamik der Dialekte gelegt. Aus diesem Grund gehören die Informanten unterschiedlichen Generationen an (http://www.alcam.de).

– *Atlante Linguistico ed Etnografico del Piemonte Occidentale* (ALEPO) unter der Leitung von Tullio Telmon und Sabina Canobbio (Universität Turin): Die Datenerhebung begann 1982. Die einzelnen Bände, die zusätzlich mit einer CD-ROM versehen sind, haben verschiedene thematische Schwerpunkte (http://www.alepo.it/). Die Publikation des gleichermaßen dialektologisch und volkskundlich ausgerichteten Atlas ist noch nicht abgeschlossen.

– *Atlante Linguistico Etnografico della Calabria* (ALECAL) unter der Leitung von John B. Trumper und Marta Maddalon (Universität Cosenza): Im Rahmen des Projekts sollen folgende Bereiche dargestellt werden: Phonetik und Phonologie (kartographische Darstellung des kalabresischen Vokalismus und Konsonantismus; die Verbreitung bestimmter phonetischer Phänomene) sowie Lexikon und Semantik (Fachwortschatz; Tier- und Pflanzenbezeichnungen; menschliche Tätigkeiten, Toponomastik, volkstümliche Traditionen). Vorgesehen ist eine multimediale Publikation auf CD-ROM. Bislang sind Montalto Uffugo (CS)[3], Aiello Calabro (CS), Rende (CS), Trebisacce (CS) und Guardia Piemontese (CS) zur Datenerhebung herangezogen worden. Ein Teil des erhobenen Datenmaterials ist über das Internet zugänglich gemacht worden (http://clt.unical.it/BachicolturaAielloCalabro.htm).

– *Atlante Linguistico della Sicilia* (ALS) unter der Leitung von Giovanni Ruffino (Universität Palermo): Das 1985 initiierte Projekt, das im institutionellen Kontext des 1951 gegründeten *Centro di studi linguistici e filologici siciliani* realisiert wird, befindet sich noch in der Ausarbeitungsphase. Das Ziel besteht darin, das Sizilianische vom archaischen Zustand bis zum Einfluss durch das Italienische zu erfassen. Im ALS fließen traditionelle Dialektologie und Soziolinguistik zusammen. Dieser Sprachatlas ist sowohl soziovariational (it. *sociovariazionale*) als auch ethnodialektal (it. *etnodialettale*) orientiert (http://www.csfls.it).[4]

– *Nuovo Atlante del Dialetto e dell'Italiano per Regioni* (NADIR) unter der Leitung von Alberto A. Sobrero (Universität Lecce): Das Atlasprojekt trägt der zunehmenden Italianisierung der Dialekte Rechnung und schließt das *italiano regionale* in die Untersuchung ein. Die Sprachuntersuchungen werden an 30 Orten im Salento durchgeführt. Auch hier soll versucht werden, die traditionelle Dialektologie mit den Methoden und Fragestellungen der Soziolinguistik zu verknüpfen. Die Ziele des Projekts werden in dem Werk *Lavorando al NADIR. Un'idea per un atlante linguistico* (1991) dargelegt.

– *Atlante Linguistico dei Laghi Italiani* (ALLI) unter der Leitung von Giovanni Moretti (1927-2005) und Antonio Batinti (Universität Perugia): Das Projekt wurde 1982 von Moretti begonnen, der diesbezüglich bereits in den 1960er-Jahren einige dialektologische Untersuchungen durchgeführt hatte. Im Gegensatz zu den Regionalatlanten ist der ALLI gesamtitalienisch angelegt. Dargestellt werden die regionalen und lokalen Ausdrücke im Kontext italienischer Binnengewässer (http://www.unipg.it/difilile/Cart_Progetto_ALLI/Progetto_Alli.htm).

– *Atlante sintattico dell'italiano meridionale: Calabria* (AsiCa) unter der Leitung von Thomas Krefeld (Universität München): Es handelt sich um einen interaktiven, mehrdimensionalen Atlas des gesprochenen Kalabresischen. Er erfasst die typologischen Besonderheiten des kalabresischen Untersuchungsgebiets in ihrer Arealdistribution. Untersucht werden sowohl basisdialektale Muster als auch die syntaktische Varianz des spontansprachlichen Gebrauchs unter Einwirkung des Italienischen. Es wird damit vor allem der Übergangsbereich zwischen den lokalen Mundarten und dem Regionalitalienischen analysiert und dargestellt (http://asica.gwi.uni-muenchen.de).

– *VIVaio Acustico delle Lingue e dei Dialetti d'Italia* (VIVALDI) unter der Leitung und Entwicklung von Dieter Kattenbusch (Humboldt-Universität zu Berlin) und Roland Bauer (Universität Salzburg): Der gesamtitalienisch orientierte Atlas (der bislang allerdings nur einen Teil der Dialektregionen erfasst) basiert auf der Nutzung elektronischer Datenträger (CD-ROM) und Medien (Internet), wobei die Daten in Form von abhörbaren Wave-Dateien bereitgestellt werden (http://www2.hu-berlin.de/Vivaldi/).

---

[3] CS ist die Abkürzung der ital. Provinz Cosenza.
[4] Vgl. D'Agostino/Sottile 2010, 45-58.

10.2.6.4. Dialektometrie

Die Dialektometrie (it. *dialettometria*) wurde in den 1970er-Jahren von dem Salzburger Romanisten Hans Goebl (*1943) entwickelt. Ihr Forschungsinteresse richtet sich in erster Linie auf die regionale Distribution von Dialektähnlichkeiten, die kartographisch dargestellt werden. Sie unterscheidet diesbezüglich zwischen Dialektkernen und Übergangszonen, die durch eine bestimmte, geringe Dialektvarianz zwischen benachbarten Orten gekennzeichnet sind. Als Grundlage dienen traditionelle Sprachatlanten (z.B. der AIS oder der ALT), welche das dialektale Profil einer großen Anzahl von Erhebungsorten dokumentieren. Die Dialektometrie arbeitet mit sogenannten Ähnlichkeitsmaßen und unterscheidet zwischen einem relativen Identitätswert (RIW), einem gewichteten Identitätswert (GIW), einer durchschnittlichen euklidischen Metrik (DEM) sowie geographischen Proximitäten (Euklidische Distanz). Die Ähnlichkeiten und Unterschiede werden farblich markiert. Der Bezugspunkt (it. *punto di riferimento*) ist jeweils weiß gekennzeichnet.

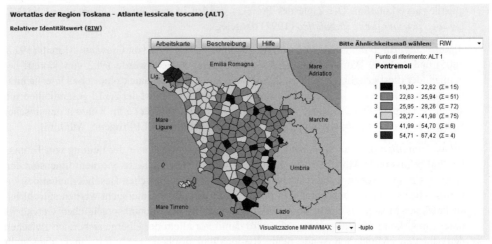

(http://www.dialectometry.com/toscana/index.php)

10.2.7. Klassifizierung der italienischen Dialekte und ihre markanten Merkmale

10.2.7.1. Ascoli und Pellegrini

Im Jahre 1880 verfasste Graziadio Isaia Ascoli für die *Encyclopaedia Britannica* einen Beitrag über die italienischen Dialekte (vgl. Grassi/Sobrero/Telmon 1997, 73f.). Eine italienische Fassung erschien 1882–1885 unter dem Titel „L'Italia dialettale" in der Zeitschrift *Archivio Glottologico Italiano* (VIII, 98–128). Als Kriterium zur Einteilung der Dialekte dient Ascoli die Nähe oder Distanz zur italienischen Nationalsprache:

- *Gruppo A: dialetti franco-provenzali, dialetti ladini;*
- *Gruppo B: dialetti gallo-italici, dialetti sardi;*
- *Gruppo C: veneziano, dialetti centrali, dialetti meridionali, còrso;*
- *Gruppo D: toscano.*

Pellegrini (1977, 80–83) unterscheidet folgende italoromanische Dialekte mit der Dachsprache Italienisch (aus diesem Grund wird das Korsische mit der Dachsprache Französisch nicht separat genannt):

- *dialetti settentrionali;*
- *friulano;*
- *toscano;*
- *dialetti centro-meridionali;*
- *sardo.*

10.2.7.2. Die norditalienischen Dialekte

Die norditalienischen Dialekte (it. *dialetti settentrionali*) lassen sich grob in zwei Zonen unterteilen, und zwar in eine gallo-italische (it. *gallo-italico*) und eine venetische (it. *veneto*).

Zum gallo-italischen Gebiet gehören die ligurischen, piemontesischen, lombardischen und emilianisch-romagnolischen Dialekte (it. *dialetti liguri, piemontesi, lombardi, emiliano-romagnoli*).

Markante sprachliche Merkmale der gallo-italischen Dialekte sind:

- Die Anhebung der Vokale in betonter Stellung: vlat. *COREM > [kœr] (it. *cuore*), lat. LUMEN [lym] (lume). Lat. [a] in betonter Stellung entwickelt sich sowohl in Piemont als auch in der Emilia zu [ɛ]: lat. SALEM > [sɛl] (it. *sale*).
- Der lat. Nexus [kt] weist zwei verschiedene Entwicklungen auf. So hat sich vlat. *LACTEM im Piemontesischen und Ligurischen zu [lajt] entwickelt, im Lombardischen hingegen zu [latʃ].
- Am Wortende kommt es zum Ausfall der unbetonten Vokale mit der Ausnahme von [a] sowie [e] im Plural. Im lombardischen und emilianischen Sprachraum kommt es auch zum Ausfall unbetonter Vokale im Wortinneren: lat. MACELLARIUM > [ˈmatslɛr] (it. *macellaio*).
- Im Ligurischen haben sich die lat. Nexus [pl] und [fl] zu [tʃ] bzw. [ʃ] entwickelt: lat. PLANGERE > [ˈtʃanʒe] (it. *piangere*), lat. FLAMMAM > [ˈʃama] (it. *fiamma*).

Die venetischen Dialekte haben viele Gemeinsamkeiten mit den gallo-italischen. Dennoch gibt es einige fundamentale Unterschiede:

- In den Dialekten des Veneto bleibt der Endvokal normalerweise erhalten. Er fällt lediglich nach [n] und [r] aus.
- Der lat. Nexus [kt] hat sich zu [t] entwickelt: vlat. *LACTEM > [ˈlate] (it. *latte*).

Das Friaulische (it. *friulano*) teilt mit den norditalienischen Dialekten die Sonorisierung der intervokalischen Verschlusslaute, die Degeminierung der Doppelkonsonanten sowie den Ausfall der unbetonten Endvokale (mit Ausnahme der femininen Endungen [-a] und [-e]). Im Gegensatz zu den übrigen Dialekten Norditaliens ist der friaulische Konsonantismus durch folgende Entwicklungen gekennzeichnet:

- Die Palatalisierung von [ka-] und [ga-]: lat. CASAM > [ˈtʃaza] (it. *casa*), lat. GALLINAM > [dʒaˈlina] (it. *gallina*).
- Der Erhalt des lat. Endungskonsonanten [-s] zur Markierung des maskulinen Plurals (sowie eines Teils des femininen Plurals).
- Der Erhalt der lat. (und germ.) Nexus [pl], [bl], [gl], [kl], [fl]: germ. BLANK > [ˈblank] (it. *bianco*).
- Die Existenz von Lang- und Kurzvokalen mit phonemischem Charakter: lat. PACEM > /paːs/ (it. *pace*) vs. lat. PASSUM > /pas/ (it. *passo*).

10.2.7.3. Die toskanischen Dialekte

Die italienische Nationalsprache basiert zwar auf dem Dialekt von Florenz, dennoch gibt es trotz zahlreicher Gemeinsamkeiten auch markante Unterschiede zwischen dem Florentinischen und der Nationalsprache.

10.2.7.3.1. Lautliche Besonderheiten

Die toskanischen Dialekte (it. *dialetti toscani*) fungieren als Mittler zwischen den norditalienischen Mundarten auf der einen Seite und den mittel- und süditalienischen auf der anderen. Sie weisen aber in beide Richtungen auch markante Unterschiede auf:

- Die Verschlusslaute [k], [t] und [p] entwickeln sich in intervokalischer Position zu Frikativen, z.B. [h] *amico* [aˈmiko] > [aˈmiho]; [θ] *prato* [ˈprato] > [ˈpraθo]; [ɸ] *lupo* [ˈlupo] > [ˈluɸo]), sofern nicht das Gesetz der phonosyntaktischen Verdoppelung (it. *raddoppiamento fonosintattico*) in Kraft tritt: [laˈkasa] > [laˈhasa] (*la casa*) vs. [akˈkasa] (*a casa*).
- Die lat. Endung -ARIU(M) hat sich zu [-ajo] entwickelt.
- Die Diphthonge [wɔ] und [jɛ] in betonter und offener Silbe (= auf Vokal endende Silbe) setzen kurzes lat. [ŏ] und [ĕ] fort (z.B. lat. HŎ[MO > *uo*[*mo*; lat. HĔ[RI > *ie*[*ri*). In gedeckter Silbe (= auf Konsonant endende Silbe) hingegen bleiben die Monophthonge [ŏ] und [ĕ] erhalten (z.B. lat. PŎR]CUM > tosk. *por*]*co*; lat. HĔR]BAM > tosk. *er*]*ba*):

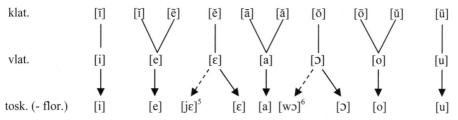

- Charakteristisch für den Dialekt von Florenz ist das Phänomen der *Anaphonie* (it. *anaforesi*), die dafür sorgt, dass vor palatalen Lauten und Lautverbindungen tosk. [e] zu flor./it. [i] wird (z.B. lat. LĬNGUAM > tosk. *lengua* vs. flor./it. *lingua*). Analog dazu entwickelt sich tosk. [o] zu flor./it. [u] (z.B. lat. FŬNGUM > tosk. *fongo* vs. flor./it. *fungo*). Bestimmte lautgesetzliche Entwicklungen werden so außer Kraft gesetzt. Der Wandel von [ĭ] zu [e] sowie von [ŭ] zu [o] konnte durch bestimmte lautliche Konstellationen ([ŋg], [ŋk], [ndʒ], [ntʃ] und [ʎː]) verhindert bzw. rückgängig gemacht werden.

- Die Entwicklung der Vokale hängt von der jeweiligen Lautkombinatorik ab. Unter dem Einfluss von Anaphonie und der Silbenstruktur (offen vs. gedeckt) zeigt sich im Florentinischen in Bezug auf die vlat. Ausgangsformen folgender Lautwandel:

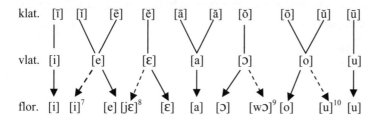

Diese wesentlichen Charakteristika des florentinischen Vokalismus finden sich auch in der italienischen Standardsprache wieder.

10.2.7.3.2. Dialektale Gliederung

Giannelli ([1]1976, [2]2000) unterscheidet folgende toskanische Dialekte: *fiorentino, senese, pisano-livornese, lucchese, elbano, aretino, amiatino, basso garfagnino-alto versiliese, alto garfagnino* und *massese*. Die übrigen Dialekte auf dem Territorium der Region Toskana werden aus typologischer Sicht den Übergangsmundarten (it. *vernacoli di transizione*) zugerechnet: *viareggino, pistoiese, casentinese, alto valdelsano, volterrano, grossetano-massetano* und *chianino*.

---

[5] Nur in offener Silbe.
[6] Nur in offener Silbe.
[7] Nur bei Anaphonie.
[8] Nur in offener Silbe.
[9] Nur in offener Silbe.
[10] Nur bei Anaphonie.

Pellegrini (1977) nimmt folgende Gliederung vor:

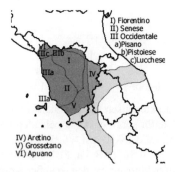

I. *fiorentino*
II. *senese*
III. *toscano occidentale*
  III a. *pisano-livornese-elbano*
  III b. *pistoiese*
  III c. *lucchese*
IV. *aretino*
V. *grossetano-amiatino*
VI. *apuano*

Haase (2007, 158) klassifiziert die toskanischen Dialekte in insgesamt vier Gruppen:

- Inseltoskanisch (Elba, Korsika, Gallurisch in Nordsardinien)
- Westtoskanisch (Pisa, Lucca, Pistoia)
- Zentraltoskanisch (Florenz)
- Senesisch (Provinz Siena)

In Lucca, Pistoia und Pisa (Westtoskanisch) haben sich die Affrikaten [ts] und [t:s] zu den Sibilanten [s] und [s:] entwickelt:

speransa	vs.	it. *speranza*
piassa	vs.	it. *piazza*
grandessa	vs.	it. *grandezza*

Die Geminate [rr] hat sich zu [r] abgeschwächt:

lat. TERRAM	>	*tera*	vs.	flor./it. *terra*
lat. CARRUM	>	*caro*	vs.	flor./it. *carro*

Im Senesischen wiederum hat sich bei proparoxytonen Wörtern nachtoniges [e] in der vorletzten Silbe vor [r] zu [a] entwickelt:

lat. VENDERE	>	*vèndare*	vs.	flor./it. *vendere*
lat. LITTERAM	>	*lèttara*	vs.	flor./it. *lettera*

10.2.7.4. Die Dialekte Mittel- und Süditaliens

Die Dialekte Mittel- und Süditaliens (it. *dialetti centro-meridionali*) lassen sich weiter untergliedern, und zwar in *dialetti centrali* (auch *mediani*), *dialetti meriodionali* sowie *dialetti meridionali estremi*. Gemeinsame Merkmale sind:

- Der Erhalt der stimmlosen intervokalischen lat. Verschlusslaute [p], [t], [k]: lat. CAPUT > neap. *capə*; lat. VITAM > siz./kal. *vita*; lat. AMICUM > siz./kal. *amicu*.
- Die Entwicklung der lat. Phoneme /b/ und /v/ ist in den süditalienischen Dialekten nicht einheitlich. Neben dem Betazismus ([v] > [b]) ist auch die Spirantisierung ([b] > [v]) zu beobachten: kamp. *la vocca* (it. *la bocca*), kamp. *chiu bbècchia* (it. *più vecchia*).

- Das Phänomen der Metaphonie (it. *metafonesi*): Die geschlossenen Auslautvokale -*i* und -*u* des Spätvulgärlateinischen bzw. des Frühromanischen (die sich z.B. im Neapolitanischen zu /ə/ weiterentwickelt haben) rufen die „Hebung" bzw. „Schließung" eines betonten Vokals im Wortinneren hervor. Daher ist die metaphonische Diphthongierung nur bei männlichen Formen im Singular und Plural eingetreten, nicht aber bei den weiblichen mit den Endungen -*a* und -*e* sowie bei männlichen Singularformen auf -*e* (vgl. kal. *gruossu* – *grossa*; neap. Sg. *o mesə* < *mese* vs. Pl. *i misə* < *misi*). Eine metaphonische Entwicklung bewirkt u.a. die Diphthongierung von betontem [ɛ] (< lat. [ĕ]) und [ɔ] (< lat. [ŏ]) zu [je] und [wo]. Die Metaphonie äußert sich ferner in der völligen „Hebung" bzw. „Schließung" von [e] (< [ē]) zu [i] sowie von [o] (< [ō]) zu [u] bei Wörtern, die im Lateinischen einen langen Vokal besaßen.

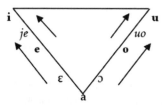

- Die Entwicklung von [-ɲp-] zu [-ɲb-] ([kaɲˈpana] > [kaɲˈbana]) und von [-ŋk-] zu [-ŋg-] ([ˈbjanko] > [ˈ(b)jango]) ist in allen mittel- und süditalienischen Dialekten zu beobachten.

- Charakteristisch für fast alle Dialekte Süditaliens (mit der Ausnahme Südkalabriens, Südapuliens und Nordostsiziliens) ist ferner die Assimilation des lat. Nexus [nd] zu [nn] (lat. MUNDUM > siz. *munnu*) und von [mb] zu [mm] (lat. PLUMBUM > siz. *chiummu*).

- Der lat. Nexus [pl] hat sich von Kampanien bis Sizilien zu [kj] entwickelt: lat. PLAGAM (> it. *piaga*) > siz. *chiaga*; lat. PLANUM (> it. *piano*) > siz. *chianu*; lat. PLUS (> it. *più*) > *cchiù*; lat. PLATEAM (> it. *piazza*) > siz. *chiazza*.

- In den meisten Dialekten Siziliens sowie in zahlreichen Dialekten Kalabriens hat sich der lat. Doppelkonsonant -LL- zum retroflexen (kakuminalen) [ɖɖ] gewandelt: vlat. *BELLUM > siz. [ˈbeɖɖu] (it. *bello*); lat. CABALLUM > siz. [kaˈvaɖɖu] (it. *cavallo*); lat. CAPILLUM > siz. [kaˈpiɖɖu] (it. *capello*); lat. GALLUM > siz. [ˈgaɖɖu] (it. *gallo*); lat. STELLAM > siz. [ˈstiɖɖa] (it. *stella*).

- In Südkalabrien ist der Gebrauch des Infinitivs stark eingeschränkt. Er wird durch Konstruktionen mit den Partikeln *mu*, *'u*, *pemmu* oder *pemma* + finite Verbform ersetzt, z.B. *vaju u fatigu* (it. *vado a lavorare*), *lu Carlu ole cu bbene crai* (it. *Carlo vuole venire domani*), *vogghiu pemmu dormu* (it. *voglio dormire*). Hierfür wird griechischer Einfluss verantwortlich gemacht.

Literaturhinweise

Benicà (1996); Bruni (1984); Coco (1977); Cortelazzo (1969, 1980; 1988); Dardano (1996, 170–188); De Mauro/Lodi (1993); Devoto/Giacomelli (1994); Goebl (1982, 1984, 1998); Grassi/Sobrero/Telmon (1997); Pellegrini (1977); Rohlfs (1966–1969, 1990); Santamaria (1981).

Aufgaben

1) Informieren Sie sich bei Benicà (1996) und Cortelazzo (1980) über die Geschichte der italienischen Dialektologie.

2) Nehmen Sie eine Ausgabe von Dantes *De vulgari eloquentia* und machen Sie sich mit Dantes Klassifizierung und Bewertung der italienischen Dialekte vertraut.

3) Suchen Sie in Ihrer Seminar- bzw. Universitätsbibliothek (oder in *Google Bücher*) nach einer Ausgabe von Biondellis *Saggio sui dialetti gallo-italici* (1853–1856) und finden Sie heraus, nach welchen Kriterien der Autor die oberitalienischen Dialekte klassifiziert.

4) Konsultieren Sie in Ihrer Seminar- oder Universitätsbibliothek den *Sprach- und Sachatlas Italiens und der Südschweiz*, um sich mit dessen Struktur vertraut zu machen.

5) Informieren Sie sich im AsiCa (http://asica.gwi.uni-muenchen.de) über den Gebrauch des Infinitivs in den Dialekten Kalabriens.

6) Suchen Sie im akustischen Sprachatlas VIVALDI nach den sizilianischen Entsprechungen für it. *bello*, *capello* und *cavallo* (Sizilien – phonetischer Teil). Wie hat sich die lat. Geminate -LL- in den Dialekten Siziliens entwickelt?

7) Gehen Sie auf die Homepage von Hans Goebl (http://www.sbg.ac.at/rom/people/prof/goebl/goebl.htm) und informieren Sie sich dort über die Arbeitsmethoden der Dialektometrie.

8) Worin unterscheiden sich Anaphonie und Metaphonie? In welchen Dialekten treten die Phänomene auf?

11. Sozio- und Varietätenlinguistik

11.1. Soziolinguistik

11.1.1. Untersuchungsgegenstand der Soziolinguistik

Das Untersuchungsobjekt der Soziolinguistik (it. *sociolinguistica*) ist die soziale, politische und kulturelle Bedeutung sprachlicher Systeme sowie deren Variation (vgl. Schlieben-Lange [3]1991; Linke/Nussbaumer/Portmann [5]2004, 335–418). Sie untersucht darüber hinaus die kulturell und gesellschaftlich bedingten Einflüsse auf die Sprache. Es haben sich im Laufe der Zeit unterschiedliche soziolinguistische Forschungsrichtungen etabliert. Die philosophisch-anthropologisch orientierte Soziolinguistik betrachtet die Sprache als Träger einer wichtigen Funktion in den Bereichen Weltsicht, Kultur und Gesellschaft. Die psychologische Soziolinguistik hingegen beschäftigt sich mit menschlichem Denken im Zusammenhang mit Sprache und betrachtet den Spracherwerb, die Spracherziehung und den Bezug zur Sprache. Die soziologisch-gesellschafts-wissenschaftliche Soziolinguistik setzt sich demgegenüber mit der Gesellschaftsstruktur und ihrer spezifischen sprachlichen Kommunikation auseinander. Die interaktionistisch-kommunikationstheoretische Soziolinguistik wiederum beschäftigt sich vorrangig mit der Analyse von authentischen Gesprächen.

Wichtige Untersuchungsgebiete der Soziolinguistik im Überblick:

- Der Zweitsprachenerwerb im Zusammenhang mit Migration und Mehrsprachigkeit.
- Der Sprachwandel im Zusammenhang mit sozialen Faktoren.
- Der öffentliche Sprachgebrauch in Bezug auf den Sprachgebrauch in Politik, Medien und Werbung, Sprachpolitik, das Prestige von Sprachen etc.
- Die Dialektologie im Hinblick auf die Verteilung von stratischen Varietäten (Standardsprache, Dialekte, Regiolekte etc.).
- Die Varietätenlinguistik unter Berücksichtigung von Soziolekten, Aspekten des Sprachkontakts etc.
- Die Fachsprachenforschung hinsichtlich der Entstehung von Fachsprachen und der Verbreitung von Fachterminologie in der Gemeinsprache.

11.1.2. Wissenschaftsgeschichtlicher Überblick der Soziolinguistik

Die strukturalistische Sprachbeschreibung ging von einem homogenen Sprachsystem aus, das für alle Angehörigen einer Sprachgemeinschaft durch die gleichen Systemelemente und die gleichen Oppositionsbeziehungen zwischen diesen gekennzeichnet ist. Diese Idealisierung war methodologisch begründet und gleichzeitig die Voraussetzung für die Beschreibbarkeit von Sprache mit strukturalistischen Kategorien. Ebenso stellte in der generativen Transformationsgrammatik die Kompetenz des idealen Sprechers/Hörers eine Idealisierung mit einem hohen Abstraktionsgrad dar. Der Homogenitätsannahme sowohl des Strukturalismus als auch der Generativistik steht allerdings die tatsächliche Heterogenität von historischen Einzelsprachen wie Englisch, Deutsch, Italienisch etc. gegenüber. Auch die Methodik der dialektologischen Forschung des späten 19. und des frühen 20. Jahrhunderts basierte auf der Hypothese einer weitgehenden Homogenität der Mundarten. Alter, Geschlecht, Schichtenzugehörigkeit der Sprecher etc. fanden daher bei der Datenerhebung kaum Berücksichtigung. Ebenso wenig wurden unterschiedliche, situationsabhängige Stilebenen der Dialekte berücksichtigt. In den 60er-Jahren des 20. Jahrhunderts erweiterte die Sprachwissenschaft – zunächst in Großbritannien sowie in den Vereinigten Staaten von Amerika – ihren Untersuchungsgegenstand schließlich um die Einbeziehung der sozialen Gegebenheiten, in denen Sprache im Rahmen ihrer kommunikativen Funktion zum Einsatz kommt. Dies war die Geburtsstunde der Soziolinguistik (it. *sociolinguistica*). Ihre Bezugswissenschaften sind u.a. die Soziologie sowie die Anthropologie. Den Weg für die neue linguistische Teildisziplin ebneten bspw. die Untersuchungen von Basil Bernstein (1924–2000), der die Sprache der sozialen Unter-, Mittel- und Oberschicht in Großbritannien untersuchte. Er stellte die Defizithypothese (it. *teoria del deficit*) auf, welche besagt, dass Angehörige der Unterschicht Sprache mit einem geringeren Wortschatz und einfacheren syntaktischen Strukturen verwenden. Der amerikanische Linguist William Labov (*1927) reagierte mit der Differenzhypothese (it. *teoria della differenza*), welche die sprachlichen Unterschiede als prinzipiell gleichwertig ansieht.

11.1.3. Die Rezeption der Soziolinguistik in Italien

Italien stellt aufgrund seines Reichtums an Dialekten sowie wegen seiner Vielzahl von ethnischen Minderheitensprachen ein ideales sozio- und varietätenlinguistisches Studienobjekt dar. Die wissenschaftliche Rezeption der neuen linguistischen Teildisziplin setzte in den späten 1960er-Jahren ein. Im September 1969 fanden in Rom *Giornate internazionali di sociolinguistica* statt, deren Ergebnisse ein Jahr später publiziert wurden. Die ersten italienischen Monographien mit soziolinguistischer Thematik erschienen gegen Mitte der 1970er-Jahre. 1974 erschienen sowohl Gaetano Berrutos *La sociolinguistica* als auch Gianna Marcatos *La sociolinguistica in Italia*. Es folgten die Arbeiten von Simonini (1976), Rovere (1977), Klein (1977), Berruto (1977). Seit der zweiten Hälfte der 1970er-Jahre kam eine Reihe italienischer Übersetzungen zur Soziolinguistik auf den Markt: Im Jahre 1978 erschien die italienische Fassung von Norbert Dittmars *Soziolinguistik*. Es folgten italienische Fassungen der Werke von Trumper (1979), Marcellesi/Gardin (1979), Hudson (1980) und Hymes (1980). Seit Mitte der 1970er-Jahre sind zahlreiche Studien zur Variation in Italien erschienen. Zu nennen wären in diesem Zusammenhang die Untersuchungen von Bazzanella (1980) und Tempesta (1980) zur soziolinguistischen Situation im schulischen Bereich. Weitere Arbeiten entstanden zum *italiano regionale* bestimmter Regionen, z.B. zur regionalen Varietät des Italienischen im Salento (Sobreo/Romanello 1981) und auf Sizilien (Tropea 1976; Leone 1982), zum mailändischen Stadtdialekt (Galli de' Pratesi 1984), zur sprachlichen Situation auf Sardinien (Sole 1988) oder im Tessin (Petralli 1990). Im Oktober 1986 fand in Lecce ein Kongress mit dem Thema *Dialettologia urbana. Problemi e ricerche* statt. Vier Jahre später folgte ein weiterer Kongress in Palermo, unter dem Motto *Dialettologia urbana e analisi geolinguistica*. Veranstaltungen dieser Art dokumentieren ein wachsendes Interesse an den von der traditionellen Dialektologie lange Zeit vernachlässigten Dialekten der Städte (vgl. ferner Schlieben-Lange [3]1991, 55f.).

11.2. Varietätenlinguistik

11.2.1. Untersuchungsgegenstand der Varietätenlinguistik

Ein wichtiges Teilgebiet der Soziolinguistik ist die Variations- oder auch Varietätenlinguistik. Eine historisch gewachsene Sprache wird nicht mehr als monolithische Einheit, sondern vielmehr als eine Menge unterschiedlicher Varietäten (d.h. verschiedener Sprachgebrauchssysteme) aufgefasst, wobei sich jede Varietät nach spezifischen Kriterien (wie Gruppe, Schicht, Geschlecht, Alter etc.) bestimmen und wissenschaftlich untersuchen lässt. Der Untersuchungsgegenstand der Varietätenlinguistik sind geographische Varietäten (Dialekte und regionale Sonderformen der Nationalsprachen) sowie alle sozial und situational bedingte Sonderformen natürlicher Sprachen.

11.2.2. Wissenschaftsgeschichtlicher Überblick der Varietätenlinguistik

Die Entstehung der Varietätenlinguistik reicht ebenfalls in die 60er-Jahre des 20. Jahrhunderts zurück. Entscheidende Impulse erhielt die soziolinguistische Teildisziplin durch die empirischen Arbeiten von William Labov, der bei Uriel Weinreich mit *The Social Stratification of English in New York City* (1966) promoviert hatte. Er kam dabei zu der Erkenntnis, dass eine Sprache ein heterogenes Kontinuum von ineinander übergehenden Varietäten darstellt, wobei die Sprecher sich u.a. durch sprachliche Merkmale voneinander abgrenzen. Nur ein Teil der sprachlichen Merkmale verweist jedoch auf die lokale Herkunft der Sprecher, da die regionalen Merkmale durch geschlechts-, schicht- und altersspezifische Sprechermerkmale überlagert werden. Sozialer Status und soziale Funktion von Sprache spielen für die Varietätenlinguistik eine wichtige Rolle. Joshua Fishman hat die soziolinguistische Fragestellung wie folgt formuliert: „Wer spricht welche Sprache wie und wann mit wem unter welchen sozialen Umständen und mit welchen Absichten und Konsequenzen?" (zit. nach Dittmar 1997, 25).

11.2.3. Grundbegriffe der Varietätenlinguistik

11.2.3.1. Sprachliche Variation

Eugenio Coseriu (1921–2002) differenzierte zwischen Struktur und Architektur der Sprache, wobei Erstere das einheitliche System mittels Oppositionen charakterisiert, während Letztere sich auf die Diversität von diversen Subsystemen stützt. Im Wesentlichen werden drei Arten solcher Subsysteme unterschieden: In der Regel unterscheidet man in der Varietätenlinguistik zwischen diatopischer (räumlicher), diastratischer (schichtenspezifischer) und diaphasischer (situationsbedingter) Variation.

- *Diatopische Variation* (it. *variazione diatopica*): Es wird zwischen kleinräumigen (lokalen), mittelräumigen (regionalen) Dialekten auf der einen Seite und der großräumigen (überregionalen) Umgangssprache auf der anderen unterschieden. Die diatopische Variation lässt somit eine mehr oder weniger genaue räumliche Einordnung von einzelnen Sprachvarietäten zu. Zur diatopischen Variation gehört nicht nur der Dialekt, sondern auch der Regiolekt (it. *regioletto*) sowie der Urbanolekt (it. *urbanoletto*). Unter einem *Regiolekt* versteht man eine dialektal geprägte, regional verbreitete Umgangssprache (z.B. die regionale Variante des Italienischen in Sizilien, in Ligurien, in der Lombardei etc.). Diese unterscheidet sich von der *Standardsprache* durch ein eigenes Substrat aus verschiedenen, in der betreffenden Region gesprochenen Dialekten sowie durch einen charakteristischen Akzent. Vom Dialekt im traditionellen Sinn unterscheidet sich der Regiolekt darin, dass er die meisten dialektalen Eigenheiten bezüglich Vokabular, Grammatik und Aussprache abgelegt oder abgeschliffen hat. Eine Sonderform des Regiolekts ist der *Urbanolekt*, d.h. die innerhalb einer Stadt verwendete, örtlich sehr begrenzt auftretende Stadtsprache (z.B. die besondere Form des Italienischen in Palermo, Genua, Mailand etc.). Die großen städtischen Zentren wurden von der traditionellen dialektologischen Forschung in der Regel ausgeschlossen. Ein relativ junger Zweig der italienischen Soziolinguistik ist daher die Stadtdialektologie (it. *dialettologia urbana*).

- *Diastratische Variation* (it. *variazione diastratica*): Die Einordnungsinstanz ist die Gruppe oder soziale Schichtung der Nutzer einer Varietät, unterschieden werden berufs-, tätigkeits- und statusbezogene Merkmale, z.B. Fachsprachen (Technolekte – it. *tecnoletti*) oder sonstige Soziolekte.

- *Diaphasische Variation* (it. *variazione diafasica*): Einordnungsinstanz ist die jeweils spezifische Situation, gefragt wird danach, wer mit wem, wie, in welchem sozialen Kontext worüber spricht. Eine besondere kommunikative Variation ist der sogenannte *Xenolekt* (it. *xenoletto*), d.h. die Art und Weise des Sprechens, die bei einem Kontakt zwischen Muttersprachler und Nichtmuttersprachler auftritt, z.B. zwischen einem Italiener und einem afrikanischen Einwanderer, sofern Letzterer das Italienische nicht perfekt beherrscht.

11.2.3.2. Diglossie und Dilalie

Eine zentrale Rolle bei der soziolinguistischen Analyse spielt der Begriff der *Diglossie* (it. *diglossia* < gr. διγλωσσία ‚Zweisprachigkeit'). Er wurde 1957 von Fishman eingeführt, um eine besondere Form der sprachlichen Variation einer Gemeinschaft zu beschreiben, wobei es eine klare funktionale Differenzierung zwischen zwei eng verwandten Sprachvarietäten einer historischen Sprache gibt. So steht in der Regel einer *high variety* (z.B. in Form der Standardsprache) eine sogenannte *low variety* (z.B. in Form eines Dialekts) gegenüber (vgl. Berruto [2]1997, 227–232). Der Begriff der Dilalie (it. *dilalia*) wurde als Provisorium in den 1980er-Jahren von Gaetano Berruto eingeführt, da Fishmans Diglossiebegriff immer weiter aufgeweicht worden war. Das Konzept der Dilalie trägt in Bezug auf die heutige Situation in Italien der Tatsache Rechnung, dass die *high variety* heute durchaus auch im Alltag Verwendung findet und alternativ zur *low variety* eingesetzt werden kann (vgl. Dittmar 1997, 150ff.; Berruto [2]1997, 242–250).

11.2.3.3. Elaborierter und restringierter Code

Standardvarietäten verfügen über einen sogenannten *elaborierten Code* (it. *codice elaborato*), im Gegensatz zu Dialekten und sonstigen Substandardvarietäten, die lediglich einen *restringierten Code* (it. *codice ristretto*) besitzen. Der restringierte Code wird in der Regel dem Sprachgebrauch bildungsferner Schichten zugeordnet. Basil Bernstein (1924–2000) argumentierte mit dieser Kategorisierung dafür, dass der Gebrauch eines Codes eng mit der sozialen Struktur einer bestimmten Kultur verbunden sei. Der restringierte Code ist bspw. dort nützlich, wo es eine große Menge geteilten Wissens unter den Sprechern gibt, denn er ermöglicht es dem Sprecher, mit wenigen Worten relativ viel auszudrücken. Zu den strukturellen Merkmalen des restringierten Codes gehören normalerweise kurze, grammatikalisch einfache, häufig unvollständige Sätze, eine lediglich begrenzte Anzahl von Adjektiven und Adverbien sowie ein im Vergleich zum elaborierten Code geringer Wortschatz (vgl. Schlieben-Lange [3]1991, 46–53).

11.2.3.4. Soziolekt

Auf der Grundlage des Dialektbegriffs wurde der Terminus Soziolekt (it. *socioletto*) geprägt. Man versteht hierunter alle Varietäten, die auf gesellschaftlichen Faktoren beruhen. Obwohl Soziolekte traditionell als Sonderfälle von Dialekten aufgefasst wurden, geht man heute häufig auch den umgekehrten Weg, und rechnet die Dialekte zu den Soziolekten (vgl. Dittmar 1997, 189–193). Soziolekte werden durch diverse Faktoren determiniert, z.B. durch das Alter (Gerontolekt) oder durch das Geschlecht (Sexolekt, Genderlekt). Es ist erwiesen, dass sich Stimme, Wortschatz und Stil mit zunehmendem

Alter verändern. Die Sprechgeschwindigkeit sinkt und Pausen werden häufiger. In vielen Sprachen lernen Jungen und Mädchen – mit jeweils unterschiedlicher Ausprägung – eine andere Sprachvariante. Die amerikanische Soziolinguistin Deborah Tannen spricht im Zusammenhang mit einem Mann-Frau-Gespräch sogar von *interkultureller Kommunikation*, was sicherlich eine Übertreibung darstellt.

11.2.4. Varietäten des Italienischen (anhand von Fallstudien)

Die Varietät des Italienischen, die in der Schule oder an der Universität unterrichtet wird, die in den Radio- und Fernsehnachrichten, in Journalismus, Wissenschaft und dem größten Teil der Literatur Verwendung findet, ist die Standardvarietät. Sie tritt vor allem in der geschriebenen Sprache auf und wird in der mündlichen Kommunikation vor allem in formalen Redesituationen gebraucht. Die Standardsprache erwirbt man selten als Muttersprache. Sie wird vielmehr in den Bildungsinstitutionen als Register regelhaft erlernt und besitzt ein insgesamt hohes Prestige. In soziolinguistischer Terminologie kann die Standardvarietät auch als *Akrolekt* (it. *acroletto*) bezeichnet werden. Den Gegenpol zum Akrolekt bildet der *Basilekt* (it. *basiletto*). In Italien handelt es sich hierbei um die dialektalen Varietäten der Sprachgemeinschaft mit dem größten Stigma und dem kleinstem Prestige (d.h. die *low variety* im Sinne Fergusons). Der Basilekt wird normalerweise als Muttersprache erworben und unterliegt keiner institutionellen Kontrolle. Eine Sprachvarietät im Rahmen eines sprachlichen Kontinuums zwischen Basilekt und Akrolekt stellt der *Mesolekt* (it. *mesoletto*) dar. Er verfügt weder über ein besonderes Prestige noch ist er besonders stigmatisiert. Zur Kategorie Mesolekt können das Regionalitalienische (*italiano regionale*) oder die italienische Umgangssprache (*italiano colloquiale*) gezählt werden.[1]

11.2.4.1. Gesprochenes und geschriebenes Italienisch

Bei der *diamesischen Variation* (it. *variazione diamesica*) handelt es sich um den Gebrauch der Sprache in verschiedenen Medien. Diese von Alberto Mioni eingeführte varietätenlinguistische Kategorie ist in der Linguistik allerdings nicht ganz unumstritten.[2] Der Begriff Medium bzw. die Kategorie Mündlichkeit bedarf allerdings einer Präzisierung. Söll ([1]1974) führt zur begrifflichen und terminologischen Klarstellung die Unter-

---

[1] Vgl. zu den Varietäten des Italienischen auch Berruto ([2]1997, 214–227).
[2] Koch/Oesterreicher (1990, 14) erweitern das dreigliedrige Variationsmodell (diatopisch, diaphasisch, diastratisch) um eine vierte Dimension. Es geht dabei um das Kontinuum zwischen gesprochen und geschrieben bzw. zwischen Nähe und Distanz: „Bemerkenswert ist [...] die Tatsache, daß in der Varietätenlinguistik selten eine eigene Dimension gesprochen/geschrieben anerkannt wird."

scheidung zwischen der Konzeption (gesprochen – geschrieben) und dem Medium der Realisierung (phonisch – graphisch) ein, denn gesprochene Sprache kann in verschrifteter Form auftreten (z.B. bei Sprechblasen in Comic-Heften) und konzeptionell geschriebene Sprache kann vorwiegend in mündlicher Präsentation in Erscheinung treten (z.B. die politische Rede, der wissenschaftliche Vortrag etc.).Wir haben es mit einem Kontinuum von Nähe- und Distanzsprache zu tun. Die durch Oralität geprägte *Nähesprache* schafft eine kommunikative Nähe zwischen Sprechern und Rezipienten. Sie ist geprägt durch eine spontane Formulierung mit geringer Planung. Die Nähesprache war in Italien über mehrere Jahrhunderte hinweg der lokale Dialekt. Er spielt auch heute noch eine wichtige Rolle, allerdings mit fließenden Übergängen zum *italiano regionale*. Doch auch das Italienische, das früher fast ausschließlich als elaborierte *Distanzsprache* fungierte, hat inzwischen eine nähesprachliche Varietät herausgebildet. Zu den Charakteristika der gesprochenen Sprache gehört in konzeptioneller Hinsicht die syntaktisch-semantische Fragmentierung der mitgeteilten Informationen, die Unvollständigkeit von Sätzen, die kontinuierliche Selbstkorrektur (it. *autocorrezione*) der Sprecher, der häufige Gebrauch von sogenannten Gesprächswörtern (it. *segnali discorsivi*), Interjektionen etc.

Charakteristisch für gesprochene Sprache (Nähesprache) ist der folgende Ausschnitt (Beispiel zit. nach Berruto 1993, 42f.):

> […] mentre quello di prima era- una cos- più *diciamo*… medioborghese, *ecco*… poi man mano che si va in alto nelle classi sociali, *eh*, c'è un tipo di- dialetto romano molto più raffinato… che non si riconosce a prima vista ma però si sente che è romano, *insomma, no*… e questo non lo saprei fare, *cioè*… di tipo, di sapore intellettuale… *ecco… diciamo, no*… però questo non, *eh*… cioè, sarebbe […].

Typisch für die konzeptionelle Schriftlichkeit (Distanzsprache) sind bspw. Verwaltungstexte:

> I cittadini con patente di guida rilasciata da uno Stato estero (extracomunitario) possono guidare in Italia i veicoli per i quali è valida la loro patente, purché non siano residenti in Italia da più di un anno.
>
> La patente estera (extracomunitaria) deve essere accompagnata dal permesso internazionale di guida (rilasciato dallo Stato estero che ha emesso la patente) ovvero da una traduzione ufficiale in lingua italiana. […]

(Auszug aus dem Art. 136 des *codice della strada*)

Natürlich gehören Sprech- und Schriftsprache nicht unterschiedlichen Systemen an, dennoch werden die Elemente des Systems unterschiedlich ausgeschöpft. Auf syntaktischer Ebene bspw. dominiert in der gesprochenen Sprache die Parataxe (Nebenordnung von Sätzen) gegenüber der Hypotaxe (Verwendung von Nebensätzen). Im Vergleich zur Schriftsprache verwenden die Italiener in der gesprochenen Sprache ein geringeres Repertoire an Konjunktionen. Besonders häufig sind *e, dopo, poi, allora, ma, però* sowie die als fehlerhaft geltende Kombination *ma però*. Dies gilt gleichermaßen für *perché* und *siccome* sowie für *se* und *come*. Ein Charakteristikum des gesprochenen Italienischen sind Spaltsätze (it. *frasi scisse*) sowie besondere Formen der Hervorhebung durch die Wortstellung in Form der *dislocazione a sinistra* („Le lezioni, *le* incomincio lunedì.") sowie der *dislocazione a destra* („*Lo* vuole un caffè?"). Insgesamt neigt die Sprechsprache zur Vereinfachung, etwa durch die Beschränkung der morphologischen Vielfalt, indem Futur und Konjunktiv Präsens mithilfe des Indikativ Präsens ausgedrückt werden. Das Pronomen *gli* übernimmt nicht nur die Funktion des Plurals (statt *loro*), sondern auch die des weiblichen Singulars von *le*. Die Pronomina *egli*, *ella*, *esso* etc. werden nicht verwendet, *questo* und *quello* übernehmen die Funktion von *ciò*, die Pronomina *lui* und *lei* werden auf nicht belebte Referenten angewendet etc. Die Verneinung wird durch expressive Elemente wie *mica*, *proprio*, *un cavolo*, *un cazzo*, *un tubo* etc. verstärkt.

Langfristig kann der mündliche Sprachgebrauch die Norm in ihrer Gesamtheit beeinflussen. Ein Vorbote des Sprachwandels ist das sogenannte *italiano neostandard* (→ Kap. 11.2.4.3).

11.2.4.2. Das *italiano popolare*

Das *italiano popolare* ist das Kommunikationsmittel einer nicht vollständig italianisierten, ursprünglich dialektalen Sprachgemeinschaft. Seit der Schaffung eines italienischen Einheitsstaats hat sich die Bevölkerung der Apenninenhalbinsel von einer mehrheitlich dialektalen zu einer mehrheitlich italienischsprachigen Bevölkerung entwickelt. Normative Grammatiken und Wörterbücher vermitteln im Bereich der Schriftsprache ein weitgehend einheitliches Sprachmodell, während die Standardvarietät in der mündlichen Kommunikation ein weniger einheitliches Bild liefert. Das Phänomen hat seit den 70er-Jahren des 20. Jahrhunderts die Aufmerksamkeit der italienischen Soziolinguistik auf sich gezogen (vgl. Berruto 1993, 58–68).[3]

> Folgende Merkmale sind charakteristisch für das *italiano popolare*:
>
> – Die Verwendung des doppelten Konditionals anstelle des Konjunktivs Imperfekt im Nebensatz und des Konditionals im Hauptsatz („*Se sarebbe* stato oggi, *sarebbe* nato un processo."),
>
> – Die Bildung neuer Konjugationsformen nach dem Analogieprinzip (*vadi*, *venghino* etc.), die Missachtung der Distributionsregeln der männlichen Artikel *il* und *lo* sowie *i* und *gli* (*il sciopero*, *al zoo*, *i scrutini*, *dei stagionali* etc.),
>
> – Die Auslassung des Artikels bei den Possessivpronomina („Io e *mio* compagno.").
>
> – Die doppelte Steigerung synthetischer Superlative („Ero il *più superiore*."; „Allora la *più maggiore* ce l'avevo io."; „Quelli che sono *più male*."),

---

[3] Vgl. auch die Masterarbeit von E. Rosso (2005), *La varietà popolare: italiano e francese a confronto*: http://varietapopolare.altervista.org/index.html.

- Die Setzung falscher Präpositionen („Perché non era facile *a* tornare."; „É lei l'interessata *sulle* scuole."; „Io ho detto *col* dottore."),
- Die akkumulative Verwendung von Präpositionen („*Dentro da* quella porta."; „Scrivo *da sul* campo di battaglia.") oder deren Auslassung („Così ho cominciato lunedì lavorare.").
- Die Verwechslung formal ähnlicher Ausdrücke (*comprensibile* statt *comprensivo*; *celebre* statt *celibe*; *frustare* statt *sfruttare* etc.).
- Die morphologische Umformung durch die Vertauschung von Suffixen (*appaltaio* statt *appaltatore*; *proibismo* statt *proibizione* etc.)
- Die Ersetzung spezifischer Verben durch Syntagmen mithilfe von *fare* (*fare la decisione* statt *decidere*; *fare un'emigrazione* statt *emigrare*; *fare sangue* statt *sanguinare* etc.).

11.2.4.3. Das *italiano neostandard*

Auch die italienische Standardsprache unterliegt einem Wandel. Francesco Sabatini sprach 1985 vom *italiano dell'uso medio*, während Berruto 1987 den Begriff *italiano neostandard* einführte. Im Gegensatz zum *italiano popolare*, welches das Ausdrucksmittel sogenannter bildungsferner Schichten ist, wird das *italiano neostandard* vor allem von der Mittelschicht in informellen Kommunikationssituationen praktiziert. Die Varietät des Italienischen, die mit dem Etikett *neostandard* versehen wird, enthält Substandardelemente, die ihren Substandardcharakter allmählich verlieren, da sie durch die Akzeptanz der Mittelschicht gewissermaßen nobilitiert werden. Das fast ausschließlich in der mündlichen Kommunikation vorkommende *italiano neostandard* weicht in einigen Punkten von den sprachlichen Formen ab, die bislang in den normativen Grammatiken als Standard vorgeschrieben werden. Zum Teil gibt es fließende Übergänge zwischen *italiano popolare* und *italiano neostandard*. Wir beobachten bspw. einen allmählichen Umbau des Pronominalsystems. Die bereits im 14. Jahrhundert belegte Verwendung der Pronomina *lui*, *lei* und *loro* im Nominativ – die seit dem 16. Jahrhundert von den Grammatikern getadelt wurde – hatte bereits Alessandro Manzoni in seiner am zeitgenössischen Florentiner Sprachgebrauch orientierten Überarbeitung der *Promessi Sposi* salonfähig gemacht. Seit den 50er-Jahren des 19. Jahrhunderts wurde dieser Sprachgebrauch auch von den Grammatikern aufgegriffen. Heute beschränken sich die in der traditionellen Normsprache für den Nominativ vorgeschriebenen Pronomina *egli*, *ella* und *essi* ausschließlich auf die Schriftsprache.

> Folgende Merkmale sind charakteristisch für das *italiano neostandard*:
>
> – Die Verwendung von *te* im Nominativ statt *tu* („Vieni anche *te.*"; „Hai ragione *te.*"; „L'hai detto *te.*"). Nachdem sich *gli* anstelle von *loro* als maskuline und feminine Pluralform durchgesetzt hatte, folgte eine Ausdehnung auf den femininen Singular zulasten von *le* („Ho incontrato Maria, *gli* ho detto che ...").
>
> – Konstruktionen wie *il quale, i quali, di cui, del quale, dei quali* etc. werden zunehmend durch einfaches *che* ersetzt („Quel mio amico *che* gli hanno rubato la macchina."; „La casa *che* ci sei stato ieri."; „È un tipo *che* è meglio non fidarsi.").
>
> – Eine Vereinfachung im Bereich der Demonstrativpronomina: Das dreigliedrige deiktische System *questo* (befindet sich beim Sprecher), *codesto* (befindet sich beim Angesprochenen), *quello* (ist sowohl vom Sprecher als auch vom Angesprochenen entfernt) ist durch ein zweigliedriges ersetzt worden: *questo* (befindet sich beim Sprecher), *quello* (befindet sich beim Angesprochenen oder ist vom Sprecher und dem Angesprochenen gleichermaßen entfernt).[4]
>
> – Eine Vereinfachung beim Gebrauch der Tempora und Modi: So findet man anstelle des Futurs immer öfter das Präsens („L'estate prossima *vado* in vacanza al mare."), während der Konjunktiv durch den Indikativ ersetzt wird („Mi chiedo come *può* essere accaduto."). Im Bedingungssatz wird die Kombination Konjunktiv Imperfekt + Konditional („Se fossi ricco farei un viaggio intorno al mondo.") durch die Konstruktion Imperfekt Indikativ + Imperfekt Indikativ ersetzt („Se *ero* ricco *facevo* un viaggio intorno al mondo.").
>
> – Das Verb *avere* wird mit der Partikel *ci* (*ci attualizzante*) versehen („Non *c'ho* voglia.").
>
> – Das *che polivalente* findet Anwendung in kausalen, konsekutiven und temporalen Nebensätzen („Mangia *che* ti fa bene."; „Aspetta *che* te lo spiego.").

Während der *neostandard* an vielen Stellen zur Vereinfachung führt, kommt es teilweise zur Bildung redundanter Konstruktionen („*Mentre invece...*"; „*A me mi* piace."; „Di questo *ne* abbiamo già parlato."), die einer Vereinfachung entgegenstehen.

11.2.4.4. Jugendsprache

In der Jugendsprache (*Juventulekt*; it. *la lingua dei giovani*), die keine homogene Varietät darstellt, werden in der Regel Ausdrücke benutzt, welche die Erwachsenen provozieren sollen und der eigenen Gruppenidentität dienen (vgl. Dittmar 1997, 229–233). Jugendsprachliche Varietäten haben sich in den späten 70er-Jahren des 20. Jahrhunderts als Studienobjekt der Soziolinguistik etabliert. In Italien hat sich in den 1980er- und 1990er-Jahren vor allem Emanuele Banfi intensiv mit dieser Varietät auseinandergesetzt. Die Universität Padua unterhält ein eigenes Internetportal zur Jugendsprache (*LinguaGiovani*). Das *Centro di documentazione sul linguaggio giovanile* informiert über abgeschlossene und laufende Forschungsprojekte zum Thema Jugendsprache und unterhält ein insgesamt 450 Lemmata umfassendes Online-Wörterbuch. Dieses kann

---

[4] Im *italiano regionale* der Toskana ist *codesto* hingegen durchaus noch vital.

nach dem Alphabet, nach Sachgruppen oder nach Regionen konsultiert werden. Der regionale Aspekt jugendsprachlicher Varietäten ist beim Italienischen von großer Bedeutung. Für den standardsprachlichen Ausdruck *marinare la scuola* findet man Entsprechungen wie *bigiare, bossare, bruciare, fare chiodo, fagliare, far faglio, andare in lippa, fare lippa, fare berna, fare filone, fare fughino, jumpare* etc., die alle aus verschiedenen italienischen Städten stammen:

Filone
Significato: saltare la lezione
Esempio: fare filone (ohne Beispielsatz)
Città: Napoli

Jumpare
Significato: Restare a casa da scuola o anche saltare alcune ore „pericolose" di lezione
Esempio: „Domani mi jumpo le prime due ore perchè rischio in latino!"
Città: Milano

Ein typisches Merkmal der italienischen Jugendsprache ist z.B. die Produktivität standardsprachlicher Suffixe wie *-oso*, z.B. im Adjektiv *casinoso* ‚chaotisch' (< *casino* ‚Chaos', ‚Unordnung'), das sich im italienischen Standardwortschatz jedoch bislang noch nicht etabliert hat. Radtke (1993, 223) nennt neben *casinoso* weitere Neologismen der 1980er- bis 1990er-Jahre, z.B. *malavitoso, palloso, galloso, drogoloso, paccoso, cazzoso* von denen allerdings nur die ersten beiden vom ZINGARELLI (→ Kap. 12.2.2.6) verzeichnet werden.

11.2.5. Feministische Linguistik/Genderlinguistik

11.2.5.1. Untersuchungsgegenstand der feministischen Linguistik

Die feministische Linguistik versteht sich nicht nur als Teilbereich der Soziolinguistik, der das Sprachverhalten von und gegenüber Frauen erforscht, sondern auch als Beitrag zur sozialen und politischen Veränderung der Gesellschaft im Sinne der weiblichen Emanzipation. Traditionellerweise befasst sich die Genderlinguistik (*Gender Studies*) mit dem Zusammenhang zwischen dem unterschiedlichen Sprachgebrauch von Männern und Frauen auf der einen Seite und dem *Gender* (im Sinne einer soziokulturell geprägten Männlichkeit und Weiblichkeit) auf der anderen (vgl. Klann-Delius 2005). Untersucht werden neben dem unterschiedlichen Sprachverhalten der Geschlechter bspw. das Phänomen des Sexismus in der Sprache sowie gesetzgeberische Maßnahmen zur sprachlichen Gleichstellung von Männern und Frauen in Bezug auf Amts- und Berufsbezeichnungen. Die Grenzen zwischen der Beschreibung soziolinguistischer Phänomene und sprach- und gesellschaftspolitischem Engagement mit dem Ziel einer Änderung des Status quo sind fließend.[5]

11.2.5.2. Genderlinguistische Ansätze und sprachpolitische Initiativen in Italien

Im Jahre 1987 brachte Alma Sabatini (1922–1988) zusammen mit Marcella Mariani die Schrift „Il sessismo nella lingua italiana" heraus, die 1993 erneut erschien.[6] 1988 veröffentlichte der Linguist Giulio Lepschy seinen Aufsatz „Lingua e sesso" (der bezeichnenderweise in der Zeitschrift *L'Italia dialettale* erschien). Im gleichen Jahr erschien Verena Aebischers Monographie *Les femmes et le language* in italienischer Übersetzung. Ein Teil der Untersuchungen geht über die rein sprachlichen Aspekte hinaus, so etwa Emilia Costas Monographie *Cervello, pensiero, linguaggio. Comportamento femminile e comportamento maschile* (2003), die auch psychologische und anthropologische Faktoren berücksichtigt. In der zweiten Hälfte der 1980er-Jahre nahm im Zusammenhang mit der Herausbildung einer feministischen Linguistik das Interesse an genderlinguistischen Themen merklich zu. Jenseits einer rein wissenschaftlichen Betrachtung bemühte sich Alma Sabatini um die politische Umsetzung. Sie veröffentlichte 1986 unter dem Titel „Raccomandazioni per un uso non sessista della lingua italiana" einen Katalog mit Vorschlägen für eine öffentliche Gleichbehandlung von männlichen und weiblichen Formen. Es wurden u.a. folgende lexikalische und grammatische Reformen präsentiert:

- Der Gebrauch neutraler Wörter, wenn mithilfe eines eindeutig maskulinen Wortes auf Männer und Frauen gleichermaßen Bezug genommen wird. So soll *uomo* durch *individuo* oder *persona* ersetzt werden, auch in Zusammensetzungen (*diritti della persona* statt *diritti dell'uomo*).

- Im Bereich der grammatischen Konkordanz (it. *accordo grammaticale*) verlangt die traditionelle präskriptive Grammatik die maskuline Form, sobald sich in einer Aufzählung ein Mann befindet, z.B. *Rosanna, Luigi e Chiara sono simpatici, partiti* etc. Nach Sabatinis Modell sollen die Mehrheitsverhältnisse über die Endung von Adjektiven oder Partizipien entscheiden, z.B. „*Giulio, Lucia, Luigi e Chiara sono simpatiche.*" gegenüber „*Giulio, Lucia, Chiara e Luigi sono simpatici.*"

- Bei der Bezeichnung sozial höher gestellter Berufe verfügt die italienische Sprache in vielen Fällen über keine weibliche Form. In den *Raccomandazioni* wird die Schaffung weiblicher Äquivalente nach folgenden Regeln vorgeschlagen: *-aio, -ario, -iere* → *-aia, -aria, -iera* (*appuntata, architetta, avvocata, capitana, chirurga, colonella, marescialla, ministra, prefetta, primaria, rabbina, notaia, pioniera* etc.). Die männliche Endung *-ore* soll durch das weibliche Gegenstück *-ora* ergänzt werden (*assessora, difensora* etc.).

---

[5] Vgl. auch „Lingua italiana e femminile" von Anna Laura Lepschy, Giulio Lepschy und Helena Sanson (*Quaderns d'Italia* 6/2001, 9-18).

[6] Vgl. http://www.innovazionepa.gov.it/media/277361/linguaggio_non_sessista.pdf.

Literaturhinweise

Aebischer (1988); Banfi (1988; 1994); Banfi/Sobrero (1992); Banfi/Hipp (1998); Bazzanella (1980); Berruto (1977; 2002; 2005); Cardona (1987); Coveri/Benucci/Diadori (1998); D'Agostino (2007); Dittmar (1978; 1997); Galli de' Paratesi (1984); Giannini/Scaglione (2003); Giglioli/Fele (2000); Hudson (1980); Hymes (1980); Klein (1977; 2006); Leone (1982); Marcato (1974); Marcellesi/Gardin (1979); Petralli (1990); Rovere (1977); Schlieben-Lange (^{3}1991); Simonini (1976); Sobrero (1992); Sobrero/Romanello (1981); Sole (1988); Tempesta (1980); Tropea (1976); Trumper (1979).

Aufgaben

1) Machen Sie sich mithilfe von G. Berrutos Beiträgen „Le varietà del repertorio" und „Varietà diamesiche, diastratiche, diafasiche" in Sobreros *Introduzione all'italiano contemporaneo. La variazione e gli usi* (1993, 3–92) mit den Varietäten des Italienischen vertraut.

2) In Bologna sagt man zum geschäumten Milchkaffee in der Regel *cappuccio*, während andernorts *cappuccino* üblich ist. Um welche Art von Variation handelt es sich hierbei?

3) Was für eine Form der sprachlichen Variation liegt vor, wenn ein 15-jähriger Schüler seine Eltern im Beisein seiner Klassenkameraden in der Pause als *fossili* bezeichnet?

4) Suchen Sie im *Vocabolario della lingua dei giovani italiani* (http://www.italysoft.com/curios/dizio-giovani/) sowie im Informationsportal des *Centro di documentazione sul linguaggio giovanile* der Universität Padua (http://www.maldura.unipd.it/linguagiovani/modules/ellegi/) nach jugendsprachlichen Ausdrücken und überprüfen Sie deren Vitalität anhand einer Internetrecherche.

5) Suchen Sie in der italienischen Tagespresse nach Berichten über Ministerinnen und überprüfen Sie die Berufsbezeichnungen.

12. Lexikographie

12.1. Untersuchungsgegenstand der Lexikographie

Die Lexikographie (it. *lessicografia*) beschäftigt sich sowohl mit dem Erstellen von Wörterbüchern als auch mit der Geschichte, der Beschreibung und Klassifizierung derselben (Metalexikographie – it. *metalessicografia*) (vgl. Massariello Merzagora 1983). Die Aufgaben der modernen Lexikographie bestehen nach Schlaefer (2002, 74) u.a. in der Förderung des exakten Sprachgebrauchs, der Sprachkenntnisse nicht muttersprachlicher Sprecher, der Sprachkultur sowie in der Förderung der Verständigung zwischen Experten und Laien. Man kann zwischen einer normativen und einer deskriptiven Lexikographie unterscheiden.[1] *Normative Wörterbücher* erfassen den aktuellen Wortschatz der Standardvarietät einer Sprache. Sie enthalten Angaben zur korrekten Orthographie, Bedeutung sowie zum Gebrauch der Wörter. Die *deskriptive Lexikographie* hingegen befasst sich mit der mehr oder minder neutralen Beschreibung der Objektsprache im Gebrauch der Sprecher (z.B. dem Sprachgebrauch bestimmter sozialer Gruppen oder bestimmter Regionen), wobei jedoch auch deskriptive Wörterbücher normsetzend oder normstabilisierend wirken können. Die *Metalexikographie*, d.h. die wissenschaftliche Wörterbuchforschung, die sich im Laufe der 1970er-Jahre als linguistische Teildisziplinen etabliert hat, umfasst insgesamt vier Forschungsgebiete, und zwar die Status- und Benutzungsforschung, die Geschichte der Lexikographie, die Wörterbuchkritik sowie die Theorie der Lexikographie.

> Zum Handwerkszeug der metalexikographischen Theorie gehören folgende begriffliche Einheiten:
>
> – *Lemma* (it. *lemma*): das Stichwort eines Wörterbuchartikels. In der Regel handelt es sich um die Grundform einer lexikalischen Einheit, d.h. die Infinitivform bei Verben, den Singular bei Substantiven, die maskuline Singularform bei Adjektiven etc.
>
> – *Makrostruktur* (it. *macrostruttura*): die Hauptorganisationsebene des Artikelteils eines Wörterbuchs (normalalphabetisch, rückläufig, Anordnung nach Sachgruppen etc.).
>
> – *Mikrostruktur* (it. *microstruttura*): die systematische Binnenstruktur eines Wörterbuchartikels (Anordnung der Informationen nach dem Lemma).

Wörterbücher können nach inhaltlichen oder formalen Aspekten typologisch klassifiziert werden. Die inhaltlichen Aspekte umfassen lemmatyporientierte Spezialwörterbücher, die jeweils nur einen ausgewählten Teil des Wortschatzes verzeichnen (z.B. Neologismenwörterbücher und Fremdwörterbücher), informationstyporientierte Wörterbücher mit Einschränkungen im Informationsprogramm (1. syntaktisch: Valenzwörterbücher

---

[1] Die Anfänge der ersten Kategorie reichen bis ins 16. Jahrhundert zurück. Ihre Institutionalisierung erfuhr die normative Lexikographie in Italien mit der Erstausgabe des *Crusca*-Wörterbuchs (1612).

und Kollokationswörterbücher; 2. inhaltsparadigmatisch: Synonym- und Bildwörterbücher; 3. ausdrucksparadigmatisch: Aussprache- und Reimwörterbücher; 4. informationstyporientiert: etymologische Wörterbücher; 5. benutzergruppenorientiert: Schulwörterbücher, Reisewörterbücher; 6. sprachvarietätenorientiert: Dialektwörterbücher und Fachwörterbücher; 7. textbezogen: Autorenwörterbücher). Unter formalen Gesichtspunkten können wir in der modernen Lexikographie zwischen gedruckten und digitalisierten Wörterbüchern unterscheiden. Bei den gedruckten Wörterbüchern gibt es Unterschiede im Bereich des Umfangs (Taschenwörterbücher, Handwörterbücher etc.).

12.2. Geschichtlicher Überblick: Vom Glossar zum digitalen Wörterbuch

12.2.1. Die Anfänge der italoromanischen Lexikographie: Die Glossare des Mittelalters und der frühen Neuzeit

Das älteste erhaltene italoromanische Glossar (*Glossario di Monza*) stammt aus dem späten 9. oder dem frühen 10. Jahrhundert. Es handelt sich um eine Liste von insgesamt 66 norditaloromanischen Wörtern mit byzantinischer Entsprechung. Alle späteren Glossare wurden zu den Sprachenpaaren Latein – lokales/regionales *volgare* oder lokales/regionales *volgare* – Latein verfasst. Sie dienten vor allem als Lernhilfen für Lateinschüler. In Oberitalien sind einige lateinisch-lombardische Glossare entstanden, deren Autoren nur teilweise bekannt sind, wie z.B. Gasparino Barzizza (ca. 1360–1431) mit seinem *Vocabularium breve*, Bartolomeo Sachella, Hofdichter am Hofe Filippo Maria Viscontis, und Maestro Jacopo di Calcinia. Aus der Toskana sind Leonardo da Vincis und Luigi Pulcis Wortlisten überliefert. Aus Mittelitalien stammen die lateinisch-dialektalen Glossare von Goro d'Arezzo (Mitte 14. Jahrhundert), Cantalicio, Ser Jacopo Ursello da Roccantica (1497) sowie Cristiano da Camerino (15. Jahrhundert). Senisio verfasste 1348 ein lateinisch-sizilianisches Glossar. Außer lateinisch-volkssprachlichen Wortlisten sind aus dem 15. und 16. Jahrhundert auch volkssprachlich-lateinische erhalten, z.B. Fra Giovanni Bernardo Savoneses 1479 entstandener *Vocabulista ecclesiastico latino-volgare* (lateinisch – oberitalienisch), das *Vocabolarium breve magistri Gasparini Pergomensis* (lateinisch – bergamaskisch) oder Nicodemo Tranchedinos toskanisch-lateinisches Glossar *De duplici copia verborum*, das zwischen 1470 und 1475 niedergeschrieben worden ist (vgl. Michel 2005, 316f.).

12.2.2. Die ersten gedruckten Wörterbücher

12.2.2.1. Das Sprachenpaar Latein – lokales/regionales *volgare* bzw. lokales/regionales *volgare* – Latein

Der aus Agrigent stammende Nicola Valla veröffentlichte 1500 in Florenz ein sizilianisch-lateinisches Wörterbuch unter dem Titel *Vallilium*, das 1522 in Venedig als *Vocabularium vulgare cum latino apposito* eine zweite Auflage erlebte. In Neapel erschien 1511 Scoppas neapolitanisch-lateinisches *Spicilegium*. Ein umfassendes sizilianisch-lateinisches Wörterbuch verfasste der aus Andalusien stammende Geistliche Lucio Cristoforo Escobar (it. Scobar) auf der Grundlage des spanisch-lateinischen Wörterbuchs seines Lehrers Nebrija (der 1492 in Spanien ein wichtiges sp.-lat. und lat.-sp. Wörterbuch publiziert hatte). Es erschien 1519 in Venedig unter dem Titel *Vocabularium Nebrissense ex Siciliensi sermone in latinum*. Ein Jahr später erschien eine dreisprachige Fassung unter Einbeziehung des Spanischen. Für Lateinschüler konzipierte Michele Vopisco im Jahre 1564 sein piemontesisch-lateinisches *Prontuarium* (vgl. Michel 2005, 318).

12.2.2.2. Das Sprachenpaar Italienisch/Toskanisch – moderne europäische Sprache(n)

Im 16. Jahrhundert entstanden die ersten zwei- und mehrsprachigen Wörterbücher, die der interlingualen und interkulturellen Kommunikation auf internationaler Ebene dienen sollten. Cristobal de las Casas brachte 1570 in Sevilla sein *Vocabulario de las dos lenguas toscana y castellana* heraus. Giovanni Antonio Fenice gab 1584 in Paris sein *Dictionnaire françois et italien* heraus, das mehrere Neuauflagen und Überarbeitungen erlebte. Ebenfalls in Paris erschien 1598 Pietro Canals *Dictionnaire françois et italien*. Gabriel Pannonius publizierte in Lyon 1578 ein *Petit Vocabulaire en langue françoise et italienne*. Fünf Jahre später erschien ein *Vocabulaire de la langue françoise et italienne* eines unbekannten Verfassers. Im Jahre 1598 veröffentlichte John Florio in London das italienisch-englische Wörterbuch *A Worlde of Words*. Die zweite Ausgabe erschien 1611 unter dem Titel *Queen Anna's new World of Words*. Das erste gedruckte deutsch-italienische Wörterbuch (*Dictionarium Teutsch-Italiänisch und Italiänisch-Teutsch*, 1605) stammt aus der Feder des flämischen Sprachmeisters Levinus Hulsius (Levin van Hulsen) (vgl. Michel 2005, 485ff.).

12.2.2.3. Die einsprachige Lexikographie des Italienischen im Zusammenhang mit der Festigung des Trecento-Modells bis zum *Crusca*-Wörterbuch

Im Laufe des 16. Jahrhunderts erschienen die Vorläufer einsprachiger Wörterbücher, in denen der aus vorbildlichen toskanischen Autoren exzerpierte Wortschatz aufgelistet wurde. 1536 wurde in Neapel Fabricio Lunas *Vocabulario di cinquemila Vocabuli Toschi* herausgegeben. Alberto Acarisio veröffentlichte 1543 die erste Ausgabe seines Werks *Vocabolario, Grammatica, et Orthografia della lingua volgare*. Im selben Jahr brachte Francesco Alunno *Le ricchezze della lingua volgare sopra il Boccaccio* heraus. Im frühen 17. Jahrhundert etablierten sich in Italien normative einsprachige Wörterbücher auf der Grundlage vorbildlicher toskanischer Autoren des Trecento. Giacomo Pergaminis Wörterbuch *Memoriale della lingua volgare* erschien 1601 in erster Auflage.

12.2.2.4. Das *Vocabolario degli Accademici della Crusca* als Vorbild für die ein- und mehrsprachige Lexikographie in Europa (17. und 18. Jahrhundert)

Einen Meilenstein der normativen Lexikographie stellte das von der *Accademia della Crusca* herausgegebene *Vocabolario* dar, das 1612 in erster Auflage in Venedig erschien. Weitere Ausgaben kamen 1623, 1691 und 1729–1738 heraus. Die Einträge zeigen in der Regel folgende Makro- und Mikrostruktur: Die Lemmata sind in alphabetischer Reihenfolge angeordnet (= Makrostruktur). Dem Lemma (mit Majuskeln) folgen eine Definition, ein lateinisches Äquivalent (in Kursivdruck) sowie Belege bei vorbildlichen Autoren (= Mikrostruktur):

> FRATELLO. Nome correlativo di maschio, tra li nati d'un medesimo padre, e d'una medesima madre. Lat. *frater*. Bocc. n. 68. 12. Li fratelli della donna, che eran tre. Petr. c. 2. Padre m'era in onore, in amor figlio, Fratel negli anni. Dan. Inf. c. 32. Le teste de' fratei miseri lassi. Qui val, compagni.
>
> [...]
>
> SORELLA. Nome correlativo di femmina, tra li nati d'un medesimo padre, e d'una medesima madre. Latin. *soror*. Bocc. nov. 45. 16. Mandò per la madre di lei, e per altre sue parenti, e per le sorelle, e per li fratelli. Petr. canz. 34. 5. S'io l' dissi mai non veggiam gli occhi miei Sol chiaro, o sua sorella. Dant. Parad. 3. Io fui nel Mondo Vergine sorella [cioè suora, in significato di monaca] E Infer. 24. Quando la brina, in su la Terra assempra L' immagine di sua sorella bianca.[2]

Bis zur vorläufigen Auflösung der *Accademia della Crusca* im Jahre 1783 war das *Vocabolario degli accademici della Crusca* Vorbild und eine wichtige Quelle für die mehrsprachige Lexikographie, z.B. in Bezug auf das Sprachenpaar Italienisch –

---

[2] Zit nach der digitalisierten Fassung der Erstausgabe der *Accademia della Crusca* (http://vocabolario.signum.sns.it/_s_index2.html).

Deutsch.³ Während die *Crusca* mit ihrem Wörterbuch im 18. Jahrhundert im Ausland weiterhin hohes Ansehen genoss, geriet sie in Italien zunehmend in die Kritik. Insbesondere im Zeitalter der Aufklärung wurde das strikte Festhalten am Trecento-Modell und die Feindlichkeit gegenüber innovativen lexikalischen Elementen kritisiert (z.B. durch die Gebrüder Verri in der Zeitung *Il Caffè*). Nachdem der französische Kaiser Napoleon Bonaparte während seiner Herrschaft über weite Teile Italiens die altehrwürdige Institution 1811 wiederhergestellt hatte, bereiteten die Akademiemitglieder die fünfte Ausgabe des Wörterbuchs vor, die allerdings nicht mehr zum Abschluss gebracht wurde. Andere mehrbändige Wörterbücher rückten im 19. Jahrhundert an die Stelle des Akademiewörterbuchs.

12.2.2.5. Die einsprachigen Wörterbücher des 19. Jahrhunderts (Auswahl)

Die *Accademia della Crusca* hatte zwar 1812 ihre Tätigkeit wieder aufgenommen, doch an der Lexikographie jener Zeit hatte sie keinen wesentlichen Anteil mehr. In der zweiten Hälfte des 19. Jahrhunderts rückte – nach den Reformvorschlägen Alessandro Manzonis – die lebendige Sprache immer mehr in den Blickwinkel der Lexikographen.

Neue Maßstäbe setzte zunächst Francesco Alberti di Villanova mit seinem sechsbändigen *Dizionario universale critico enciclopedico della lingua italiana* (1797–1805), in dem auch der immer mehr an Bedeutung gewinnende Fachwortschatz ausreichend berücksichtigt wurde. Zwischen 1829 und 1840 publizierte die *Società tipografica Tramater e C.* in Neapel das siebenbändige *Vocabolario universale italiano*. Das wohl wichtigste einsprachige italienische Wörterbuch des späten 19. Jahrhunderts, das *Dizionario della lingua italiana* (1861–1874), stammt von Niccolò Tommaseo und Bernardo Bellini. Das rund 120.000 Lemmata umfassende Werk dokumentiert zum einen die Sprache der literarischen Tradition des Trecento, zum anderen aber auch die Literatursprache des 19. Jahrhunderts. Ausführliche Berücksichtigung finden darüber hinaus die wissenschaftliche und technische Terminologie und die gesprochene Gegenwartssprache des Toskanischen bzw. Florentinischen, die durch eine äußerst umfangreiche Phraseologie belegt wird.⁴ Pietro Fanfani publizierte 1855 in Florenz das *Vocabolario della lingua italiana*, welches sich an italienische Schüler richtete und di-

---

³ Der Sprachmeister Niccolò di Castelli, der erste italienische Autor eines italienisch-deutschen Wörterbuchs (*Le tre fontane*, ¹1700), beruft sich im Vorwort explizit auf die normative Autorität des *Crusca*-Wörterbuchs: „Die Italiänischen *Vocabula* sind nicht mein oder von mir erdacht, sondern genommen aus dem höchst berühmten *Vocabulario della Crusca*, indem die Academie DELLA CRVSCA, wie bekannt, diejenige hochberühmte Universität zu Florentz ist, welche in gantz Italien der rechte eigene und gleichsam mütterliche Sitz der guten und ächten Italiänischen Sprache ist, ja welche gleichsam dieser gantzen Sprache ihre rechte Norm und Form giebet."

⁴ 2004 ist eine Ausgabe dieses Werks mit CD-ROM erschienen.

daktische Ziele verfolgte. Zusammen mit Giuseppe Rigutini brachte Fanfani 1875 ebenfalls in Florenz ein *Vocabolario italiano della lingua parlata* heraus, dessen Programmatik bereits im Titel verkündet wird. Am Sprachmodell Alessando Manzonis – der im Zeitalter des *Risorgimento* das Trecento-dominierte Italienische mithilfe des modernen Florentinischen der gebildeten Schichten modernisieren wollte – orientiert sich das vom italienischen Bildungsministerium herausgegebene *Novo vocabolario della lingua italiana secondo l'uso di Firenze* (1870–1897). So zeigt bspw. die Form *novo* (statt *nuovo*) unmissverständlich die Orientierung am zeitgenössischen Florentiner Dialekt.[5] Policarpo Petrocchis *Novo dizionario universale della lingua italiana* (1894) richtet sich ebenfalls nach dem modernen Florentinischen.

12.2.2.6. Die einsprachigen Wörterbücher des 20. und 21. Jahrhunderts (Auswahl)

Die Grenzen zwischen historischen und gegenwartsbezogenen Wörterbüchern sind in Bezug auf das Italienische häufig fließend, da neben dem Wortschatz des traditionellen literarischen Kanons auch geläufige Neologismen aufgenommen wurden.

Im Jahre 1905 erschien Alfredo Panzinis *Dizionario moderno. Supplemento ai dizionari italiani*, in dem zahlreiche Neologismen aufgenommen worden sind.[6] Es erlebte zahlreiche Neuauflagen bis in die 1920er-Jahre. Das am weitesten verbreitete einsprachige Wörterbuch des 20. sowie des beginnenden 21. Jahrhunderts ist zweifelsohne der ZINGARELLI. Dieses Wörterbuch geht auf das 1922 erstmals erschienene *Vocabolario della lingua italiana* des Literaturprofessors Nicola Zingarelli (1860–1935) zurück. Im Jahre 1935 erschien die letzte vom Autor persönlich betreute Ausgabe. Seit 1941 wird das Werk vom Zanichelli-Verlag in Bologna herausgegeben. Es enthält sowohl archaischen Wortschatz der italienischen Literatur als auch Neologismen, die in den vergangenen Jahren über Presse, Rundfunk und Fernsehen Verbreitung gefunden haben. Seit 1993 gibt es eine jährliche Aktualisierung des Wörterbuchs, das mittlerweile durch CD-Rom ergänzt wird und im Abonnement auch als Onlineausgabe konsultiert werden kann. Auch andere einsprachige Wörterbücher des Italienischen entstammen der Feder namhafter Philologen, so z.B. *Il Devoto-Oli 2010 – Vocabolario della lingua italiana*, das von Luca Serianni und Maurizio Trifone herausgegeben wird. Das von den Linguisten Giacomo Devoto und Gian Carlo Oli erstellte Werk erschien erstmals 1971. Eine *editio minor* ist 2008 unter dem Titel *DCC. Devoto Oli compatto. Dizionario fondamentale della lingua italiana con CD-ROM* erschienen. Das Wörterbuch *Italiano clic. Dizionario interattivo Garzanti della lingua italiana* (2003) ist ebenfalls mit einer CD-ROM ausgestattet. Tullio De Mauro veröffentlichte 2000 sein *Dizionario della*

---

[5] Die monophthongierten Formen werden von Ascoli im „Proemio" des *Archivio glottologico italiano* heftig kritisiert (vgl. Grassi 1975, 6–10).

[6] Vgl. hierzu Adamo/Della Valle (2006).

lingua italiana per il terzo millenio und 2003 das *Grande dizionario dell'uso*. Raffaele Simones *Grande dizionario analogico della lingua italiana* (2010) ist eine CD-ROM beigefügt. Das bislang umfangreichste historische Wörterbuch des Italienischen, das insgesamt 24 Bände umfassende *Grande dizionario della lingua italiana* (1961–2002), geht auf Salvatore Battaglia (1904–1971) zurück.

Literaturhinweise

Adamo (2003); Cortelazzo (^{2}1989); De Mauro (2006; 2007); Engelberg/Lemnitzer (^{2}2004); Ferrario/Pulcini (2002); Herbst/Klotz (2003); Lurati (1990); Marello (1989); Massariello Merzagora (1983); Migliorini (1961); Mormile (1993); Mucciante/Telmon (1997); Pfister (1990); Schlaefer (2002); Schmid/Aresca (1990); Zolli (1991).

Aufgaben

1) Lesen Sie den Artikel von Pfister (1990) zur Geschichte der italienischen Lexikographie.

2) Lesen Sie die Monographie von Massariello Merzagora (1983) sowie in Schlaefer (2002) das dritte Kapitel „Lexikographie".

3) Suchen Sie in Ihrer Universitätsbibliothek oder im Internet (*Google Bücher*) nach einem Exemplar von Pergaminis *Memoriale* sowie nach einer Ausgabe des *Vocabolario degli Accademici della Crusca*.

   a) Machen Sie sich mit der Makro- und Mikrostruktur dieser beiden Werke vertraut.

   b) Lesen Sie außerdem die programmatischen Vorwörter.

   c) Suchen Sie Unterschiede und Übereinstimmungen in Bezug auf moderne Wörterbücher des Italienischen.

4) Konsultieren Sie in der *Biblioteca virtuale* (*Accademia della Crusca*) oder in ihrer Seminar- bzw. Universitätsbibliothek das *Novo vocabolario della lingua italiana secondo l'uso di Firenze*, von dem auch eine Reprintausgabe existiert.

   a) Lesen Sie das Vorwort und suchen Sie die Einträge zu folgenden Wörtern: *anello*, *ditale*, *egli*, *fuoco* und *uomo*.

   b) Welche Unterschiede bestehen zwischen den Angaben des *Novo Vocabolario* und dem heutigen Italienischen?

   c) Wie lassen sich die Unterschiede erklären?

Bibliographie (Auswahl)

Adamo, Giovanni/Della Valle, Valeria (Hrsg.): *Che fine fanno I neologismi? A cento anni dalla pubblicazione del Dizionario modern di Alfredo Panzini*. Firenze 2006.
Adamo, Giovanni: *Neologismi quotidiani. Un dizionario a cavallo del milennio, 1998–2003*. Firenze 2003.
Aebischer, Verena: *Il linguaggio delle donne. Rappresentazioni sociali di una differenza*. Roma 1988.
Ágel, Vilmos: *Valenztheorie*. Tübingen 2000.
Alberti, Leon Battista: *Grammatichetta e altri scritti sul volgare*. A cura di Giuseppe Patota. Roma 1996.
Alberti, Leon Battista: *La prima grammatica della lingua volgare. La grammatichetta vaticana. Cod. vat. reg. lat. 1370*. A cura di Cecil Grayson. Bologna 1964.
Albinati, Edoardo: *Sintassi italiana*. Parma 2002.
Albrecht, Jörn: „Italienische Grammatikographie im Deutschland des 18. und in der ersten Hälfte des 19. Jahrhunderts". In: Stammerjohann (1997, 205–221).
Albrecht, Jörn: *Europäischer Strukturalismus. Ein forschungsgeschichtlicher Überblick*. Tübingen/Basel [2]2000.
Alston, William: *Illocutionary Acts and Sentence Meaning*. Ithaca/London 2000.
Ambrogio, Renzo/Casalegno, Giovanni: *Scrostati Gaggio! Dizionario storico dei linguaggi giovanili*. Torino 2004.
Andorno, Cecilia: *Linguistica testuale. Un'introduzione*. Roma 2003.
Apel, Karl-Otto: *Die Idee der Sprache. In der Tradition des Humanismus von Dante bis Vico*. Bonn [3]1980.
Austin, John L.: *Come fare cose con le parole*. Genova 1974.
Austin, John L.: *How to Do Things with Words*. Cambridge (Mass.) 1962.
Austin, John L.: *Zur Theorie der Sprechakte*. Stuttgart 1972.
Baggio, Serenella: „Un'ipotesi sintattica per l'*Indovinello veronese*". In: *Rivista italiana di dialettologia* 16 (1992), 9-18.
Banfi, Emanuele/Hipp, Sabine: „Analisi comparata di corpora di linguaggio giovanile italiano e Tedesco". In: *Le lingue speciali. Atti del Convegno di studi, Università di Macerata 17–19 ottobre 1994*. A cura di Ruggero Morresi. Roma 1998, 23–44.
Banfi, Emanuele/Sobrero, Alberto A. (Hrsg.): *Il linguaggio giovanile degli anni Novanta. Regole, invenzioni, gioco*. Bari 1992.
Banfi, Emanuele: „Linguaggio dei giovani", „linguaggio giovanile" e „italiano dei giovani". In: *Come parlano gli italiani*. A cura di Tullio De Mauro. Firenze 1994, 149–156.
Banfi, Emanuele: „Un libro recente sul linguaggio giovanile". In: *Rivista Italiana di Dialettologia* 12 (1988), 203–207.
Bazzanella, Carla: *La sociolinguistica in classe. Problemi e ricerche nella scuola media dell'obbligo*. Roma 1980.
Beccaria, Gian Luigi/Del Popolo, Concetto/Marazzini, Claudio: *L'taliano letterario. Profilo storico*. Torino 1989.
Beccaria, Gian Luigi: *Italiano. Antico e Nuovo*. Milano, Neuauflage 1992.
Bechert, Johannes/Wildgen, Wolfgang: *Einführung in die Sprachkontaktforschung*. Darmstadt 1991.
Becker, Norbert/Lüdersen, Caroline: *Wandlungen des Italienischunterrichts. Vorschläge für die Praxis*. Bamberg 2004.

Benicà, Paola: *Piccola storia ragionata della dialettologia italiana*. Padova 1996.
Berruto, Gaetano: „Varietà diamesiche, diastratiche, diafasiche". In: Sobrero, Alberto A. (Hrsg.): *Introduzione all'italiano contemporaneo. La variazione e gli usi*. Roma/Bari 1993, 37-92.
Berruto, Gaetano: *Fondamenti di sociolinguistica*. Roma/Bari ^{2}1997 (^{1}1995).
Berruto, Gaetano: *La semantica*. Bologna 1976.
Berruto, Gaetano: *Lezioni di sociolinguistica e di linguistica applicata*. Napoli 1977.
Berruto, Gaetano: *Prima lezione di sociolinguistica*, Roma/Bari 2005.
Berruto, Gaetano: *Sociolinguistica dell'italiano contemporaneo*. Roma 2002.
Bertinetto, Pier Marco: *Strutture prosodiche dell'italiano*. Firenze 1981.
Biancardi, Franco: *I nuovi termini. Con le più attuali locuzioni ed i più diffusi vocaboli stranieri con la relative pronuncia*. Casalnuovo di Napoli 2001.
Blank, Andreas: *Einführung in die lexikalische Semantik für Romanisten*. Tübingen 2001.
Blasco Ferrer, Eduardo: *Handbuch der italienischen Sprachwissenschaft*. Berlin 1994.
Blasco Ferrer, Eduardo: *Italiano e tedesco. Un confronto linguistico*. Torino 1999.
Boer, Minne G. de/Scalise, Sergio: „Problemi di morfologia generativa". In: *Lingua e Stile* 13 (1978), Heft 4, 551–571.
Bolognesi, Roberto: „Il sardo tra isolamento e contatto: una rianalisi di alcuni stereotipi". In: *Ianua* 2 (2001), 1–47.
Borgato, Gianluigi (Hrsg.): *Teoria del linguaggio e analisi linguistica: 20. Incontro di grammatica generativa*. Padova 1994.
Borgato, Gianluigi: *Introduzione alla grammatica generativa*. Padova 1983.
Boström, Ingemar: *La morfosintassi dei pronomi personali soggetti della terza persona in italiano e in fiorentino. Contributo allo studio storico dei rapporti fra l'italiano standard e la varietà fiorentina*. Stockholm 1972.
Bottari, Piero: *Realizzazioni categoriali della proposizione dipendente*. Padova 1996.
Brinker, Klaus/Antos, Gerd/Heinemann, Wolfgang: *Text- und Gesprächslinguistik. Ein internationales Handbuch zeitgenössischer Forschung*, Berlin (u.a.) 2000.
Brinker, Klaus/Sager, Sven: *Linguistische Gesprächsanalyse. Eine Einführung*. Berlin 2001.
Brinker, Klaus: *Linguistische Textanalyse. Eine Einführung in Grundbegriffe und Methoden*. Berlin ^{4}1997.
Bruni, Francesco (Hrsg.): *L'italiano nelle regioni*. 2 Bde. (1. Bd. *Lingua nazionale e identità regionali*; 2. Bd. *Testi e documenti*). Torino 1992–1994.
Bruni, Francesco (Hrsg.): *Storia della lingua italiana*. Bologna 1989ff.
Bruni, Francesco: *L'italiano. Elementi della lingua e della cultura*. Torino 1984, 287–332.
Bühler, Karl: *Sprachtheorie. Die Darstellungsfunktion der Sprache*. Stuttgart 1982 (Erstausgabe 1934).
Canepari, Luciano: *Introduzione alla fonetica*. Torino ^{6}1990 (^{1}1979).
Canepari, Luciano: *Italiano standard e pronunce regionali*. Padova ^{2}1983 (^{1}1980).
Canepari, Luciano: *Manuale di pronuncia italiana*. Bologna 1992.
Cardona, Giorgio Raimondo: *Introduzione alla sociolinguistica*. Torino 1987.
Casadei, Federica: *Lessico e semantica*. Roma 2003.
Casapullo, Rosa: *Storia della lingua italiana. Il Medioevo*. Bologna 1999.
Castagnotto, Ugo: *Introduzione alla semantica*. Torino 1971.
Castellani, Arrigo: *I più antichi testi italiani. Edizione e commento*. Seconda edizione riveduta. Bologna 1976 (^{1}1973).
Cecchetto, Carlo: *Grammatica e sintassi della forma logica*. Padova 1996.
Chierchia, Gennaro: *Semantica*. Bologna 1997.
Chomsky, Noam/Halle, Morris: *The sound pattern of English*. New York 1968.

Cinque, Guglielmo: *Studi di sintassi e pragmatica*. Padova 1979.
Coco, Francesco: *Introduzione allo studio della dialettologia italiana*. Bologna 1977.
Coletti, Vittorio: *Storia dell'italiano letterario. Dalle origini al Novecento*. Torino 1993.
Conte, Maria-Elisabeth (Hrsg.): *La linguistica testuale*. Milano 1977.
Conte, Maria-Elisabeth: *Condizioni di coerenza. Ricerche di linguistica testuale*. Firenze 1988.
Contributions to the thirtieth Incontro di grammatica generativa: Venice, February 26–28, 2004, edited by Laura Brugé (et al.) Venezia 2005.
Cook, Vivian J.: *La grammatica universale: introduzione a Chomsky*. Ed. italiana a cura di Andrea Moro. Bologna 1990.
Cortelazzo, Manlio: „Gliederung der Sprachräume". In: *LRL IV* (1988), 445–453.
Cortelazzo, Manlio: *Avviamento critico allo studio della dialettologia italiana. 1. Problemi e metodi*. Pisa 1969.
Cortelazzo, Manlio: *Dizionario di parole nuove, 1964–1986*. Milano ^{2}1989.
Cortelazzo, Manlio: *I dialetti e la dialettologia in Italia (fino al 1800)*. Tübingen 1980.
Coseriu, Eugenio: *Geschichte der Sprachphilosophie. Von den Anfängen bis Rousseau*. Neu bearbeitet und erweitert von Jörn Albrecht. Mit einer Vor-Bemerkung von Jürgen Trabant. Tübingen/Basel 2003.
Coseriu, Eugenio: *Probleme der strukturellen Semantik*. Tübingen 1975.
Costabile, Norma: *La flessione in italiano*. Roma 1973.
Costamagna, Lidia: „La pronuncia dell'italiano per studenti tedescofoni". In: Becker/Lüdersen (2004, 110–125).
Coveri, Lorenzo/Benucci, Antonella/Diadori, Pierangela: *Le varietà dell'italiano. Manuale di sociolinguistica italiana, con documenti e verifiche*. Roma 1998.
Cresti, Arianna: *Passivo e dislocazione a sinistra. Occorenza e funzioni nel parlato e nello scritto*. Tesi di dottorato. Firenze 1997.
D'Agostino, Mari/Sottile, Roberto: „L'Atlante Linguistico della Sicilia 20 anni dopo. Stato dell'arte e modelli di analisi dei dati". In: *Italienisch* 64 (2010), 45–58.
D'Agostino, Mari: *Sociolinguistica dell'Italia contemporanea*. Bologna 2007.
Dardano, Maurizio/Trifone, Pietro: *La nuova grammatica della lingua italiana*. Bologna 1997.
Dardano, Maurizio: *Costruire le parole. La morfologia derivative dell'italiano*. Bologna 2009.
Dardano, Maurizio: *La formazione delle parole nell'italiano di oggi*. Roma 1978.
Dardano, Maurizio: *Manualetto di linguistica italiana*. Bologna 1996.
De Angelis, Alessandro: „Le dita separate: un'ipotesi lessicale e una sintattica per *l'Indovinello veronese*". In: *Zeitschrift für Romanische Philologie* 119 (2003), 107-133.
De Beaugrande, Robert-Alain/Dressler, Wolfgang Ulrich: *Einführung in die Textlinguistik*. Tübingen 1981.
De Beaugrande, Robert-Alain/Dressler, Wolfgang Ulrich: *Introduzione alla linguistica testuale*. Bologna 1984.
De Mauro, Tullio/Lodi, Mario: *Lingua e dialetti*. Nuova edizione. Roma 1993.
De Mauro, Tullio: *Dizionario di parole del futuro*. Roma/Bari 2006.
De Mauro, Tullio: *Introduzione alla semantica*. Roma/Bari 1970.
De Mauro, Tullio: *Nuove parole dell'uso*. Torino 2007.
De Mauro, Tullio: *Storia linguistica dell'Italia unita*. Bari 1963 (zahlreiche Neuauflagen).
Demaria, Cristina/Fedriga, Riccardo: *Il paratesto*. Milano 2001.
Devoto, Giacomo/Giacomelli, Gabriella: *I dialetti delle regioni d'Italia*. Milano 1994.
Devoto, Giacomo: *Lezioni di sintassi prestrutturale*. Firenze 1974.
Di Domenico, Elisa: *Per una teoria del genere grammaticale*. Padova 1997.
Dittmar, Norbert: *Grundlagen der Soziolinguistik – Ein Arbeitsbuch mit Aufgaben*. Tübingen 1997.

Dittmar, Norbert: *Manuale di sociolinguistica*. Roma/Bari 1978.
Donati, Caterina: *La sintassi della comparazione*. Padova 2000.
Donati, Caterina: *La sintassi. Regole e strutture*. Bologna 2008.
Drigo, Marina: „Morfologia e sottocategorizzazione". In: *Lingua e Stile* 17 (1982), Heft 4, 527–546.
Durante, Marcello: *Dal latino all'italiano moderno*. Bologna 1981.
Dürscheid, Christa: *Syntax. Grundlagen und Theorien*. Göttingen ^{4}2007.
Eco, Umberto: *Semiotica e filosofia del linguaggio*. Torino 1984/1996.
Elia, A./Martinelli, M./D'Agostino, E.: *Lessico e strutture sintattiche. Introduzione alla sintassi del verbo italiano*. Napoli 1981.
Elwert, Wilhelm Theodor: *Die romanischen Sprachen und Literaturen*. München 1979.
Engelberg, Stefan/Lemnitzer, Lothar: *Lexikographie und Wörterbuchbenutzung*. Tübingen ^{2}2004
Ernst, Peter: *Pragmalinguistik. Grundlagen, Methoden, Probleme*. Berlin/New York 2002.
Ferrario, Elena/Pulcini, Virginia (Hrsg.): *La lessicografia bilingue tra presente e avvenire. Atti del Convegno, Vercelli, 4–5 maggio 2000*. Vercelli 2002.
Fornaciari, Raffaello: *Sintassi italiana dell'uso moderno*. Presentazione di Giovanni Nencioni. Firenze 1974.
Fortunio, Giovan Francesco: *Regole grammaticali della volgar lingua*. Rist. anast. Sala Bolognese 1979.
Frings, Michael: *Mehrsprachigkeit und Romanische Sprachwissenschaft an Gymnasien? Eine Studie zum modernen Französisch-, Italienisch- und Spanischunterricht*. Stuttgart 2006.
Gabriel, Christoph/Meisenburg, Trudel: *Romanische Sprachwissenschaft*. Paderborn 2007.
Gabriel, Christoph/Müller: *Grundlagen der generativen Syntax. Französisch, Italienisch, Spanisch*. Tübingen 2008.
Galli de' Paratesi, Nora: *Lingua toscana in bocca ambrosiana. Tendenze verso l'italiano standard: un'inchiesta sociolinguistica*. Bologna 1984.
Gambarara, Daniele (Hrsg.): *Semantica. Teorie, tendenze e problemi contemporanei*. Roma 1999.
Gansel, Christina/Jürgens, Frank: *Textlinguistik und Textgrammatik. Eine Einführung*. Wiesbaden 2002.
Garavelli Mortara, Bice: *Aspetti e problemi della linguistica testuale. Introduzione a una ricerca applicativa. Corso di linguistica applicata. Anno accademico 1973–74*. Con una appendice di Carla Marello. Torino 1974.
Garfinkel, Harold: *Studies in Ethnomethodology*. Englewood Cliffs/NJ 1967.
Garigliano, Paolo: *Sintassi della lingua italiana*. Catania 2002.
Gauger, Hans-Martin/Oesterreicher, Wulf/Windisch, Rudolf: *Einführung in die romanische Sprachwissenschaft*. Darmstadt 1981.
Gazzetta di Weimar. Ristampa anastatica della rivista settimanale del 1787–1789. Faksimile der 1787–1789 erschienenen Wochenschrift. Herausgegeben und eingeleitet von Harro Stammerjohann. Tübingen 1999.
Genette, Gérard: *Paratexte. Das Buch vom Beiwerk des Buches*. Frankfurt am Main 1992.
Genette, Gérard: *Seuils*. Paris 1987.
Genette, Gérard: *Soglie. I dintorni del testo*. Torino 1989.
Genot, Gérard: *Grammatica trasformazionale dell'italiano*. Napoli 1978.
Giannelli, Luciano: *Toscana*. Nuova edizione aggiornata. Pisa 2000 (^{1}1976).
Giannini, Stefania/Scaglione, Stefania (Hrsg.): *Introduzione alla sociolinguistica*. Roma 2003.
Giglioli, Pier Paolo/Fele, Giolo (Hrsg.): *Linguaggio e contesto sociale*. Bologna 2000.
Giovanardi, Claudio (Hrsg.): *Lessico e formazione delle parole. Studi offerti a Maurizio Dardano per il suo 70. Compleanno*. Firenze 2005.
Giustiniani, Vito R.: *Adam von Rottweil. Deutsch-Italienischer Sprachführer*. Tübingen 1987.

Goebl, Hans: „Dialektometrische Beschreibung der Romania". In: *LRL VII* (1998), 977–1003.
Goebl, Hans: *Dialektometrie. Prinzipien und Methoden des Einsatzes der numerischen Taxonomie im Bereich der Dialektgeographie.* Wien 1982.
Goebl, Hans: *Dialektometrische Studien anhand italoromanischer, rätoromanischer und galloromanischer Sprachmaterialien aus AIS und ALF.* Bd.1 (Bd. 2 und 3 enthalten Karten und Tabellen). Tübingen 1984.
Goldsmith, John: *Autosegmental phonology.* New York/London 1979.
Gorini, Umberto: *Storia dei manuali per l'apprendimento dell'italianoin Germanis (1500– 1950). Un'analisi linguistica e socioculturale.* Frankfurt am Main 1997.
Graffi, Giorgio/Rizzi Luigi (Hrsg.): *La sintassi generativo-trasformazionale.* Bologna 1979.
Graffi, Giorgio: *Che cos'è la grammatica generativa.* Roma 2008.
Graffi, Giorgio: *Noam Chomsky e la grammatica generativa.* Milano 1988.
Graffi, Giorgio: *Sintassi.* Bologna 1994.
Grassegger, Annelise: *Auditive Ähnlichkeits- und Kontrastbeziehungen zwischen dem deutschen und italienischen Konsonanteninventar.* Hamburg 1986.
Grassi, Corrado (Hrsg.): *Graziadio Isaia Ascoli. Scritti sulla questione della lingua.* Torino 1975.
Grassi, Corrado/Sobrero, Alberto A./Telmon, Tullio: *Fondamenti di dialettologia italiana.* Roma/Bari 1997.
Greimas, Algirdas Julien: *La semantica strutturale. Ricerca di metodo.* Milano 1969.
Greimas, Algirdas Julien: *Semantica strutturale. Ricerca di metodo.* Roma 2000.
Grice, Herbert Paul: „Logic and conversation". In: *Syntax and semantics 3. Speech acts.* Hg. von P. Cole. New York 1975, 41–58.
Grice, Herbert Paul: *Logica e Conversazione.* Bologna 1993, 55–77.
Große, Ernst Ulrich: *Texttypen. Linguistik gegenwärtiger Kommunikationsakte. Theorie und Deskription.* Stuttgart/Berlin/Köln/Mainz 1974.
Grossmann, Maria/Rainer, Franz (Hrsg.): *La formazione delle parole in italiano.* Tübingen 2004.
Grossmann, Maria/Thornton Anna M.: *La formazione delle parole. Atti del 37. Congresso internazionale di studi della Società di linguistica italiana (SLI). L'Aquila, 25–27 settembre.* Roma 2005.
Guiraud, Pierre: *La semantica.* Milano 1966.
Gülich, Elisabeth/Raible, Wolfgang: *Linguistische Textmodelle. Grundlagen und Möglichkeiten.* München 1977.
Haase, Martin: *Italienische Sprachwissenschaft.* Tübingen 2007.
Haegeman, Liliane: *Manuale di grammatica generativa. La teoria della reggenza e del legamento.* Milano 1996.
Harweg, Roland: *Pronomina und Textkonstitution.* München 1979.
Heinemann, Margot/Heinemann, Wolfgang: *Grundlagen der Textlinguistik. Interaktion – Text – Diskurs.* Tübingen 2002.
Held, Gudrun: „Italienische Pragmalinguistik – Rückblick, Einblick, Ausblick". In: *Italienisch 64* (2010), 59–82.
Henne, Helmut/Rehbock, Helmut: *Einführung in die Gesprächsanalyse.* Berlin/New York 2001.
Herbst ,Thomas/Klotz, Michael: *Lexikografie. Eine Einführung.* Paderborn 2003.
Hindelang, Götz: „Sprechakttheoretische Dialoganalyse". In: Fritz, Gerd/Hundsnurscher, Franz: *Handbuch Dialoganalyse.* Tübingen 1994, 95–112.
Hindelang, Götz: *Einführung in die Sprechakttheorie.* Tübingen 2000.
Hirdt, Willi (Hrsg.): *Romanistik. Eine Bonner Erfindung.* 2 Bände. Bonn 1993.
Hudson, Richard A.: *Sociolinguistica.* Bologna 1980.
Hymes, Dell: *Fondamenti di sociolinguistica. Un approccio etnografico.* Bologna 1980.
Jakobson, Roman/Halle, Morris: *Fundamentals of Language.* Den Haag 1956 (^{2}1971).

Janson, Tore: *Latein. Die Erfolgsgeschichte einer Sprache*. Hamburg 2006.
Jungen, Oliver/Lohnstein, Horst: *Einführung in die Grammatiktheorie*. München 2006.
Jungen, Oliver/Lohnstein, Horst: *Geschichte der Grammatiktheorie. Von Dionysius Thrax bis Noam Chomsky*. München 2007.
Keller, Rudi: *Sprachwandel*. Tübingen/Basel ³2003.
Kiesler, Reinhard: *Einführung in die Problematik des Vulgärlateins*. Tübingen 2006.
King, Robert: *Linguistica storica e grammatica generativa*. Introduzione all'ed. italiana di Sergio Scalise. Bologna 1973.
Klann-Delius, Gisela: *Sprache und Geschlecht. Eine Einführung*. Stuttgart/Weimar 2005.
Klein, Gabriella B.: *La sociolinguistica. Orientamenti della ricerca negli Stati Uniti, in Gran Bretagna e nella Repubblica federale tedesca*. Firenze 1977.
Klein, Gabriella B.: *Nozioni e strumenti di sociolinguistica*. Roma 2006.
Klein, Josef/Diekmannshenke, Hajo (Hrsg.): *Sprachstrategien und Dialogblockaden. Linguistische und politikwissenschaftliche Studien zur politischen Kommunikation*. Berlin/New York 1996.
Koch, Peter/Oesterreicher, Wulf: *Gesprochene Sprache in der Romania: Französisch, Italienisch, Spanisch*. Tübingen 1990.
Köller, Wilhelm: *Philosophie der Grammatik. Vom Sinn grammatischen Wissens*. Stuttgart 1988.
Krefeld, Thomas: „Italienisch: Periodisierung. *Periodizzazione*". In: *LRL IV* (1988), 748–762.
Krenn, Herwig: *Italienische Grammatik*. Ismaning 1996, 15–52.
La Fauci, Nunzio: *Compendio di sintassi italiana*. Bologna 2009.
Lavinio, Cristina: *Teoria e didattica dei testi*. Firenze 1990.
Leone, Alfonso: *L'italiano regionale in Sicilia. Esperienze di forme locali nella lingua comune*. Bologna 1982.
Leoni, Albano Federico/Maturi, Pietro: *Manuale di fonetica*. Roma 1995.
Lexikon der romanischen Linguistik (LRL). Bd. IV: Italienisch, Korsisch, Sardisch. Hg. von Günter Holtus/Michael Metzeltin und Christian Schmitt. Tübingen 1988.
Lexikon der romanischen Linguistik (LRL). Bd. VII: Kontakt, Migration und Kunstsprachen. Hg. von Günter Holtus/Michael Metzeltin und Christian Schmitt. Tübingen 1998.
Lichem, Klaus: *Phonetik und Phonologie des heutigen Italienisch*. Ismaning 1969.
Linke, Angelika/Nussbaumer, Markus/Portmann, Paul R.: *Studienbuch Linguistik*. 5., erweiterte Auflage. Tübingen 2004.
Lo Piparo, Franco: *Linguaggi, macchine e formalizzazione. Sugli aspetti logico-matematici della grammatica generativo-trasformazionale di Noam Chomsky*. Bologna 1974.
Löbner, Sebastian: *Semantik. Eine Einführung*. Berlin 2003.
Lombardi Vallauri, Edoardo: *La sintassi dell'informazione. Uno studio sulle frasi complesse tra latino e italiano*. Roma 1996.
Loporcaro, Michele: *Sintassi comparata dell'accordo participiale romanzo*. Torino 1998.
Luraghi, Silvia/Venier, Federica: *Esercizi di semantica, pragmatica e linguistica testuale*. Roma 2009.
Lurati, Ottavio: *La neologia negli anni 1980–1990. 3000 parole nuove*. Bologna 1990.
Lyons, John: *Manuale di semantica*. Roma/Bari 1980.
Maiden, Martin: *A Linguistic History of Italian*. London 1995.
Maiden, Martin: *Storia linguistica dell'italiano*. Bologna 1998.
Mancone, Ambrogio (Hrsg.): *I documenti cassinesi del sec. X con formule in volgare*. Roma 1960.
Maraschio, Nicoletta (Hrsg.): *Trattati di fonetica del Cinquecento*. Firenze 1992.
Marazzini, Claudio: *Da Dante alla lingua selvaggia. Sette secoli di dibattiti sull'italiano*. Roma 1999.

Marazzini, Claudio: *La lingua italiana. Profilo storico*. Bologna 1994.
Marazzini, Claudio: *Storia della lingua italiana. Il secondo Cinquecento*. Bologna 1993.
Marcato, Carla: *Dialetto, dialetti e italiano*. Bologna 2002.
Marcato, Gianna: *La sociolinguistica in Italia*. Pisa 1974.
Marcellesi, Jean-Baptiste/Gardin, Bernard: *Introduzione alla sociolinguistica*. Roma/Bari 1979.
Marello, Carla: *Dizionari bilingui. Con schede sui dizionari italiani per francese, inglese, spagnolo, tedesco*. Bologna 1989.
Massariello Merzagora, Giovanna: *La lessicografia*. Bologna 1983.
Matarrese, Tina: *Storia della lingua italiana. Il Settecento*. Bologna 1993.
Matthews, Peter H.: *Sintassi*. Ed. italiana a cura di Rosanna Sornicola. Bologna 1982.
Mattino, Nicola: *Sintassi del periodo italiano*. Roma 1960.
Medici, Mario/Sangregorio, Antonella (Hrsg.): *Fenomeni morfologici e sintattici nell'italiano contemporaneo. Atti del sesto congresso internazionale di studi, 4–6 settembre 1972* (3 voll.). Roma 1974.
Meneghetti, Maria Luisa: *Storia delle letterature medievali romanze. Le origini*. Roma/Bari 1997.
Menin, Roberto: *Teoria della traduzione e linguistica testuale*. Milano 1996.
Michel, Andreas: „Mehrsprachigkeitsdidaktik zwischen Interkomprehension und Interferenz". In: Veldre-Gerner, Georgia/Thiele, Sylvia (Hrsg.): *Sprachvergleich und Sprachdidaktik*. Stuttgart 2010, 31–50.
Michel, Andreas: *Die Didaktik des Französischen, Spanischen und Italienischen in Deutschland einst und heute*. Hamburg 2006.
Michel, Andreas: *Italienische Sprachgeschichte*. Hamburg 2005.
Migliorini, Bruno/Baldelli, Ignazio: *Breve storia della lingua italiana*. Firenze 1964.
Migliorini, Bruno: *Che cos'è un vocabolario?* Firenze 1961.
Migliorini, Bruno: *Storia della lingua italiana*. Firenze ^{1}1960 (zahlreiche Neuauflagen).
Mormile, Mario: *Storia dei dizionari bilingui italo-francesi: la lessicografia italo-francese dalle origini al 1900. Con un repertorio bibliografico cronologico di tutte le opere lessicografiche italiano-francese e francese-italiano pubblicate*. Fasano 1993.
Mucciante, Luisa/Telmon, Tullio (Hrsg.): *Lessicologia e lessicografia. Atti del Convegno della Società italiana di glottologia, Chieti, Pescara, 12–14 ottobre 1995*. Roma 1997.
Muljačić, Žarko: „Italienisch: Sprachnormierung und Standardsprache. *Norma e standard*". In: *LRL IV* (1988), 286–305.
Muljačić, Žarko: *Fonologia della lingua italiana*. Bologna ^{2}1972.
Müller, Natascha/Riemer, Beate: *Generative Syntax der romanischen Sprachen. Französisch, Italienisch, Portugiesisch, Spanisch*. Tübingen 1998.
Nencioni, Giovanni: *Storia della lingua italiana. La lingua di Manzoni*. Bologna 1993.
Nespor, Marina: *Fonologia*. Bologna 1993.
Parlangèli, Oronzo: *La nuova questione della lingua*. Brescia 1971
Paul, Hermann: *Prinzipien der Sprachgeschichte*. Tübingen ^{7}1975 (^{1}1880).
Pausch, Oskar: *Das älteste italienisch-deutsche Sprachbuch. Eine Überlieferung aus dem Jahre 1424 nach Georg von Nürnberg*. Wien 1972.
Pellegrini, Giovan Battista: *Carta dei dialetti d'Italia*. Pisa 1977.
Petralli, Alessio: *L'italiano in un cantone. Le parole dell'italiano regionale ticinese in prospettiva sociolinguistica*. Milano 1990.
Pfister, Max: „Die italienische Lexikographie von den Anfängen bis 1900". In: *Wörterbücher. Ein internationales Handbuch zur Lexikographie*. Zweiter Teilband (HSK 5.2). Hg. von Franz Josef Hausmann/Oskar Reichmann/Herbert Ernst Wiegand/Ladislav Zgusta. Berlin/New York 1990, 1844–1863.
Pfister, Max: *Einführung in die romanische Etymologie*. Darmstadt 1980.

Pintacuda, Mario: *Sintassi del verbo, sintassi del periodo*. Palermo 2007.
Poggi Salani, Teresa: „Italienisch: Grammatikographie". In: *LRL IV* (1988), 774–786.
Poggiogalli, Danilo: *La sintassi nelle grammatiche del Cinquecento*. Firenze 1999.
Pozzi, Mario (Hrsg.): *Discussioni linguistiche del Cinquecento*. Torino 1988.
Pratesi, David: *Didattica della testualità. Teoria e metodologia della competenza testuale*. Roma 2000.
Prill, Ulrich: *Dante*. Stuttgart/Weimar 1999.
Puglielli, Annarita: *La linguistica generativo-trasformazionale. Dalla sintassi alla semantica*. Bologna 1977.
Radford, Andrew: *Italian Syntax. Transformational and Relational Grammar*. Cambridge (u.a.) 1977.
Radtke, Edgar (Hrsg.): *Le nuove grammatiche italiane*. Tübingen 1991.
Radtke, Edgar: „Varietà giovanili". In: Sobrero, Alberto A. (Hrsg.): *Introduzione all'italiano contemporaneo. La variazione e gli usi*. Roma/Bari 1993, 191-235.
Radtke, Edgar: „Processi di de-standardizzazione nell'italiano contemporaneo". In: *L'italiano oltre frontiera. V. Convegno Internazionale, 22-25 aprile 1998*. Leuven 2000, 109-118.
Reimann, Daniel: *Italienischunterricht im 21. Jahrhundert. Aspekte der Fachdidaktik Italienisch*. Stuttgart 2009.
Renzi, Lorenzo/Salvi G./Cardinaletti, A.: „La deissi personale e il suo uso sociale". In: *Grande grammatica italiana di consultazione* (3). Bologna, 1995, 350–375.
Renzi, Lorenzo: „La deissi personale e il suo uso sociale". In: *Studi di grammatica italiana* (1993) XV, 347–390.
Rizzi, Luigi: *Spiegazione e teoria grammaticale*. Padova 1990.
Rohlfs, Gerhard: *Grammatica storica della lingua italiana e dei suoi dialetti*. 3 Bde. Torino 1966–1969.
Rohlfs, Gerhard: *Studi e ricerche su lingua e dialetti d'Italia*. Introduzione di Franco Fanciullo. Firenze ²1990.
Rolf, Eckart: *Die Funktionen der Gebrauchstextsorten*. Berlin/New York 1993.
Rovere, Giovanni: *Testi di italiano popolare. Autobiografie di lavoratori e figli di lavoratori emigrati. Analisi sociolinguistica* (Tesi di laurea presentata alla Facoltà di Filosofia e Storia dell'Università di Basilea per il conseguimento del titolo di dottore in lettere da Giovanni Rovere). Roma 1977.
Sanga, Glauco: „Il bue e l'indovinello. Commento al più antico testo italiano fonora noto". In: *Rivista italiana di dialettologia* 16 (1992), 19-27.
Santamaria, Domenico: *Bernardino Biondelli e la linguistica preascoliana*. Roma 1981.
Sbisà, Marina: *Detto non detto. Le forme della comunicazione implicita*. Roma/Bari 2007.
Sbisà, Marina: *Linguaggio, ragione, interazione. Per una teoria pragmatica degli atti linguistici*. Bologna 1989.
Scalise, Sergio/Ceresa, Marco/Drigo, Marina: „Sulla nozione di 'Blocking' in morfologia derivazionale". In: *Lingua e Stile* 2 (1983), 243–269.
Schlaefer, Michael: *Lexikologie und Lexikographie. Eine Einführung am Beispiel deutscher Wörterbücher*. Berlin 2002.
Schlieben-Lange, Brigitte: *Soziolinguistik. Eine Einführung*. Stuttgart/Berlin/Köln ³1991.
Schmid, Bona/Aresca, Nicoletta: *Guida all'uso dei dizionari bilingui italiano-inglese*. Firenze 1990.
Schmid, Stephan: *Fonetica e fonologia dell'italiano*. Torino 1999.
Schreiber, Klaus Dieter: *Untersuchungen zur italienischen Literatur- und Kulturgeschichtsschreibung in der zweiten Hälfte des Settecento*. Berlin/Zürich 1968.

Schwarze, Christoph: *Grammatik der italienischen Sprache.* Tübingen ²1995, 485–619.
Schwarze, Sabine: „Die italienische Sprache als Mitglied einer *gran famiglia europea*". In: Stammerjohann (1997, 49–58).
Searle, John R.: *Expression and Meaning.* Cambridge 1979.
Searle, John R.: *Atti linguistici. Saggio di filosofia del linguaggio.* Torino 1992.
Searle, John R.: *Ausdruck und Bedeutung.* Frankfurt 1982.
Searle, John R.: *Speech Acts.* Cambridge 1969.
Searle, John R.: *Sprechakte.* Frankfurt 1983.
Seewald, Uta: *Morphologie* des *Italienischen.* Tübingen 1996.
Serianni, Luca: *Storia della lingua italiana. Il primo Ottocento.* Bologna 1989.
Serianni, Luca: *Storia della lingua italiana. Il secondo Ottocento.* Bologna 1990.
Simonini, Augusto: *Sociolinguistica.* Bologna 1976.
Skytte, Gunver: „Dall'Alberti al Fornaciari: formazione della grammatica italiana". In: *Revue Romane* 25 (1990), 268–278.
Sobrero Alberto A.: *L'italiano di oggi.* Roma 1992.
Sobrero, Alberto A. (Hrsg.): *Introduzione all'italiano contemporaneo. Vol. I. Le strutture. Vol. II. La variazione e gli usi.* Roma/Bari 1993 (zahlreiche Neuauflagen).
Sobrero, Alberto A./Romanello, Maria Teresa: *L'italiano come si parla in Salento.* Lecce 1981.
Sole, Leonardo: *Lingua e cultura in Sardegna. La situazione sociolinguistica.* Milano 1988.
Söll, Ludwig: *Gesprochenes und geschriebenes Französisch.* Berlin ³1985 (¹1974).
Sowinski, Bernhard: *Textlinguistik.* Stuttgart/Berlin/Köln/Mainz 1983.
Stammerjohann, Harro: „Phonetik und Phonemik". In: *LRL IV* (1988), 1–13.
Stammerjohann: Harro (Hrsg.): *Italiano. Lingua di cultura europea.* Tübingen 1997.
Stati, Sorin (Hrsg.): *Le teorie sintattiche del Novecento.* Bologna 1977.
Stati, Sorin: *La sintassi.* Bologna 1977.
Stechow, Arnim von/Wunderlich, Dieter (Hrsg.): *Semantik. Ein Internationales Handbuch.* Berlin 1991.
Strohner, Hans: *Textverstehen. Kognitive und kommunikative Grundlagen der Sprachverarbeitung.* Opladen 1990.
Tagliavini, Carlo/Mioni, Alberto M.: *Cenni di trascrizione fonetica dell'italiano.* Bologna 1974.
Tagliavini, Carlo: *Einführung in die romanische Philologie.* Aus dem Italienischen übertragen von Reinhard Meisterfeld und Uwe Petersen. München 1973.
Tagliavini, Carlo: *Le Origini delle lingue neolatine. Introduzione alla filologia romanza.* Bologna ⁶1972 (¹1949).
Tavoni, Mirko: *Latino, grammatica, volgare. Storia di una questione umanistica.* Padova 1984.
Tavoni, Mirko: *Storia della lingua italiana. Il Quattrocento.* Bologna 1992.
Tempesta, Immacolata: *Scuola tra dialetto e lingua. La diversità sociolinguistica.* Galatina 1980.
Ternes, Elmar: *Einführung in die Phonologie.* Darmstadt 1999.
Tesnière, Lucien: *Elementi di sintassi strutturale.* A cura di Germano Proverbio e Anna Trocini Cerrina. Torino 2001.
Tesnière, Lucien: *Éleménts de syntaxe structurale.* Paris 1959.
Tesnière, Lucien: *Esquisse d'une syntaxe structurale.* Paris 1953.
Tesnière, Lucien: *Grundzüge der strukturalen Syntax.* Herausgegeben und übersetzt von Ulrich Engel. Stuttgart 1980.
Thomaßen, Helga: *Lexikalische Semantik des Italienischen. Eine Einführung.* Tübingen 2004.
Tonfoni, Graziella: *Dalla linguistica del testo alla teoria testuale.* Milano 1983.
Trabalza, Ciro: *Storia della grammatica italiana.* Bologna 1963 (¹1908).
Tropea, Giovanni: *Italiano di Sicilia.* Palermo 1976.

Trovato, Paolo: *Storia della lingua italiana. Il primo Cinquecento.* Bologna 1994.
Trumper, John: *Sociolinguistica giudiziaria. Preliminari di metodi e applicazioni.* Padova 1979.
Uguzzoni, Arianna: *La fonologia.* Bologna 1978.
Ulkan, Maria: *Zur Klassifikation von Sprechakten. Eine grundlagentheoretische Fallstudie.* Tübingen 1993.
Vanelli, Laura: „Italienische Morphosyntax". In: *LRL IV* (1988,) 94–112.
Vater, Heinz: *Einführung in die Textlinguistik: Struktur, Thema und Referenz in Texten.* München 1992.
Veldre-Gerner, Georgia/Thiele, Sylvia (Hrsg.): *Sprachvergleich und Sprachdidaktik.* Stuttgart 2010.
Vitale, Maurizio: *La questione della lingua.* Nuova edizione. Palermo 1984.
Vitale, Maurizio: *Le ‚Prose' di Bembo e le prime grammatiche italiane del secolo XVI.* Milano 1955.
Wandruszka, Ulrich: *Syntax und Morphosyntax. Eine kategorialgrammatische Darstellung anhand romanischer und deutscher Fakten.* Tübingen 1997.
Weber, Heinz J.: *Dependenzgrammatik. Ein Arbeitsbuch.* Tübingen 1992.
Weinreich, Uriel: *Sprachen in Kontakt. Ergebnisse und Probleme der Zweisprachigkeitsforschung.* München 1977.
Wunderli, Peter: „Dante – ein Linguist?". In: *Deutsches Dante-Jahrbuch* 68/69 (1994), 81–126.
Wunderlich, Dieter: *Studien zur Sprechakttheorie.* Frankfurt am Main 1976.
Wurzel, Wolfgang Ullrich: *Grammatisch initiierter Wandel.* Bochum 1994.
Zamboni, Alberto: *L'etimologia.* Bologna 1976.
Zolli, Paolo: *Le parole straniere.* Seconda edizione a cura di Flavia Ursini con una presentazione di Manlio Cortelazzo. Bologna 1991 ([1]1976).
Zuffi, Stefano: „Grammatiche lessicali: tra morfologia e sintassi". In: *Lingua e Stile* 16 (1981), Heft 4, 547–583.